# 111 GRÜNDE, DEN 1. FC KÖLN ZU LIEBEN

Dirk Udelhoven

# 111 GRÜNDE, DEN 1. FC KÖLN ZU LIEBEN

**Eine Liebeserklärung an den großartigsten Fußballverein der Welt**

**Aktualisierte und erweiterte Neuausgabe mit elf Bonusgründen**

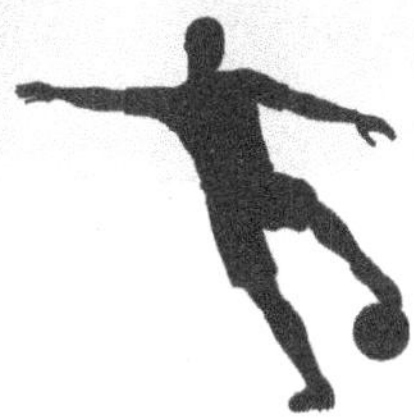

**WIR SIND DER ZWÖLFTE MANN, FUSSBALL IST UNSERE LIEBE!**

# INHALT

## Erst mal warmmachen …

*Vorwort zur 1. Auflage*

Der 1. FC Köln brauchte 14 Jahre, um nach Gründung des Vereins Deutscher Meister zu werden. Wolfgang Overath am 24. August 1963 in Saarbrücken 22 Minuten für das erste Tor der Geißböcke in der neu gegründeten Bundesliga. Ich brauchte keine fünf Sekunden, um zuzusagen, als man mir anbot, dieses Buch über den 1. FC Köln zu schreiben.

111 Gründe finden – bei manchen Vereinen eine unüberwindliche Aufgabe für den Autor. Bei einem Traditionsverein wie dem 1. FC Köln, mit seiner Geschichte, seinen Erfolgen und Dramen, ist es eher die Herausforderung, aus dem riesigen Fundus die richtigen Gründe auszuwählen. Und es werden ja täglich mehr. Denn es geht weiter rauf und runter mit dem FC. Nach der famosen Zeit unter dem Trainer Peter Stöger von Mitte 2013 bis Dezember 2017 folgte der beispiellose Absturz. Jetzt heißt es, wie so oft: Neuanfang. Mit einem neuen Sportdirektor Armin Veh und einem neuen Trainer Markus Anfang. Sicher ist nur: Langweilig wird es in Köln nie!

Wie wahrscheinlich jeder Fan teile ich die Geschichte meines Vereins in die vor und in die nach meiner Geburt ein. 1966 kam ich auf die Welt. Bewusst erlebt habe ich die Geißböcke dann ab etwa Anfang der 1970er-Jahre. Aber auch die Ereignisse in den Jahren zuvor scheinen irgendwie als Erinnerung in meinen Kölner Genen zu stecken. Den Rest habe ich aus Erzählungen, Büchern und Fernsehen.

Zum Schluss das Allerwichtigste: Vielen lieben Dank an Monika. Sie hat nicht nur die Gelassenheit und Geduld, mit einem Fan des 1. FC Kölns zusammenzuleben. Sie unterstützte mich auch beim Schreiben dieses Buches, diskutierte mit mir die Texte, redete mir den gröbsten Unsinn aus, machte Verbesserungsvorschläge und schrieb den letzten Grund. So doof sich das sonst immer anhört, in dem Fall ist es wahr: Ohne sie wäre das Buch nicht das geworden, was es geworden ist. Vielen, vielen Dank.

*Dirk Udelhoven*

## Ordentlich Nachtreten in der Verlängerung

*Ein paar Worte zur 3. Auflage*

Und es gibt ihn doch! Den guten alten Fußballgott! Aber neuerdings trägt er ständig ein Trikot mit dem Geißbock auf der Brust. Das ist die einzig mögliche Erklärung für die vielen glücklichen Zufälle, die die großartige Entwicklung des 1. FC Kölns in der letzten Zeit möglich gemacht haben. Okay, es gibt noch eine weitere Erklärung – aber dazu erst später.

Nach dem letzten Abstieg aus der Bundesliga übernahm Holger Stanislawski die Mannschaft. Seine Aufgabe: aus dem Absteiger, dessen Mannschaft in viele verschiedene Grüppchen zerfallen war, die sich gegenseitig – sagen wir mal – nicht unbedingt mochten, wieder ein funktionierendes Team zu machen. Ein Team, bei dem jeder für den anderen mitarbeitet und alle den gemeinsamen Erfolg wollen. Und natürlich sollte auch der Aufstieg in die Bundesliga her. Auch wenn die Offiziellen immer betont hatten, Liga zwei finanziell wuppen zu können, geglaubt hat ihnen das keiner. Der FC musste jeden Tag damit rechnen, dass RTLs Schuldnerberater Peter Zwegat vor der Tür steht und gewohnt servil seine Hilfe anbietet.

Punkt 1 der Agenda, Team-Building und »11-Freundisierung«, schaffte Stanislawski mit links. Alle Stinkstiefel wurden aus der Mannschaft entfernt und teilweise unter abenteuerlichen Umständen transferiert. An Punkt 2, dem Aufstieg, scheiterte er rein nach

Punkten gesehen denkbar knapp. Fast bis zum Schluss war noch alles drin. Insgeheim waren wir Fans aber fast erleichtert, dass dieses Ziel nicht erreicht wurde. Die Mannschaft war spielerisch und taktisch in einem Zustand, in dem sie in der Bundesliga gnadenlos untergegangen wäre. In dem Bereich war das Jahr Stanislawski ein verlorenes Jahr. Er selbst sah das wohl ähnlich. Überraschend trat er von seinem Traineramt zurück. Er fühlte sich der Aufgabe, den FC wieder in die Bundesliga zu führen, nicht gewachsen und zog sich komplett aus dem Trainergeschäft zurück. Stattdessen übernahm er als Filialleiter einen REWE-Supermarkt in Hamburg.

Auch wenn Stanislawski in Köln als Trainer gescheitert ist, hätte er bei anderen Vereinen noch Millionen verdienen können. Statt Raumdeckung, Gegenpressung und »falsche Neun« entschied er sich für Mindesthaltbarkeitsdaten, Sonderangebote und Ladendiebstahl. Wer macht so was? Freiwillig? Sag ich doch, niemand! Es sei denn, der Fußballgott steckt dahinter.

Nach dem Abgang von Stanislawski wurde beim FC eine Trainerfindungskommission gebildet. Drei Kandidaten kamen in die Endrunde, zwei Namen an die Öffentlichkeit. Der dritte Kandidat geisterte als »Mister X« durch die Diskussionen. Aber schon die beiden genannten Namen, Mike Büskens als Lösung A und Roger Schmidt als B, ließen bei den Fans die Haare zu Berge stehen. Nicht weil es schlechte Trainer wären, sondern weil sie für völlig unterschiedlichen Fußball stehen. Büskens Strategie lautet Motivation und wäre vielleicht die glücklichere Fortsetzung von Stanislawski gewesen. Schmidt dagegen hat eine sehr genaue konzeptionelle Vorstellung von Fußball. Eine Trainerkommission, die beide auf dem finalen Papier hat, kann selbst nicht wirklich eine Idee haben, welchen Fußball der Verein in den nächsten Jahren spielen soll.

Der Fußballgott war meiner Meinung und ließ die Versuche, einen der beiden Kandidaten zu verpflichten, kläglich scheitern. Mike Büskens hatte bereits eine kurze erfolgreiche Zeit als Trainer bei Schalke 04 und eine längere, noch erfolgreichere bei der SpVgg. Greuther Fürth hinter sich. Er entschied sich gegen den FC. Okay, wer die Geißböcke verschmäht, muss schon ein Angebot von einem der ganz großen Vereine der Welt haben. Von Barca, Real oder einem der großen britischen Clubs – aber doch nicht von Fortuna Düsseldorf!!! Das macht niemand – es sei denn, der Fußballgott hat seine Finger im Spiel.

Roger Schmidt stand zum Zeitpunkt des Kölner Interesses noch bei Red Bull Salzburg unter Vertrag. Selbst schuld, kann man da nur sagen. Der Brauseverein wollte eine Abfindung haben, Gerüchten zufolge in Höhe von zwei Millionen. Zwei Millionen – zu viel für den FC. Danke Fußballgott! Auch hier hast du Schlimmes verhindert. Natürlich ist Schmidt ein Klassetrainer, aber ob er mit dem FC und der FC mit ihm wirklich glücklich geworden wäre? Wohl nicht! Mit der damaligen Mannschaft hätte er niemals seine Vorstellungen von Fußball umsetzen können und für einen kompletten Neuaufbau fehlte natürlich das Geld. Gut also, dass FC und Red Bull sich nicht haben einigen können.

Plan C trug den Namen Peter Stöger. Etwas ältere Fans des FCs erinnern sich sicher noch daran, dass er mal als Spieler im Gespräch war, sich aber dann gegen die Geißböcke entschieden hatte. Und der Kerl soll für bessere Zeiten im Müngersdorfer Stadion sorgen? Wir waren skeptisch. Aber genau das hat er geschafft. Mit ganz einfachen Mitteln. Er hat seine Spielausrichtung nach den vorhandenen Möglichkeiten der Mannschaft ausgerichtet, eine Defensivtaktik entwickelt, an der zunächst die Gegner in der Zweiten Liga verzweifelten und dann später viele Mannschaften in der Bundesliga ebenso. Der FC stieg auf und verbrachte eine sehr entspannte Saison im Oberhaus. Einige Spieler gingen, andere kamen – und wir alle im Stadion fieberten wie irre der neuen Saison entgegen. Beim ersten Heimspiel vibrierte allen das Bier im Becher, als wir die FC-Hymne sangen. Genau deshalb gehen wir doch ins Stadion: wegen der Gänsehaut, die wir immer wieder haben, wenn unsere

Mannschaft spielt und wegen der Leuten um einen herum, die genauso bekloppt sind wie man selbst.

Moment mal, wird der ein oder andere sagen. Hast du uns am Anfang nicht noch eine zweite Erklärung für den grandiosen Aufschwung der Geißböcke versprochen?

Naja, ein wenig peinlich ist mir die Erklärung schon. Aber sagen wir doch mal, wie es ist: Mit dem FC geht es wieder bergauf, seitdem dieses Buch auf dem Markt ist. *111 Gründe, den 1. FC Köln zu lieben* ist ein Glücksbringer für die Geißböcke. Und ja, da muss keiner lachen, ich glaube das wirklich!

*Dirk Udelhoven, im September 2015*

## Wunden lecken und weitermachen!

*Vorwort zur erweiterten Neuausgabe*

Jetzt haben wir den Salat! Der FC muss wieder in die Zweite Liga. Ein Abstieg, so unnötig wie kein anderer zuvor. Ein Desaster mit Ansage. Versagen auf allen Ebenen. Depression auf den Zuschauerrängen. Und das nach der ersten Europapokalteilnahme nach 25 Jahren. Der FC sorgt schon dafür, dass seine Fans gesund bleiben. So ein Wechselbad der Gefühle hält den Kreislauf stabil, die Gehirnzellen wach und trainiert den ganzen Körper. Doch wie konnte es dazu kommen? Nachdem die Entwicklung des Vereins doch steil nach oben ging? Finanziell bekam der FC wieder Boden unter den Füßen. Und sportlich lief es Bombe – jedenfalls eine Zeit lang. Höchste Eisenbahn für ein paar aktuelle Bonusgründe, wie ich finde!

*Dirk Udelhoven, im Juni 2018*

1. KAPITEL

# DER VEREIN

## AM ANFANG STAND EIN GROSSES VERSPRECHEN

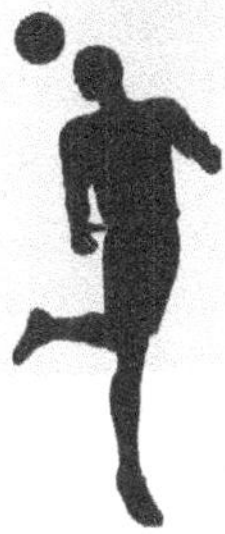

1. GRUND

## Weil ich Kölner bin

Muss ich das wirklich erklären? Man ist Fan eines Vereins seiner Heimatstadt. Alles andere wäre doch albern. Warum sollte man Anhänger einer Mannschaft sein, die man nur im Fernsehen sehen kann? Ich bin ja auch kein Fan der *Tagesschau* oder der *Ziehung der Lottozahlen*. Nein, wer als Fußballfan ernst genommen werden will, fiebert für einen Verein seiner Geburtsstadt. Moment mal, werden da einige sagen, die schon mal meinen Personalausweis in Händen hielten. Wo bist du denn geboren? War ja klar, dass das kommt. Aber davon lasse ich mich nicht verunsichern. Meine Eltern sind in Köln zur Welt gekommen und lebten immer im Kölner Osten, in Dellbrück. Als Wehen meine Ankunft ankündigten, war das nächste Krankenhaus nun mal in Bergisch Gladbach. Nun ja, es soll Eltern geben, die einen etwas längeren Weg in Kauf nehmen, um ihrem Sohn oder ihrer Tochter so eine lebenslange Schmach zu ersparen. Nicht so meine. Ihnen verdanke ich den falschen Geburtsort im Personalausweis. Aber bereits die zweite Lebenswoche verbrachte ich in Köln – und blieb dort. Ich bin Kölner! Alles andere ist Unsinn!

Der Londoner Nick Hornby schreibt in *Fever Pitch*, dass er sich in seiner Stadt unter etwa neun Vereinen für »seinen Verein« entscheiden konnte. Die Wahl fiel auf den FC Arsenal. So viele Möglichkeiten hat und hatte man in Köln nie. Ehrlich gesagt, hat man gar keine. Die Fortuna war ein, sagen wir mal, merkwürdiger Verein, eher eine Fußballsekte. Fans? Mitunter waren mehr Spieler auf dem Platz als auf den Rängen. Um die 300 Zuschauer bei einem Zweitligaspiel waren im Südstadion keine Seltenheit. Wie geht das, fragt man sich zu Recht. Nun, der Verein hatte einen Mäzen, der diese Veranstaltungen finanzierte.

Viktoria war aus zwei Gründen völlig indiskutabel. Ich spielte damals beim SV Adler Dellbrück, und die Viktoria war damals für

Adler, was heute Bayer Leverkusen oder Borussia Mönchengladbach für den 1. FC ist: der Antichrist. Und mit dem will man nix zu tun haben. Außerdem: Was ist das überhaupt für ein Name? Viktoria, die Siegesgöttin. Aber der Verein gurkt irgendwo in der dritten, vierten oder fünften Liga rum. Das ist doch so, als hieße man Casanova und hätte noch nie eine Freundin gehabt. Also: Als Kölner ist man Fan des 1. FC Kölns oder man interessiert sich nicht für Fußball. So einfach ist das!

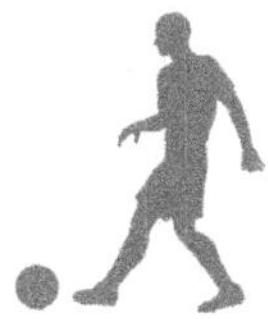

2. GRUND

## Weil er der Erste Fußballclub Köln ist

Nicht der Zweite, Dritte, Vierte oder Fünfte … nein! Der Erste Fußballclub in Köln. Der *Erste! Vor* allen anderen Fußballvereinen in Köln. Und ja, da haben wir Kölner Spaß dran. Erster zu sein. Ganz egal, ob es eine Fußballmannschaft, ein Karnevalsverein oder vielleicht auch nur eine Krabbelgruppe ist. Mal davon abgesehen … Es ist auch außerhalb der bunten Ligen nicht sehr populär, einen Verein Zweiter, Dritter oder Zwölfter Fußballclub zu nennen. Selbst Bayer Leverkusen macht das nicht. Und der »Cliff Barnes der Bundesliga« hätte allen Grund dazu.

Aber es gibt noch viel Schlimmeres! Lieber würde ich Zweiter Fußballclub Köln heißen als zum Beispiel Borussia, neulateinisches Wort für Preußen. Preußen: Das steht für Protestantismus, Humorlosigkeit, Militarismus, trocken Brot … Wer will so was anfeuern? Ich nicht. Protestiert etwa gerade ein Dortmunder? Weil sich sein »Borussia« nicht von Preußen ableitet, sondern sich auf das Borussia-Bier beziehen soll? Noch schlimmer!!! Einen Verein anfeuern, der nach einem Bier benannt wurde, das längst Pleite gemacht hat …

*Fortuna* ist auch nicht besser. Nur wenige Vereine namens Fortuna waren erfolgreich. Dabei ist Fortuna doch die Glücksgöttin.

Aber sie meint es wohl nicht so gut mit euch, ihr Düsseldorfer. Man könnte sogar sagen, sie verhöhnt euch. Höre ich da auch einen Einspruch? Bei der Vereinsgründung soll ein Pferdefuhrwerk der Brotfabrik Fortuna vorbeigefahren sein. Ich verstehe, dass euch euer Vereinsname peinlich ist, aber mit so einer Brötchengeschichte daherkommen, ist doch mehr als albern.

Bitter haben es auch die Vereine getroffen, die sich die Siegesgöttin *Viktoria* als Namenspatronin ausgesucht haben. Die hat es offenbar nicht so mit Fußball. Nur ein einziger Verein, der Berliner TuFC Viktoria 1889, hat 1908 mal eine deutsche Meisterschaft geholt. Keine einzige Viktoria hat sich sonst je für die Bundesliga qualifizieren können. Siegen sieht für mich anders aus.

Natürlich geht es noch schlimmer in Sachen Vereinsname: *VfL*. »Verein für Leibesübungen«, hihi, klingt eher wie ein steuerbegünstigter Swingerclub. Oder »Young Boys Bern«. Wer denkt da nicht an eine schweizerische Coverband der Village People.

Jeder wird jetzt verstehen, dass ich sehr froh bin, Fan eines Vereins zu sein, der den wunderbaren Zusatz *Erster* trägt. Erster Fußballclub Köln! Übrigens auch ein Versprechen, das seit vielen Jahren eingehalten wird. Der legendäre erste FC-Präsident Franz Kremer plante, einen Kölner Verein zu schaffen, der in der Spitze des deutschen Fußballs mithalten wird. Er fusionierte die Vereine »Kölner BC 01« und »SpVgg Sülz«. Jeder für sich spielte im deutschen Fußball eine untergeordnete Rolle. Aber schon 1951, drei Jahre nach der Gründung, war der Erste Fußballclub Köln der erfolgreichste Verein in Köln – und blieb es bis heute.

3. GRUND

## Weil wir eines der 20 coolsten Vereinslogos der Welt haben

Das sage nicht ich, wie man leicht erkennen kann, denn sonst stände da: Der FC hat das coolste Vereinslogo der Welt. Der *Bleacher Report*, ein amerikanisches Sportonlinemagazin, behauptete es am 1. Oktober 2013. Wenn man sich den Text durchliest, erkennt man sofort: Wer auch immer für dieses Ranking zuständig war, er muss den Kölner Karneval miterlebt haben. Der Autor kennt die Anekdote, wie der 1. FC Köln zu seinem Maskottchen gekommen ist (siehe Grund 5) und weiß, was in Köln um Karneval herum los ist. Er ist ein richtiger Köln-Fan.

Und ich stimme dem *Bleacher Report* bei seiner Entscheidung vollumfänglich zu! Ja, der 1. FC Köln hat sogar das coolste Vereinslogo der Welt. Wie wohl kein anderes drückt unseres die Zusammengehörigkeit der Stadt – symbolisiert durch den Kölner Dom, mit dem Verein, symbolisiert durch den Geißbock – aus. Wir sind eins! Und wenn man sieht, wie angriffslustig der Geißbock von rechts nach links, also gegen die Leserichtung, aufsteigt, dann weiß man, dass die richtig guten Zeiten noch kommen werden. Jeder, der dieses Buch liest, wird noch mal eine Meisterschaft erleben, da bin ich mir sicher! Ob es jetzt noch fünf oder zehn Jahre dauern wird. Meinetwegen auch 15.

4. GRUND

## Weil seine Vereinsfarben Rot-Weiß sind

Hm … Was will uns der Autor damit sagen? Rot und Weiß sind eben die Farben der Stadt Köln. Wer der Erste Fußballverein einer Stadt sein will, sollte das bei der Wahl der Vereinsfarben berücksichtigen. So einfach ist das! Zugegeben: Schön sind die Farben Rot-Weiß eigentlich nicht. Zumindest nicht in der Kombination. Wer kleidet sich privat schon rot-weiß? Rot-Weiß ist das Tanzmariechen der Roten Funken, eine Gourmetportion Pommes mit allem, sind Engländer, die zu lange in der Sonne lagen – und Vereine, die erfolgreich sein wollen!

Hä? Steile These! Aber sehen wir uns mal die Geschichte der Bundesliga an. Sie hat gerade 55 Spielzeiten hinter sich, 55-mal wurde der Titel Deutscher Meister ausgespielt. 34 Titelträger und damit 62 Prozent trugen die Vereinsfarben Rot und Weiß. Dreimal ging der Titel an den Hamburger Sportverein, dessen Logo zwar von den Farben Blau und Schwarz geprägt wird, dessen Mannschaft aber in der Regel weißes Trikot mit roter Hose trägt. Kämen also noch sechs Prozent dazu. Der 1. FC Nürnberg hat eigentlich die Vereinsfarben Rot und Weiß, spielt aber normalerweise in der Kombination Rot-Schwarz. Seine Meisterschaft zählt nur zur Hälfte. Kommen wir also insgesamt auf 68 Prozent.

Grün-Weiß folgt übrigens mit 18 Prozent, gefolgt von Gelb-Schwarz (9 Prozent), Blau-Schwarz (5,8 Prozent), Rot-Schwarz (1,8 Prozent), Gelb-Blau (1,8 Prozent) und Hellblau-Weiß (1,8 Prozent). Wer also einen Verein gründet und plant, deutscher Meister zu werden, sollte mit den Basics beginnen und als Vereinsfarben Rot-Weiß wählen. Lila-Grün, Orange-Braun oder Magenta-Schwarz sind bitte ganz zu meiden.

Wer jetzt laut auflacht und das alles für groben Unsinn hält, der sei daran erinnert, dass eine große Unternehmensberatung im Auftrag des 1. FC Köln mit einer vergleichbaren »wissenschaftlichen« Methode ein Gutachten erstellte, wie man den Verbleib in der Bundesliga sicherstellen könnte. Das Ergebnis: Mit der Höhe des Budgets sinke die Abstiegswahrscheinlichkeit. Das belegte ein Vergleich der Budgets von Absteiger und Nichtabsteiger. Das damalige Präsidium richtete seine Vereinspolitik dementsprechend aus. Die Folge: mehrere Abstiege, die nach dieser Studie niemals hätten passieren dürfen und einen Sack voll Schulden. Meine Studie hat sich dagegen bewährt. Der 1. FC Köln ist bereits dreimal deutscher Meister geworden und damit dreimal mehr als alle Mannschaften, die die Vereinsfarben Lila-Grün, Orange-Braun oder Magenta-Schwarz haben.

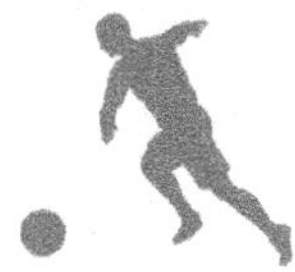

5. GRUND

## Weil wir unser Maskottchen »Hennes« haben

Reden wir mal Tacheles: Das Thema Maskottchen teilt die Fußballwelt in Gut und Böse, trennt die wahren Fußballvereine von den kickenden Anhängseln der Marketingabteilungen, zeigt, wer Würde hat und wer sich lächerlich macht.

Kurz gesagt: Auf der guten Seite steht der 1. FC Köln, der fast von seinen Anfängen an bis heute ein lebendiges Maskottchen besitzt. Auf der Seite der Bösen stehen Vereine, die plötzlich ein Maskottchen aus dem Hut zauberten, als sie merkten, dass man damit als Fanartikel viel Geld verdienen kann. Also alle anderen.

Zum Beispiel Eintracht Frankfurt: Inzwischen haben auch sie ein lebendes Maskottchen. Ihr zweites, um genau zu sein. Es begann mit einem Pony, einem phlegmatischen, plumpen Pony. Die Ehefrau des Henninger-Brauerei-Chefs schenkte es dem Verein. Keiner weiß warum. Aber einem geschenkten Gaul schaut man gerade in der Bankenstadt Frankfurt nicht ins Maul. Und keinem fällt auf, wie unpassend so ein Klepper eigentlich ist, denn im Vereinswappen prangt deutlich ein Adler. Es dauerte 35 Jahre (!), bis die Eintracht-Verantwortlichen es auch bemerkten – und es änderten.

In der Zwischenzeit verlieh man dem Pony den Namen Charly. Es wurde zum »Star« eines Comic-Strips der Eintracht-Stadionzeitung. Trainer Klaus Toppmöller brachte dann Mitte der 1990er-Jahre einen Steinadler mit in die Mannschaftskabine. Das eigentliche Wappentier sollte seine Spieler zu besseren Leistungen im Saisonfinale anstacheln. Die Sache ging in die Hose: Die Eintracht verlor elf Spiele, dazwischen nur ein magerer Sieg. Es hatte sich ausgeadlert – und ausgetoppmöllert. Zehn Jahre später, Pony Charly war nicht nur groß, sondern auch tot, Toppmöller längst vergessen, erinnerte man sich bei der Eintracht endlich seines Wappentiers. Seitdem hat der Verein einen Vogel namens Annegret, Anton … na ja, irgendwas mit A. Wer will das schon so genau wissen …

Die anderen Vereine glaubten, junge Leute wüssten doch inzwischen gar nicht mehr, wie Tiere wirklich aussehen und welche in ihrer Umgebung leben. Außerdem machen echte Tiere Dreck und wollen Futter. Man setzt stattdessen auf – Stofftiere: Menschen, die in Kuscheltierkostümen herumlaufen. Da wären Berni, der Bär, seit 2002 im Einsatz bei Bayern München; die Biene Emma beim BVB; Knappe Erwin bei Schalke 04. Nun gut, kein wirkliches Tier, aber so was Ähnliches. Da ist der Bär Hertinho in Berlin, offenbar mit brasilianischem Migrantenhintergrund. Jünter, das Mönchengladbacher Pferd; Hermann, der HSV-Dino; Brian, the Lion in Bayer Leverkusen; in Stuttgart ist es ein Krokodil. Im Neckar schwimmen zwar keine, aber als hochpreisige Damenhandtaschen kann man ihnen in Stuttgarts Edelboutiquen durchaus begegnen.

Wir Kölner dagegen sind stolz auf unseren echten, blökenden und fressenden Hennes. Mittlerweile ist es der VIII. Hennes I. fand am 13. Februar 1950 seinen Weg zum Verein. Den gab es damals seit zwei Jahren und er war auf dem besten Weg, seinem Namen, 1. FC Köln, gerecht zu werden. Mitte Februar tobte in Köln die fünfte Jahreszeit. Geschlossen marschierte die Mannschaft zu einer Karnevalssitzung – in einem Zirkuszelt, und der Zirkusdirektor, ein großer FC-Fan, vermachte den Jungs als Geschenk einen Geißbock.

Angeblich sei der sofort zum damaligen Spielertrainer der Mannschaft, Hennes Weisweiler, gelaufen, um ihm auf die Füße zu pinkeln! Diese umgekehrte Taufe im katholischen Kölle soll dem

Bock seinen Namen beschert haben. Keine Ahnung, ob die Geschichte stimmt, aber sie ist sehr schön.

- Hennes I. war ein prima Maskottchen. Er hielt von 1950 bis 1966 durch. Es war die Zeit des kometenhaften Aufstiegs des Vereins bis an die Spitze des deutschen Fußballs. Der Verein gewann seine ersten beiden deutschen Meisterschaften.
- Hennes II. schaffte vier Jahre. Unter mysteriösen Umständen verstarb er im Jahr 1970. Gerüchten zufolge soll ihn ein Schäferhund oder ein neidischer Mönchengladbacher gerissen haben. Dem Tier wurde ein Ehrenplatz zuteil. Ausgestopft kann man ihn noch heute im Geißbockheim bewundern.
- Hennes III. (1970–1975) lebte aus Vorsichtsgründen nicht mehr in der Nähe des Geißbockheims, sondern bei Bauer Schäfer, der sich auch um die nächsten Generationen kümmerte.
- Hennes IV. war *das* Maskottchen unter den Maskottchen. Nie wieder war der FC so erfolgreich wie unter ihm: 1977 Pokalsieg, 1978 das Double. Kein Wunder, dass Hennes IV. die Triumphfahrt durch die Stadt begleiten durfte. 1982 erlag er einem Herzleiden, gerade in dem Moment, als Pierre Littbarski mit seinem Treffer einen Auswärtssieg bei Bayern München sicherte. Hennes IV. durfte glücklich von dieser Welt gehen. Vom FC beauftragte Genforscher sollen akribisch dabei sein, Erfolgsmaskottchen Hennes IV. zu klonen …
- Hennes V. (1982–1989) war beim letzten großen Titel, dem DFB-Pokalsieg 1983 gegen die Fortuna aus Köln dabei und begleitete die kölsche Hybrisphase. Damals war die Vizemeisterschaft eine herbe Enttäuschung, das verlorene UEFA-Cup-Finale der Weltuntergang.
- Hennes VI., der Menschlichste von allen, regierte von 1989 bis 1996. Er musste die Achterbahn des Fußballs durchleben. Im ersten Amtsjahr beinahe deutscher Meister, dann doch nur Zweiter, im letzten Amtsjahr der dramatische Abstiegskampf. Welches Herz macht solchen Stress schon mit? Das Herz von Hennes VI.

nicht. So wurde er nicht mehr Zeuge, wie sich der 1. FC Köln am letzten Spieltag mit einem Sieg bei Hansa Rostock vor dem Abstieg rettete. Angeblich wusste Hennes VI., wo die Häßler-Millionen geblieben sind. Aber er nahm dieses Geheimnis mit ins Grab.

- Hennes VII. (1996–2008). Man soll über Tote ja nicht schlecht reden, aber Hennes VII. hatte das Pech an den Hufen. Während seiner Regentschaft ging es rauf und runter. Auf- und Abstieg in stetigem Wechsel. Privat bekam er im März/April 2001 Stallarrest. Die Maul- und Klauenseuche grassierte. In den letzten Jahren baute er gesundheitlich immer stärker ab. 2008 ging er in Rente. Die letzten zwei Saisonspiele musste er bereits krankheitsbedingt (Arthrose an den Kapillargelenken) aussetzen. Im März 2009 bekam er sein Gnadenbrot, wurde eingeschläfert und schmückt seitdem – im ausgestopften Zustand – die FC-Geschäftsstelle. Als mahnende Erinnerung an die wenig glorreichen FC-Zeiten.

In Erinnerung bleibt er mir auch, weil er ziemlich »mediengeil« war, öffentliche Auftritte suchte, sowie gerne auf Partys rumhing. Zum Beispiel als einer meiner Kumpels die Einweihung seines neu renovierten Hauses feiern wollte. Hennes VII. wurde »eingeflogen«, im Hennes-Mobil angekarrt. Hennes stieg aus, blinzelte in die Sonne, pinkelte und kackte in den Garten, dann rammte er den verdutzten Gastgeber mit den Hörnern. Was war nur mit ihm los? Die Wahrheit kam etwas später ans Licht. Jener Hausbesitzer war nämlich nicht nur Fan des 1. FC Köln, sondern drückte auch heimlich Bayern München die Daumen. Hennes VII. muss diesen Verrat instinktiv gerochen haben.

Jetzt regiert Ihre Herrlichkeit Hennes VIII. Wir Mitglieder entschieden uns mehrheitlich bei einem »Geißbock-Casting« für ihn. Etwa 70 Prozent der 8.000 abgegebenen Stimmen fielen auf unseren aktuellen Regenten. Sozusagen der erste demokratisch gewählte Geißbock. Und Demokratie ist immer gut.

6. GRUND

## Weil er auch ein Karnevalsverein ist

»Ihr seid nur ein Karnevalsverein!«, skandieren gegnerische Fans bei jedem Spiel des FCs – und haben absolut recht. Allerdings legen wir Wert auf das Wörtchen »auch«. Wir sind auch ein Karnevalsverein. »Auch«! Nirgendwo sonst werden während des Spiels so viele fröhliche Lieder gesungen wie in Köln. Nirgendwo sonst sind die Fans so schnell zu begeistern wie in Köln. Nirgendwo sonst feiern die Anhänger im Stadion völlig unabhängig davon, wie erfolgreich der Verein ist oder in welcher Liga er spielt.

Und nirgendwo sonst wird so viel über den eigenen Verein gelacht wie in Köln. Wenn ein Spieler nach intensiver Beobachtung verpflichtet wird, aber nicht er, sondern sein talentfreier Zwillingsbruder (Grund 104) kommt, wenn stolz der neue Hauptsponsor »Zypern« präsentiert wird, man aber nicht mit dem Tourismusminister des Landes, sondern mit einem Autohändler aus Siegburg verhandelt hat, oder wenn die Sperre eines vom Platz gestellten Spielers vor dem DFB-Sportgericht reduziert werden soll, man dem Gericht aber statt entlastender Spielszenen Ausschnitte einer Karnevalssitzung zeigt, dann kann es nur um den 1. FC Köln gehen.

Nebenbei gesagt veranstaltet der 1. FC Köln jedes Jahr seine reguläre Karnevalssitzung in den Sartory-Sälen. Die Veranstaltung ist legendär und Karten zu kriegen ist Glücks- oder Beziehungssache. Ich frage mich, ehrlich gesagt, warum. Der 1. FC Köln ist jedenfalls im Alltag 1.000-mal lustiger als jeder Büttenredner auf der Karnevalsbühne. Also singt ruhig weiter »Ihr seid nur ein Karnevalsverein!« Wir wollen gar nichts anderes sein – und ihr seid doch bloß neidisch.

7. GRUND

## Weil wir die modernste Vereinssatzung der Welt haben

Wird jedenfalls von Vereinsseite gerne behauptet. Nun ja, es könnte sein, dass nicht explizit »der Welt« gesagt wurde, aber gemeint haben sie es bestimmt. Manchmal heißt sie auch die »mitgliederfreundlichste Satzung«. Worauf man sich auf jeden Fall einigen kann, ist: Die neue Satzung ist moderner und mitgliederfreundlicher als die alte. Das ist mehr als nichts. Tatsächlich habe ich auch nicht allzu viele Satzungen gelesen, ehrlich gesagt, kenne ich nur die FC-Satzung.

Die eigentliche Frage aber ist: Was ist die beste Gesellschaftsform eines Fußballvereins, der vom Umsatz Werte eines mittelständigen Unternehmens erreicht? Borussia Dortmund zum Beispiel hat den Profifußball in die börsennotierte Borussia Dortmund GmbH & Co. KGaA ausgegliedert. Das Problem bei »Börsennotiertheit«: Man unterliegt Gesetzen zur Verhinderung von Insidergeschäften. Sobald ein Verein ein Transferangebot für einen BVB-Spieler macht, muss das Angebot per »Ad-Hoc-Meldung« öffentlich gemacht werden. Der Sinn: Niemand soll mit dem Wissen Gewinn machen. Aber gleichzeitig wird seriöse Personalpolitik unmöglich. Denn jede Entscheidung steht somit sofort in der öffentlichen Diskussion.

Bayern München ist eine AG, deren Aktien aber nicht frei gehandelt werden. Die sogenannten strategischen Partner, adidas und Audi, halten je gute neun Prozent der Aktien. Auch diese Konstruktion hat ihre Tücken. In der Steueraffäre Hoeneß war der Verein frei in seiner Entscheidung, Hoeneß weiter als Vereinspräsident zu belassen. Er war aber nicht frei in der Entscheidung, ob Hoeneß auch weiterhin Aufsichtsratsvorsitzender der AG sein kann. Adidas und Audi haben sich einem ethischen Kodex (Corperate Governance) unterworfen. Nach dessen Regeln ist ein steuerhinterziehender

Aufsichtsrat nicht tragbar. Hoeneß gestand seine Steuersünde und müsste eigentlich zurücktreten. Ist er aber nicht, trotz Gefängnis!!! Außerdem gibt es eingetragene Vereine, wie Freiburg oder Mainz, die streng genommen gar keinen Gewinn machen dürfen. Dann die GmbHs, wie Leverkusen oder Hoffenheim. Stünde nicht ein großer Konzern oder ein Mäzen hinter den Vereinen, gäbe es sicher Probleme mit Kreditgebern.

Der 1. FC Köln ist eine GmbH & Co KGaA, aber anders als Dortmund nicht an der Börse. Die Kölner Aktien sind alle im Besitz des Vereins. Also nicht frei handelbar. Es gibt keinen strategischen Partner, der den Moralkodex der DAX-Unternehmen in den Fußball mit einbringt. Bisher jedenfalls nicht. Von der Unternehmensstruktur scheint der FC gut aufgestellt zu sein. Von seiner Satzung war er es lange Jahre nicht. Der Vorstand hatte freie Hand bei seinen Entscheidungen. Die Mitglieder konnten nur auf Mitgliederversammlungen ihrem Ärger Luft machen. Wirklich änderte das aber nichts, wie die Auseinandersetzung zwischen dem Vorstand unter Wolfgang Overath und der Opposition »FC-Reloaded« bewies. Letztere wollten eine Außerordentliche Mitgliederversammlung einberufen, mussten dafür aber Unterschriften von 20 Prozent der Mitglieder, also von etwa 11.000 (!) Unterstützern, zusammenbekommen. Unmöglich, vor allem, weil der Verein »FC-Reloaded« die Daten der Vereinsmitglieder nicht zur Verfügung stellen wollte.

Werner Spinner trat damals als Kandidat für das Präsidentenamt an. Er wollte das »Sonnenkönigtum« beim FC beenden und hatte sich mit allen Mitgliedern, auch denen von »FC-Reloaded«, zusammengesetzt. Gemeinsam erarbeiteten sie eine neue, mitgliederfreundliche Satzung:

Die Mitglieder schicken eigene Vertreter in ein neues Gremium, den Mitgliederrat. Bisher gab es lediglich den Verwaltungsrat und den Aufsichtsrat. Die Kandidaten für diese beiden Gremien wurden vom Vorstand benannt, die Mitgliederversammlung konnte abnicken oder ablehnen. Jetzt schicken wir 15 Mitglieder in ein

Gremium, dessen Vorsitzender und Stellvertreter im gemeinsamen Ausschuss sitzen. Dieser kontrolliert die Arbeit des Vorstands, der Geschäftsführung und darüber hinaus alles, was »wirtschaftlich besonders bedeutend« ist. Für die Einberufung einer Außerordentlichen Mitgliederversammlung sind nicht mehr die Unterschriften von 20 Prozent der Mitglieder nötig, sondern nur noch fünf Prozent, höchstens aber 1.000 Unterschriften. Falls technisch möglich und auch sicher, wird man in Zukunft per Internet an den Mitgliederversammlungen teilnehmen und mitentscheiden können. Damit könnten die Zeiten vorbei sein, in denen korrumpierte Mitglieder mit dem Bus zu Wahlversammlungen kutschiert wurden.

Vermutlich kann der Vorstand immer noch schalten und walten, wie er will, aber die Transparenz scheint doch eine Ecke größer zu sein. Abwarten, wie sich die Satzung in der Praxis bewährt. Ob die FC-Satzung jetzt wirklich die modernste ist? Jedenfalls kommt das Wort »Internet« darin vor. Und ist sicherlich moderner als die vorherige. Das ist doch schon mal was.

8. GRUND

## Weil wir keine Erfolgsfans sind

Also das kann man uns wirklich nicht vorwerfen. In der Saison 1977/78 holten die Geißböcke das Double. Sie wurden Meister und gewannen den DFB-Pokal. Trainer war Hennes Weisweiler, und auf dem Platz standen Spieler wie Toni Schumacher, Roland Gerber, Gerd Strack, Harald Konopka, Jürgen Glowacz, Bernd Schuster, Heinz Flohe, Herbert Neumann, Yasuhiko Okudera, Dieter Müller und Roger van Gool. Und wie sich einige sicher erinnern, war das Finale sehr dramatisch. Aber es kamen im Schnitt nur knapp 23.000 Zuschauer ins Müngersdorfer Stadion. Ausverkauft war ein einziges Spiel! Gegen die Bayern.

In den späten 1980er-Jahren unter Christoph Daum wurde der 1. FC Köln häufig Zweiter. Wir Fans maulten über die ständigen Vizemeisterschaften. Und: Es kamen wieder nur um die 22.000 Zuschauer ins Stadion. Kein einziges Mal war ausverkauft. Vereine wie Bayer Uerdingen wollten gerade mal 8.000 Zuschauer sehen.

Erst Mitte der 1990er-Jahre änderte es sich. Der 1. FC Köln verlor sein Abo auf die Vizemeisterschaft. Dann und wann drohte sogar der Abstieg. Normalerweise eine Katastrophe für die Zuschauerzahlen. Nicht so in Köln. Plötzlich strömten die Fans ins Stadion. Um die 30.000 Menschen wollten den Verein regelmäßig live gegen den Abstieg unterstützen.

Selbst nach dem völlig unerwarteten Super-GAU – dem Abstieg 1998 – kam es lediglich zu einer kleinen Delle. Die Zweitligasaison unter Trainer Bernd Schuster war allerdings auch unterhaltsam wie ein georgischer Dokumentarfilm über das Sozialleben frei lebender Schafe mit englischen Untertiteln.

Doch schon in der Folgesaison unter Trainer Ewald Lienen brannte nicht nur der Rasen, sondern auch die Stimmung auf den vollen Rängen. 29.000 Zuschauer im Schnitt, selbst bei Gegnern wie Tennis Borussia Berlin (Präsident und Musikproduzent Jack White hatte mehr Hits als die Mannschaft Fans) oder den Stuttgarter Kickers. Die Fortuna aus Köln spielte gleichzeitig mitunter vor einer dreistelligen Zuschauerzahl in ihrem Heimstadion in der Südstadt.

Seitdem gab es fünf Aufstiege, sechs Abstiege … aber dennoch ist nahezu die ganze Stadt Fan des 1. FC Köln. Bis zu 50.000 verkaufte Karten im Schnitt bei jedem Heimspiel. Ohne Dauerkarte ist es praktisch unmöglich, ein Ticket zu bekommen. In ganz Köln muss man keine 100 Meter gehen, um in einer Kneipe Liveübertragungen des 1. FC Köln zu sehen.

Ähnlich entwickelte sich die Mitgliederzahl. In den 1980er-Jahren gab es gerade mal ein paar Tausend. Präsident Peter Weiand war damit ganz zufrieden. Angeblich scheute er den Aufwand, mehr Mitglieder zu bespaßen. Wert auf Kontrolle durch mehr Mitglieder legte er wohl auch nicht. Kaum zu glauben ist, dass bis 1986 die Jahreshauptversammlungen des Vereins noch im Geißbockheim stattfinden konnten. Heute muss dafür die Kölnarena gebucht werden. Der Verein hat inzwischen über 100.000 Mitglieder (Stand Juni 2018).

Also, Erfolgsfans sind wir wirklich nicht. Eher im Gegenteil. Die Liebe zum Verein wurde so richtig entfacht, als es um die Wurst ging, als die Mannschaft ihre Fans brauchte. Da waren wir da. Auswärtsspiele gibt es seitdem nicht mehr. Auswärts ist wie zu Hause. Die Fans reisen bis in die äußersten Winkel der Republik, um unsere Jungs lautstark anzufeuern. Die Mitglieder engagieren sich, arbeiten an neuen Strukturen mit und kontrollieren die Führung. So gehört sich das auch – bei einer Herzensangelegenheit.

2. KAPITEL

# DAS GEISSBOCKHEIM

## HOME OF THE BRAVE!
## UND DER BRAVEN!

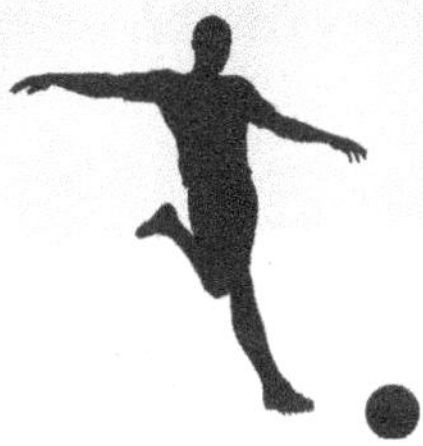

9. GRUND

## Weil das Geißbockheim seine Heimat ist

Was für eine Überraschung! Die Heimat der Geißböcke ist das Geißbockheim. Und was ist jetzt Besonderes daran? Wer so dumm fragt, kennt das Geißbockheim nicht und war 100 Pro noch nie da! Es liegt im vielleicht schönsten Naherholungsgebiet Kölns, dem Grüngürtel. Bis zum Ersten Weltkrieg gab es hier noch befestigte Verteidigungsanlagen. Nach dem Krieg wurden sie abgebaut. Der damalige Oberbürgermeister Konrad Adenauer gab die Begrünung des Gebietes in Auftrag. Fast 800 Hektar kultivierte Natur, zur Hälfte Mischwald.

Die grüne Oase grenzt die Stadt vom Umland ab. Es gibt elitäre Tennisclubs. Früher spielten die Damen hier Bridge und zeigten ihr wertvolles Geschmeide, während sich die Männer auf dem Court die Bälle um die Ohren schlugen und dabei Geschäfte machten. Und es gab schon damals das Vereinsheim des Ersten Fußball Clubs der Stadt, des 1. FC Köln. Eine angemessene Heimat, wie ich finde.

1952 wurde der Grundstein für den Bau des Geißbockheims gelegt. Es entstand genau dort, wo bis Ende des Ersten Weltkriegs das im 19. Jahrhundert erbaute Fort VIb des Kölner Verteidigungsrings stand. Ein wehrhaftes Fundament, auf das man beim Bau sicher stolz war. 1953 wurde das Geißbockheim feierlich eröffnet. Ein mondäner Bau für einen mondänen Verein, der der FC allerdings erst noch werden musste. Es gab weder große Erfolge zu feiern, noch gab es eine Bundesliga, in der sich die besten Mannschaften Deutschlands miteinander maßen. Das Geißbockheim war damals ein Versprechen auf die Zukunft, und die begann zehn Jahre später mit dem Gewinn der ersten deutschen Meisterschaft.

Ich habe immer gerne auf der Terrasse des Geißbockheims gesessen, den Spielern beim Training zugesehen und dabei ein Kölsch getrunken. Die Zeiten sind leider vorbei. Ich sehe immer noch gerne der Mannschaft beim Training zu, trinke immer noch gerne ein

Kölsch dabei, aber die Terrasse des Geißbockheims hat ihre tolle Aussicht verloren. Der Fußball wurde kommerzieller, und um da mitmischen zu können, brauchte man mehr Personal in der Verwaltung und mit dem Personal mehr Büros. Das Geißbockheim befindet sich im Naturschutzgebiet. Deshalb konnte nur an einem Platz ein neuer Verwaltungstrakt entstehen: zwischen Terrasse und Trainingsplatz eins. Mit anderen Worten zwischen mir (auf der Terrasse) und den Spielern (auf dem Platz). Ein Desaster für Gastronomie und mich.

Doch ein echter 1.-FC-Köln-Fan weiß sich immer zu helfen. Das Training verfolgt man sowieso am besten ganz nah am Geschehen, direkt am Zaun des Platzes. Und anschließend gibt es kühles Kölsch auf der Terrasse meines geliebten Geißbockheims.

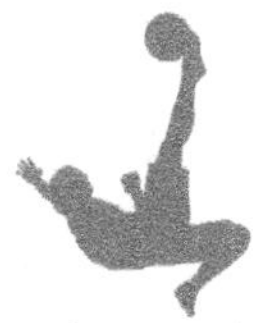

10. GRUND

## Weil ich Miteigentümer bin

Na ja, so ganz stimmt das nicht. Mir gehört keine Aktie der »KG auf Aktien«, ich habe dem FC nur Geld geliehen. Ich habe eine FC-Anleihe gezeichnet. Wer kann da auch widerstehen? Man wird vom Verein angeschrieben und höflich, aber auch irgendwie bestimmt, um Geld gebeten. Dazu gab es aufrüttelnde Berichte in den Medien. Der Verein brauche dringend Geld, um alte Verbindlichkeiten abzulösen. Ungefähr eine Summe zwischen sieben und zehn Millionen wurde kolportiert.

Es wurden am Ende sogar noch ein paar Millionen mehr. Geld, das Fans ihrem FC zur Verfügung stellten. Sie wollten helfen, ganz klar, und sie vertrauten ihrem Verein. Und zwar weit mehr als den Banken, bei denen sie ihr Geld auch hätten anlegen können. Wir Fans stehen zu unserem Verein. Wir glauben fest an eine bessere Zukunft. Wir gehen ohne jeglichen Zweifel davon aus, dass unserem Verein erfolgreichere Tage bevorstehen. Die Anleihe wurde zwischen dem 8. August und 31. Oktober 2012 ausgegeben. Man konnte zwischen drei verschiedenen Stückelungen wählen:

- 100 Euro. Die »Stehplatzanleihe« oder die »Ich-tu-so-als-ob-riskier-aber-nicht-wirklich-was-Variante«. 100 Euro! So viel gibt man an einem einzigen Wochenende aus, wenn man feiern geht. 100 Euro ist das Angebot für Warmduscher, Regenschirmträger und Zwei-Kondome-übereinander-Stülper. Keine Ahnung, ob auch nur ein Kölner Fan diese Anleihe wirklich gewählt hat. Vielleicht als Geschenk für den renitenten Sohn, der angedeutet hat, dass er sich ein Bayern-Trikot zum Geburtstag wünscht. Klar, da muss man verantwortungsvoll handeln und den Nachwuchs sanft, aber konsequent auf den rechten Weg zurückführen ...
- 1.000 Euro. Der Sitzplatz! Oder die »Ich-lass-mich-nicht-lumpen-geh-aber-nicht-in-die-Vollen-Variante«. Die Anleihe für den kühlen Rechner, wie ich gleich noch erläutern werde.
- Und zu guter Letzt die Variante »VIP-Tribüne«, die Schmuckurkunde über 1.948 Euro! Wer jetzt nicht weiß, wie sich diese Summe erklärt, sollte sich schämen. 1948 wurde der Verein gegründet. 1948 begann die Ära des 1. FC Köln. 1.948 Euro sind eine angemessene Summe, um seinem Verein zu helfen.

Selbstverständlich habe ich mich für die VIP-Tribünen-Variante entschieden – gegen den engagierten Widerstand meiner Freundin. Geschäft und Gefühl muss man trennen, sagte sie. Bei Geld höre die Freundschaft auf, und so weiter. Sie wusste, wovon sie sprach. Wegen ihrer Liebe zu Japan hatte sie viel Geld in einen Japan Innovation Fund gesteckt – und versenkt! Seitdem gibts zu Hause kein Sushi mehr. Was für ein Pathos, mag da der Leser denken. Und: Wie verlogen. Der Kerl bekommt doch Zinsen auf seine Anleihe. Fünf Prozent! Wo gibt es die sonst noch? Selbst für Griechenlandanleihen kriegt man weniger.

Moment! Moment! Für die Eigner der 100- beziehungsweise 1.000-Euro-Anleihe mag es einfach sein, seine Zinsen einzutreiben, nicht aber für die Besitzer einer 1948er-Schmuckanleihe? Links die vier Coupons für die Zinsen, rechts unser Hennes, der einen mit treuen Augen ansieht … Welcher echte FC-Fan bringt es da übers Herz, dieses rührende Arrangement zu zerschneiden, nur um den Zinskupon einzulösen? Wer will eine gerupfte *Scherenschnitt*-Anleihe an der Wand hängen haben und sich damit als herzloses Subjekt outen? Seien wir mal ehrlich. Es gibt auch so genug Spott für die Besitzer von FC-Anleihen. Kürzlich hat mir ein Kumpel ein Lehman-Zertifikat mitgebracht. Er dachte, ich sammle Ramsch-Anleihen.

Heute ist es so weit. Es ist der 8. August, morgen hat meine Freundin Geburtstag. Heute werden die Zinsen fällig. Überall in Köln sitzen Fans vor den Schmuckanleihen und betrachten sie stolz. So auch ich. Fünf Prozent von 1.948 Euro sind knappe 100 Euro (minus Quellensteuer). 100 Euro, so viel wie die kleinste Anleihe. So viel, wie man an einem Wochenende mal eben ausgibt. Oder ein Geburtstagsgeschenk für meine Freundin … 100 Euro … die ich dem FC schenken werde. Wie erklär ich es nur meiner Freundin?

## 11. GRUND

## Weil das *Geißbockecho* mich gelassen macht

Zu Hause stapeln sich Tageszeitungen, die man abonniert hat, politische Wochenzeitschriften, die gelesen werden wollen, die Fachmagazine, die … Haufen von Papier, die man nicht entsorgen kann, weil noch wichtige Information darin verborgen sein könnte. Und jeder Tag bringt eine weitere Ausgabe der Tageszeitung, jede Woche mehrere Politmagazine, und auch die Fachzeitschriften liegen unweigerlich in regelmäßigen Abständen im Briefkasten. Jede Lieferung lässt das schlechte Gewissen wachsen und wachsen und wachsen.

Nicht so das *Geißbockecho*! Vor jedem Heimspiel des 1. FC Köln steckt es in meinem Briefkasten. Von der Titelseite strahlt mich ein Star der Mannschaft an. In Innenteil folgt ein Interview mit ebenjenem Spieler. Doch seien wir mal ehrlich: Seit ich Mitglied des FC bin, und das ist seit vielen Jahren, bekomme ich das *Geißbockecho*. In all den Jahren habe ich nicht ein einziges Interview gelesen, in dem mich irgendeine Antwort überrascht hätte, in dem ich irgendeine Information über einen Spieler erhalten hätte, die ich vorher nicht kannte. Im *Geißbockecho* gibt es saubere Präsentationen noch saubererer Spieler, ohne Fehl und Tadel, ohne den geringsten Fleck in der Biografie. Das alles wird geschickt verknüpft mit Lobpreisungen des Kölner Publikums.

Ferner erinnert das *Geißbockecho* daran, was der 1. FC Köln einmal war: ein Verein und kein mittelständisches Unternehmen. Runde Geburtstage feiert man. Fans präsentieren Urlaubsfotos. FC-Spieler besuchen Fanclubtreffen und lassen sich mit den Fans ablichten. Kleingärtner, Briefmarkensammler oder Skatfreunde könnten genau die gleichen Zeitungen herausbringen …

Tatsächlich erinnere ich mich an einen einzigen Artikel im *Geißbockecho*, der mein Blut in Wallung brachte. Damals beauftragte der 1. FC Köln eine Werbeagentur für einen Relaunch des Vereins beziehungsweise für die KG auf Aktien. Neben den üblichen Mätzchen, die in solchen Momenten gerne verkauft werden, plante die Agentur eine Änderung der Haupttrikotfarbe von Weiß auf Rot. Ein Sakrileg sondergleichen! Dagegen musste man vorgehen. Und tat man auch. Der Unsinn wurde nach einigen Jahren wieder zurückgenommen.

Seit vielen Jahren bekomme ich das Heft – ein einziger Artikel, der es wert ist, erwähnt zu werden. Nun ja, ich glaube, da braucht niemand ein schlechtes Gewissen zu haben, sollte er es wieder einmal nicht schaffen, die aktuelle Ausgabe zu lesen, bevor die neue kommt. Deshalb ist mir das *Geißbockecho* so wichtig. Es gibt mir das Gefühl, dass es auch Zeitschriften gibt, die man nicht lesen muss, ohne ein schlechtes Gewissen zu haben. Ähnlich Gutes kann ich auch über die ADAC-*Motorwelt* und das Mitgliederheftchen meiner Krankenkasse sagen.

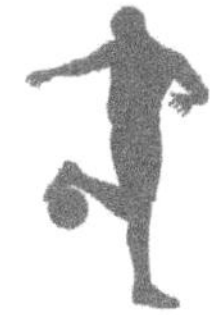

12. GRUND

## Weil ich noch erleben will, wie die Häßler-Millionen gefunden werden

Es gibt drei große Schätze in Deutschland, um die sich fantastische Legenden drehen und nach denen es sich zu suchen lohnt: der Schatz der Nibelungen, das Bernsteinzimmer und unsere Häßler-Millionen.

Vom Schatz der Nibelungen erzählt das Nibelungenlied. Zwölf Leiterwagen mussten vier Tage lang dreimal hin und her fahren, um all das Gold zu transportieren. Vermutlich könnte man mit dem ganzen Gold alle maroden EU-Länder komplett sanieren, vielleicht sogar Borussia Dortmund und Schalke 04 zusammen. Doch der üble Gesell Hagen von Tronje schüttete diesen unglaublichen Schatz in den Rhein. Kurz zuvor tötete er noch auf ziemlich hinterlistige Art den heldenhaften Siegfried. Hagen kannte nämlich Siegfrieds Achillesferse. Der Nibelungenschatz soll irgendwo in Höhe von Worms im Rhein liegen. Seit Jahrhunderten suchen Schatzgräber nach ihm. Bislang erfolglos.

Das Bernsteinzimmer ist seit Ende des Zweiten Weltkrieges verschollen. Der erste Preußenkönig, Friedrich I., ließ ein Zimmer mit Wandverkleidungen aus Bernsteinelementen fertigen. Dieses Zimmer war ein Geschenk für die russischen Herrscher. Der »Style« war allerdings wohl schon damals umstritten. Trotz des hohen Wertes wurde das Zimmer ständig weitergereicht. Wurde ausgestellt, zuletzt im Königsberger Schloss, um nach 1945 vollständig zu verschwinden. Damals gab es keine Sperrmüll-Termine, aber umso mehr Mythen, wo das geheimnisvolle Zimmer abgeblieben sein sollte.

Und dann sind da noch die »Häßler-Millionen«. Nur wenige Menschen wissen, wie viele Millionen es wirklich waren. Man munkelt: Irgendwas zwischen zwölf und 19 Millionen DM wohlgemerkt – aber immerhin.

1984 kam ebenjener Thomas Häßler von den Reinickendorfer Füchsen zum 1. FC Köln. Er machte für die Geißböcke 149 Spiele, schoss 17 Tore und wurde schnell Publikumsliebling. Gerade mal 1,66 Meter groß, aber bullig, gab er keinen Ball verloren, überraschte mit technischen Finessen und genialen Zuspielen. Neben Christoph Daum auf der Trainerbank, Illgner im Tor, Paul Steiner und Pierre Littbarski war Thomas Häßler der Grund, warum der FC auch in der Saison die Vizemeisterschaft holte! Richtig. Nur die Vizemeisterschaft! Eine Riesenenttäuschung für uns Fans – damals.

Noch schlimmer aber war, dass italienische Clubs auf unseren »Icke« aufmerksam wurden. In der Vor-Euro-Zeit bezahlte man in Italien noch mit Lire – und zwar mit jeder Menge. So weit, so klar. In Köln war Christoph Daum nicht nur Trainer, sondern nach Udo Latteks Rückzug auch Sportdirektor. Daum hatte Thomas und Angela Häßler und Vertreter von Juventus Turin in ein Hotel in die Kölner Südstadt geladen. Davon will der Vorstand des 1. FC nichts gewusst haben. Daum beharrt darauf, dass das Gegenteil der Fall gewesen sei.

Einige Wochen später wechselte Häßler zum Fiat-Club. Er wurde im Müngersdorfer Stadion verabschiedet. Es flossen viele Tränen – bei uns Fans und bei Häßler. Christoph Daum wurde unter beschämenden Umständen entlassen. Bis heute kennt man weder die Gründe noch die Höhe der Transferentschädigung. Gemunkelt wird: Irgendwas zwischen zwölf Millionen und 19 Millionen DM. Sicher ist: Etwa anderthalb Jahre später war von den Millionen nichts mehr in der Vereinskasse, dafür ein Schuldenberg in Höhe von etwa neun Millionen DM. Die Mannschaft wurde zwar verstärkt, doch die Transfers erklären nicht den Verbleib der Häßler-Millionen.

1990/91 wurden geholt:

- Maurice Banach (vorher Wattenscheid 09): angeblich für 1,2 Millionen DM
- Henrik Andersen (RSC Anderlecht): Die einen behaupten ablösefrei, die anderen sprechen von 3,5 Millionen DM.

- Uwe Fuchs (Fortuna Düsseldorf): Ablöse unbekannt
- Hans-Dieter Flick (Bayern München): Ablöse unbekannt
- Karsten Baumann: eigener Nachwuchs
- Horst Heldt: eigener Nachwuchs

1991/92 sind es:

- Rico Steinmann (Chemnitzer FC): 3,5 Millionen DM
- Henri Fuchs (Hansa Rostock): 2,4 Millionen DM
- Andre Trulsen (St. Pauli): 1,3 Millionen DM
- Adrian Spryka (1. FC Saarbrücken): 1,2 Millionen DM

Rund 13 Millionen DM wurden danach ausgegeben. Durch die Transfers von Rahn, Görtz und Gielchen aber auch rund drei Millionen eingenommen.[1] Trotzdem hatte der FC einen Schuldenberg von neun Millionen DM.

Drei mögliche Theorien:

- Jemand hielt die Hand auf. Wer auch immer das gewesen sein könnte, sie möge ihm abfaulen. Langsam und schmerzhaft.
- Die PR-Lüge. Wenn jemand wie Thomas Häßler einen Verein verlässt, sorgt das für Trauer, wenn nicht Wut bei den Fans. Deshalb wurde die Transfersumme nach oben korrigiert. Die Fans sollen denken: Okay, bei der Kohle kann man nicht Nein sagen.
- Jemand schaute voraus und verbuddelte irgendwo auf dem Gelände um das Geißbockheim einen Teil der Häßler-Millionen – für schlechte Zeiten. Und vergaß sie entweder oder nahm sein Geheimnis mit ins Grab.

Der gemeine 1.-FC-Köln-Fan glaubt felsenfest an Theorie drei und hofft, dass die Millionen noch mal auftauchen. Mir macht ein bisschen Sorgen, in welchem Zustand die DM-Scheine nach so langer Zeit sind. Und wenn wir ehrlich sind, reichen die paar Kröten ja nicht einmal, um unseren geliebten FC schuldenfrei werden zu lassen.

13. GRUND

## Weil er das »Real Madrid des Westens« war und irgendwie auch noch immer ist

Wenn man das heute so liest, »der 1. FC Köln das Real Madrid des Westens«, dann kann man sich schon fragen, ob damals im Kölsch nicht mehr Alkohol war als heute. Damals in den 1960er-Jahren war es aber durchaus ernst und als Kompliment gemeint.

Am 12. Mai 1962 tauchte dieser heute hanebüchene Vergleich zum ersten Mal in der deutschen Presse auf. Der 1. FC Köln hatte gerade im Berliner Olympiastadion vor 82.700 Zuschauern das Endspiel um die deutsche Meisterschaft gegen den 1. FC Nürnberg gewonnen. Nicht nur gewonnen, sondern mit 4:0 den Klassenunterschied mehr als deutlich gemacht. Die Kölner spielten in blütenweißen Trikots. Gerüchten zufolge mussten ihre Trikots nicht einmal gewaschen werden. In allen Spielberichten nannten die Journalisten den 1. FC Köln bewundernd das »Real Madrid des Westens«. Böse Zungen vermuteten dahinter einen Marketing-Trick vom damaligen FC-Boss Franz Kremer. Andere behaupteten, Fritz Silken hätte es in einem Interview gesagt und somit erfunden. Fritz Silken war Trainer und sollte in der folgenden Saison Westfalia Herne übernehmen. Weil beide Mannschaften in der gleichen Oberliga spielten, hatte er sich die Kölner angesehen … und muss hin und weg gewesen sein.

Aber auch heute gibt es durchaus noch Parallelen zu den Königlichen. Im Ernst! Der 1. FC Köln spielt wieder in weißen Trikots – wie die Königlichen. Er hat finanzielle Probleme und dachte daran, das Vereinsgelände mit Geißbockheim per »sale and lease back« zu Geld zu machen. Das hat Real Madrid alles bereits hinter sich. Die Trainer werden hier wie dort alle naselang gewechselt. Und Köln verliert in letzter Zeit genauso oft gegen den BVB – wie die Spanier.

Mit anderen Worten: Der 1. FC Köln ist auch heute noch das »Real Madrid des Westens«. Ich bin froh, FC-Fan zu sein!

14. GRUND

## Weil es noch öffentliches Training gibt

Wie ich im Grund 17 beschreiben werde, ist beim 1. FC Köln beim Training mehr los als bei manchen Konkurrenten beim Spiel. Okay, das gilt in erster Linie für die legendären Trainingspremieren von Weisweiler, Daum und Poldi. Aber auch der Trainingsalltag hat mehr Zuschauer als mancher Blockbuster abends im Kino. Und das hat Konsequenzen.

Im Durchschnitt sind um die 200 Zuschauer am Geißbockheim. In den Sommerferien mehr, im Winter, wenn es schneit oder man außer FC-Spieler keinen für die Tür schicken möchte, weniger.

Seit vielen Jahren trifft sich an der Nordseite des Trainingsplatzes vor dem Geißbockheim eine Gruppe Rentner. Sie machen es sich auf Campingmöbeln gemütlich und kloppen Skat. Gerüchten zufolge werden die Stühle von Generation zu Generation weitervererbt. Anderen Gerüchten zufolge gibt es ernste Nachwuchsprobleme. Die junge Generation von heute spiele keinen Skat mehr.

Die Gruppe Rentner ist ziemlich harmlos für den Trainingsbetrieb. Im Grunde interessieren sie sich weder für die Mannschaft noch für Fußball, und auch der Skat ist nur Mittel zum Zweck. Sie brauchen eine Ausrede, um den Tag nicht zu Hause mit ihren Ehefrauen zu verbringen. »Muss zum Training, Schatzi«, oder so. Doch von dem bekommen sie kaum was mit. Zum FC, zum Fußball und der Welt an sich haben sie aber schon eine klare Meinung: »Früher war alles besser!«

Die zweite Gruppe ist schon etwas schwieriger: Geschiedene Väter! Sie wollen ihren Söhnen an ihren »Papa-Tagen« was bieten. Und cooler sein als die Mütter. Deshalb wird alles erlaubt, was sonst verboten ist. Die Kids rennen auf den Platz – wenn sie wollen. Ganz egal, ob gerade neue Standards eingeübt werden oder nicht. Sie quäken, weil sie das neue FC-Fahrrad mit Elektromotor bekommen wollen. Dabei juckt es sie nicht, dass der Trainer gerade eine Ansprache an die Mannschaft hält. Oder sie wollen unbedingt Autogramme haben, obwohl das Training noch nicht zu Ende ist.

Dann gibt es noch die weiblichen Groupies, besonders wenn beim FC mal wieder ein Teenieidol die Mannschaft verstärkt. Die spitzen Schreie der Girlies bei Poldis Ballannahmen oder einem Christian-Clemens-Sprint haben die Mitspieler ordentlich irritiert.

Ich könnte auch noch einiges über Hunde schreiben, die auf dem Trainingsgelände nix zu suchen haben. Und kommt mir jetzt nicht mit »die wollen nur spielen«. Sollen sie doch tun, aber nicht am Geißbockheim. Wie oft schaffen es die Herrchen nicht, die Leine von ihrem Waldi, Kläffi oder Rex festzuhalten? Wie oft sind sie schon auf den Platz gelaufen, auf der Jagd nach dem Ball? Oder schlimmer noch, dem Spieler?

Und über die Griesgrame, die nur zum Geißbockheim fahren, um Dampf abzulassen. Aber auch über die schreibe ich lieber nichts.

Denn Fakt ist: In anderen Ländern sowie bei manchen Vereinen in Deutschland wird unter Ausschluss der Öffentlichkeit trainiert. Vieles spricht dafür. Die oben genannten Kollegen würden nicht den Ablauf der Übungseinheiten stören. Als Trainer spricht man ohne Publikum eher Tacheles, wenn einem was nicht passt. Man muss nicht, wie zum Beispiel Uwe Rapolder, befürchten, seinen Wutausbruch noch am gleichen Tag im FC-Internetforum (damals gab es nur eins) säuberlich dokumentiert nachlesen zu können. Er hatte, unzufrieden mit den Abschlüssen des niederländischen Außenstürmers Anthony Luring, lautstark über den Platz gebrüllt: »Anthony, forward players shooting goals! Shooting Goals! Fucking Muschi!«[2] Rapolder war das ehrlicherweise egal. Luring nicht. Er machte nicht mehr allzu viele Spiele für die Geißböcke und wurde alsbald verliehen. Wäre das auch passiert, wenn das FC-Training unter Ausschluss der Öffentlichkeit stattgefunden hätte?

Christoph Daum hatte die Nase von Kiebitzen, wie die Trainingsbeobachter genannt wurden, Hunden und kreischenden Teenies gestrichen voll. Für ihn war so keine sinnvolle Arbeit möglich. Böse Zungen vermuten, dass er einfach keine Zeugen wollte, wenn er mal wieder einen Tag freinahm. Er hatte jedenfalls eine seiner beim Vorstand berüchtigten »Ideen«: die Vision eines Trainingsgeländes außerhalb der Stadt, um dort unter Ausschluss der Öffentlichkeit trainieren zu können. Das Gelände um das Geißbockheim lässt sich in seiner bisherigen Form nicht vor Besuchern abschotten. Es liegt in einem öffentlich zugänglichen Naherholungsgebiet. Nur im Franz-Kremer-Stadion wäre unbeobachtetes Training möglich. Aber der Platz darf nicht grenzenlos strapaziert werden. Am Wochenende finden dort Meisterschaftsspiele der FC-Amateure und Jugendmannschaften statt.

Angeblich hatten Daum und sein Assistent Roland Koch bereits ein Alternativgelände gefunden, irgendwo in einer leer stehenden Kaserne. Doch da ereilte Daum das Angebot von Fenerbahçe aus Istanbul. Daum packte seine Koffer schneller, als ein Hund hinter dem Ball herjagt, und das Trainingsgelände außerhalb der Stadt war erst einmal zu den Akten gelegt.

Seien wir mal ehrlich: Aus Sicht des Trainers ist der Wunsch nach Training unter Ausschluss der Öffentlichkeit mehr als nachvollziehbar. Und es gibt natürlich auch Einheiten, bei denen kein Publikum zugelassen ist. Wenn zum Beispiel Standards oder neue Laufwege trainiert werden oder wenn sich die Mannschaft für das nächste Spiel in einem Trainingsmatch einspielt. Zum einen ist dann höchste Konzentration gefragt, zum anderen sollte außerdem natürlich der kommende Gegner nichts von den Finten wissen. Oft genug schicken die nämlich ihre eigenen Kiebitze zum gegnerischen Training.

Für uns Fans wäre der komplette Ausschuss eine Katastrophe. Wie ich in Grund 16 erzähle, bin ich auch Anhänger der Geißböcke geworden, weil ich beim Training war und von Wolfgang Weber ein Autogramm bekommen habe. Für die Fanbindung ist es wichtig, die Spieler so nah wie beim Training zu erleben.

Für die Rentner wäre die Abschaffung des öffentlichen Trainings fatal. Sie müssten ihre Tage mit ihren Ehefrauen verbringen – die Scheidungsrate würde in die Höhe schnellen.

Und was täten erst die Scheidungsväter? Wie sollten sie noch eine männliche Tradition mit ihrem Sohn teilen, den sie nur ein oder zwei Tage in der Woche zu Gesicht bekommen? Und die Groupies? Sollen die etwa in die Umkleidekabine einbrechen und sich dort verstecken müssen, um ihren Idolen nahe zu sein? Und die ganzen »Herrchen«? Wohin sollten sie mit ihren Hundchen spazieren, wenn nicht zum Training des 1. FC Köln?

Und auch ich sehe mir gerne mal ein Training an. Wenn ich eine längere Arbeit abgeschlossen habe, fahre ich gerne mal zum Geißbockheim. Zum einen ist es sehr entspannend, anderen bei der körperlichen Arbeit zuzusehen und dabei ein Kölsch zu trinken. Und es ist irre zu sehen, wie sehr sich die Methoden der verschiedenen Trainer unterscheiden. Und ich schwöre, ich habe keinen Hund, bin nicht geschieden und verstehe die Skatregeln nur rudimentär.

15. GRUND

## Weil er Talente aus der Region fördert

Es gab in den 1980er-Jahren *Lottery*, eine amerikanische Fernsehserie, in der zwei Männer zukünftige Lottomillionäre aufsuchen mussten. Nach einigen Abenteuern standen sie dann vor der richtigen Tür und konnten die frohe Botschaft mitteilen. Von so was träumten wir als Kinder und Spieler vom SV Adler Dellbrück damals auch. Nur, dass mich weder Lotto noch Millionen interessierten. In meinem Traum stand ein Vertreter des 1. FC Köln vor der Tür und bot mir einen Vertrag bei den Geißböcken an.

Aus dem Traum wurde leider nichts. Der FC wollte mich nicht. Es ist nicht am Geld gescheitert. Ich wäre billig zu haben gewesen. Es war einfach niemals ein Talentscout bei unseren Spielen. Zuschauer kamen nie sehr viele. Wir hätten einen Fremden sofort bemerkt. Damals lief die Talentsichtung allerdings auch noch anders als heute. Die Heimtrainer der Vereine schickten ihre fähigsten Spieler zum sogenannten Auswahltraining. Bei uns im Fußballverband Mittelrhein war das natürlich die Mittelrheinauswahl. Wer sich da durchsetzte, konnte damit rechnen, vom FC angesprochen zu werden. Wenn er Pech hatte, auch von Bayer Leverkusen, Fortuna Köln oder Viktoria. Andere Vereine spielten keine Rolle. Andere Städte erst recht nicht. Ausland? Niemals! Kein Kölner Kind hätte damals wegen Fußball das Land verlassen. Völlig unmöglich!

Heute ist das natürlich anders. Der Fußball ist kommerzieller. Alle Vereine suchen überall im Land nach den hoffnungsvollsten jungen Spielern, um sie so früh wie möglich an sich zu binden. Viele der aktuellen Nationalspieler wurden schon mit 13 Jahren, manche noch früher, entdeckt und in Nachwuchsleistungszentren gesteckt. Manche wurden auch von spanischen oder britischen Vereinen geholt und genossen dort eine Topfußballausbildung.

Je früher, umso besser! Deshalb besuchen Talentscouts der Vereine, so auch des FC, jedes Wochenende Jugendspiele bis runter zur U8. In den Altersstufen U8 bis U13 findet die Sichtung im Umfeld von 50 Kilometern flächendeckend statt. Bei den späteren Jahrgängen konzentriert man sich auf die höheren Ligen und die Auswahlmannschaften. Außergewöhnliche Talente werden mehrfach beobachtet und dann zum FC gelockt.

Für die Saison 2013/14 verpflichtete der Verein für die Jahrgänge U8 bis U13 24 neue Spieler. Andere Namen landeten in einer Datenbank. Diese Spieler werden auch in den nächsten Jahren regelmäßig beobachtet. Machen sie einen Schritt nach vorne, kann es sein, dass tatsächlich einer vom FC mit einem Vertrag vor der Tür steht.

Die Nachwuchsförderung des 1. FC Köln ist erfolgreich. Lukas Podolski ist vielleicht der bekannteste Spieler aus dem Kölner Nachwuchs. Aber auch Spieler wie Christian Clemens, Ron-Robert

Zieler und Patrick Helmes durchliefen die Talentschulung beim FC, zumindest zum Teil.

In der aktuellen Mannschaft stehen mit Timo Horn, Thomas Kessler, Jan-Christoph Bartels, Nikolas Nartey, Salih Özcan und Yann-Aurel Bisseck einige Spieler, die bereits in FC-Jugendmannschaften spielten. Timo Horn wurde 2010 mit der Fritz-Walter-Medaille in Gold als »das größte Talent seines Jahrgangs« ausgezeichnet. Salih Özcan erhielt die Medaille 2017 ebenfalls in Gold.

Da frage ich mich natürlich, wie es mit meinen Chancen gestanden hätte, wäre ein FC-Talentscout zu unseren Spielen gekommen und hätte mich beobachtet.

Nun ja, als U8er konnte ich immerhin meine Fußballschuhe fehlerfrei binden. Und ich konnte alle Namen der aktuellen FC-Mannschaft aufsagen – plus einiger Ersatzspieler. Mittelstürmer war ich. Okay, mit bescheidender Trefferquote. Ein Mal habe ich in der Saison eingenetzt. Aber das Tor war der Hammer!

16. GRUND

## Weil ich ein Autogramm von Wolfgang Weber bekommen habe

Ich bin in Köln-Dellbrück aufgewachsen. Das liegt im Osten von Köln, gleich in der Nähe der polnischen Grenze. Das Müngersdorfer Stadion und das Trainingsgelände aber befinden sich im Westen der Stadt. Für mich damals am Ende der Welt. Niemals hätten wir Kids aus Dellbrück es geschafft, alleine dorthin zu reisen. Mal ganz davon abgesehen, dass es uns auch niemals erlaubt worden wäre.

Mein Vater war zu der Zeit viel beruflich unterwegs, meine Mutter hatte neben mir noch meine zwei kleineren Geschwister, um die sie sich kümmern musste. Zufälligerweise arbeiteten die Väter meiner beiden besten Freunde bei der Feuerwehr. Bei ihnen folgten auf zwei Tage Arbeit zwei freie Tage. Die eine Familie interessierte sich nicht für Fußball (sondern mehr für FKK). Mit dem Sohn der anderen Familie spielte ich gemeinsam Fußball bei Adler Dellbrück. Gemeinsam, mit viel Geduld und Ausdauer, schafften wir es, seinen Vater zu einem Trainingsbesuch beim 1. FC Köln zu überreden.

Das ging natürlich nur in den Ferien – und so fuhren wir eines schönen Sommerferien-Tages von Dellbrück zwölf Kilometer zum Geißbockheim … Der Vater meines Kumpels hatte alles im Vorfeld vorbereitet, also sich telefonisch informiert, wann das Training beginnt oder besser beginnen sollte. Wir waren mehr als pünktlich, doch die Mannschaft ließ und ließ auf sich warten. Wir Jungs waren schwer irritiert. Wenn wir bei Adler zum Training zu spät waren, setzte es Strafrunden oder Liegestütze und das nicht zu knapp. War Hennes Weisweiler ein antiautoritärer Hippie geworden? Oder hat Solbakken früher schon mal das Traineramt übernommen? Der Vater meines Kumpels vermutete, dass es in der Kabine sicher eine Besprechung gebe. Wir fragten uns zwar, was die noch unbedingt vor einem Training besprechen mussten, aber bitte schön.

Wir waren natürlich nicht die einzigen Fans am Geißbockheim, oder Kiebitze, wie man Trainingsbeobachter noch heute nennt. Damals wie heute saßen da Gruppen von Rentnern entspannt in der Sonne, pichelten einen, kloppten Skat und ließen launige Kommentare über die Mannschaft ab. Dass man im Alter quasi jeden Tag am Geißbockheim FC-Training gucken kann, nahm mir die Angst vor der Rente.

Und irgendwann kamen sie dann doch noch, meine Stars: die FC-Spieler Overath, Neumann, Schumacher, Cullmann, Gerber, Konopka, Hein, Strack, Weber, Simmet, Glowacz, Zimmermann, Löhr, Müller, van Gool …

… und absolvierten ihr Training. Überraschenderweise waren ihre Übungen unseren bei Adler Dellbrück gar nicht mal unähnlich. Warmlaufen am Anfang, dazu ein bisschen Gymnastik. Manche Spieler waren sehr gewissenhaft dabei, andere weitaus weniger, wie bei Adler Dellbrück … Dann übten sie Pässe, Flanken, Seitenwechsel, Laufwege … Wie bei uns. Aber bei uns wurde viel mehr gelacht.

Am Ende kam – wie bei uns – ein Trainingsspiel. Aber das war vollkommen anders als bei uns. Da ging es richtig rund. Uns Jungs war völlig unklar, warum sich dieser alte Mann mit der rauchigen Stimme und dem rheinischen Singsang so aufregte. Den Rentnern am Skattisch gefiel es. Die unterbrachen sogar ihr Spiel, um jedes Wort des Grantlers genau mitzukriegen, und prosteten sich anschließend zustimmend zu. Der alte Grantler auf dem Platz war – wie schon oben erwähnt – Hennes Weisweiler. Für uns Jungs völlig uninteressant. Mit jemandem, der nur rummotzt, wollten wir nichts zu tun haben.

Wir ignorierten ihn arrogant, als er nach dem Training an uns vorbei in die Kabinen ging. Genauso wie Wolfgang Overath. Mein Vater konnte den nicht leiden, also mochte ich ihn auch nicht, und mein Kumpel schloss sich uns an. Vor Simmet mit seinem gewaltigen Schnauzer hatten wir gewaltige Angst. Der langte auf dem Platz richtig zu und guckte auch sonst grimmig. Bei Cullmann, Konopka und Gerber waren wir zu schüchtern. Wir trauten uns nicht, um ein Autogramm zu bitten. Nur einer sah uns: Wolfgang Weber. Vielleicht hatte er Mitleid, vielleicht war er einfach ein netter Mensch. Jedenfalls kam er auf uns zu und fragte, wem er mit einem Autogramm eine Freude machen könne. Wir haben kein Wort herausbekommen. Der Vater meines Kumpels stupste uns auffordernd an. Wir brachten gerade noch ein ehrfürchtiges Nicken zustande. Als Weber ein paar weitere Spieler zu sich winkte und sie aufforderte, Unterschriften in unsere Schulhefte zu setzen, waren wir glücklich – und endgültig FC-Fans. Die Schulhefte haben wir lange aufbewahrt.

Wenn ich mich richtig erinnere, haben wir sowohl in der Schule als auch bei Adler Dellbrück furchtbar mit diesem Nachmittag angegeben. Vielleicht kamen wir deshalb auch zu spät zum Training, wahrscheinlich hagelte es Strafrunden und Liegestütze. Aber das war es wert. Und Wolfgang Weber ist und bleibt mein Held. Aber nicht nur deshalb (Grund 59). Bis heute engagiert er sich ehrenamtlich für die Nachwuchsabteilung des 1. FC Köln, setzt sich für fußballbegeisterte Kinder und Jugendliche aus sozial schwachen Familien ein und ist Botschafter der Behindertenorganisation Special Olympics. Für sein Engagement ist Wolfgang Weber mit dem Bundesverdienstkreuz ausgezeichnet worden.

17. GRUND

## Weil bei ihm mehr Zuschauer zum Training kommen als bei anderen Vereinen zum Heimspiel

Drei große Ereignisse muss man da nennen. Beim ersten Mal war ich nicht dabei. Ich musste in die Schule. 1976, als Hennes Weisweiler nach vielen Jahren zum Geißbockheim zurückkehrte, war ich gerade mal zehn Jahre alt.

Da habe ich wohl was verpasst. Zu Beginn von Weisweilers zweijähriger Amtszeit, in der der FC zweimal den DFB-Pokal und einmal das Double holte, kamen 10.000 Zuschauer zum Trainingsgelände. Das war damals ordentlich Holz. Vereine wie die damaligen Bundesliga-Konkurrenten Tennis Borussia Berlin, Hertha BSC, VfL Bochum oder Fortuna Düsseldorf hatten selbst bei Heimspielen in der Regel weniger Besucher.

Dieses Ereignis fand noch ohne mich statt. Das sollte mir kein weiteres Mal passieren. Und so stand ich am 27. November 2006 parat. Da übernahm Christoph Daum von Hans-Peter Latour das Traineramt. Seit Jahren hatten wir Fans darauf gehofft, dass der Messias endlich heimkehrt. Endlich war es so weit. Wie kein anderer Trainer der jüngeren Vergangenheit versprach Daum Erfolg. Danach sehnte sich jeder FC-Fan. Heute ist es unvorstellbar, wie man in Daums erster Amtszeit schlecht gelaunt sein konnte, weil der FC »nur« mal wieder den zweiten Platz erreicht hatte und den

Bayern unterlegen war. Heute wäre ein zweiter Platz in der 2. Bundesliga ein Traum – ein Traum, der den FC aufsteigen ließe. Für mich, wie wahrscheinlich für alle anderen Fans auch, war klar: Mit Daum packen wir's. Erst wird aufgestiegen, und dann gibt es nach oben keine Grenzen mehr.

Zum ersten Training – dem Anlass entsprechend im Müngersdorfer Stadion – kamen wieder 10.000 Zuschauer. Die Spieler wärmten sich lässig unter Daums Co-Trainer Roland Koch auf und spielten sich dann unbekümmert ein paar Bälle zu. Christoph Daum hielt derweil Hof, winkte ins Publikum, das sich auf der Nordtribüne versammelt hatte, schüttelte Hände, segnete Kinder, die ihm aus dem Publikum entgegengestreckt wurden, und nahm gönnerhaft die Ovationen der Zuschauer entgegen.

Auch ich klatschte heftig Beifall, schüttelte seine Hand, mangels Kind konnte ich ihm dieses nicht entgegenstrecken. Gleichzeitig fragte ich mich insgeheim, ob ich noch ganz dicht bin. Ich bin schon vor Jahren aus der Kirche ausgetreten, orientiere mich politisch an Programmen, nicht an Personen – und dann sitze ich hier im Stadion und jubele dem Messias zu???

Statt daraus meine Lehren zu ziehen, pilgerte ich Jahre später zum nächsten Trainingshochamt. Dieses Mal gemeinsam mit weiteren 20.999 Zuschauern. Es war der 26. Juni 2009. Wieder im Müngersdorfer Stadion. Die Protagonisten: Zvonimir Soldo und Michael Henke. Christoph Daum hatte in der Sommerpause überraschend den Abgang gemacht. Doch der Star des Trainings hieß: Lukas Podolski. Der verlorene Sohn war zurück. Nach qualvollen Jahren im Münchner Exil. Endlich zurück in seiner Heimat.

Podolski zu holen, war finanzieller Irrsinn, und man muss es so sagen: sportlicher Meineid. Man hatte ihm versprochen, eine hochkarätige Mannschaft aufzubauen … Trotzdem hatte ich damals beim Training Gänsehaut und ein unglaubliches Glücksgefühl.

18. GRUND

## Weil die Spieler immer ein offenes Ohr für die Fans haben

Frage nicht, was dein Verein für dich tun kann – frage, was du für deinen Verein tun kannst. Habe ich gemacht, als mir vor vielen, vielen Jahren mal was wirklich Wichtiges auffiel.

Damals, noch im alten Müngersdorfer Stadion, es muss um die Jahrhundertwende gewesen sein, gab es keinen vierten Offiziellen, der unter anderem darauf achtete, dass sich die Trainer an der Seitenlinie benehmen. Einige der Trainer und Co-Trainer waren bei den Schiris für das Theater, das sie am Spielfeldrand veranstalteten, berühmt-berüchtigt.

Werner Lorant zum Beispiel: Ihn Rumpelstilzchen zu nennen, ist eine Beleidigung für die Märchenfigur. Im Vergleich zu Lorant würde jeder Psychologe dem armen Rumpelstilzchen Antriebsschwäche diagnostizieren. Lorant akzeptierte fast keine Entscheidung des Schiris gegen die eigene Mannschaft, geschweige zugunsten des Gegners.

Aleksander Ristić wiederum schenkte den Unparteiischen Bonbons. Könnte ja bei deren Entscheidungsfindung nutzen. Wirklich perfide war allerdings die Masche des Gespanns Hitzfeld/Henke. Während Ottmar Hitzfeld gentlemanlike mit Trenchcoat von der Seitenlinie aus das Spiel seiner Mannschaft dirigierte, rückte Assistent Michael Henke dem Linienrichter auf die Pelle, forderte Gelbe Karten ein oder wenigstens einen Einwurf.

Schlimm genug, dass es solche Trainer gibt, schlimmer noch, dass wir Kölner die Gastfreundschaft übertrieben und es den gegnerischen Manipulatoren total einfach machten.

Während eines entweder langweiligen oder ärgerlichen Spiels fiel mir von der Südkurve aus Folgendes auf: Der Linienrichter betreut auf der Ostseite die Hälfte Richtung Norden, auf der Westseite

Richtung Süden – genau vor der Bank der Gästemannschaft! Der Kölner Trainer hatte zwar freiere Sicht auf das Spielfeld, aber der Gegner war näher dran am Linienrichter – und nutzte das mitunter auch intensiv, dessen Entscheidungen zu beeinflussen.

Nach einem Spiel, bei dem der FC wieder einmal massiv benachteiligt worden war, platzte mir der Kragen. Ich schrieb einen Brief an den FC und faxte diesen ans Geißbockheim. E-Mails gab es damals noch nicht. Ich kritisierte diese unhaltbare Situation und forderte Verbesserungsmaßnahmen. Die Seiten sollten getauscht werden. Gästebank auf der Hälfte Richtung Norden, wir auf der Seite zur Südkurve hin. Lange Zeit passierte gar nichts. Beim nächsten Spiel das gleiche Desaster. Der Kölner Trainer saß von der Südtribüne aus rechts mit prima Sicht auf das Spielfeld. Der Gästetrainer erfreute sich seiner Möglichkeiten, den Linienrichter zu bequatschen. Ich kochte vor Wut und war kurz davor, persönlich beim FC vorstellig zu werden …

Da meldete sich mein Faxgerät und spuckte einen Brief von Thomas Cichon aus. Der war damals Kapitän der Mannschaft und bedankte sich für meine Anregung. Er schrieb, dass man meinen Vorschlag bei der Mannschaftsbesprechung intensiv diskutiert und anschließend darüber abgestimmt habe. Leider mit dem Ergebnis: Alles bleibt, wie es ist. Der Grund: Aberglauben! Aberglauben???

Die Saison ging in die Winterpause – und kam wieder heraus. Und siehe da: Der FC hat reagiert. Die Trainerbänke wurden getauscht. Über Weihnachten hat das Christkind den FC-Verantwortlichen mal den Kopf gewaschen. Von wegen Aberglaube und so. Jedenfalls ging jetzt der FC-Trainer auf Tuchfühlung mit dem Linienrichter, holte kleine Vorteile heraus. Bei einer Abseitsentscheidung, das letzte Wort bei einer Gelben Karte und so weiter.

Frage nicht, was dein Verein für dich tun kann, frage, was du für deinen Verein tun kannst. Mir hat er sicherlich ein paar Punkte zu verdanken.

19. GRUND

## Weil er nach 1990 kein Wendegewinner war

Man kann dem 1. FC Köln viel vorwerfen, aber nicht, dass er den Fall der Mauer ausgenutzt hat. Andere Vereine hatten weniger Skrupel. Viel Geld floss in die neuen Bundesländer, die größten Talente machten den Abflug und landeten im Westen. Bayer Leverkusen holte Ulf Kirsten und Andreas Thom. Der 1. FC Kaiserslautern Michael Ballack, Der HSV Thomas Doll. Der VfB Stuttgart Matthias Sammer. VfL Bochum griff bei Dariusz Wosz zu.

Der 1. FC Köln dagegen investierte gute fünf Millionen DM – und bekam Rico Steinmann (2,8 Millionen DM, Chemnitzer FC) und Henri Fuchs (2,3 Millionen DM, FC Hansa Rostock).[3] Böse Zungen behaupten, sie bekamen nix.

Rico Steinmann galt als größtes Talent der ehemaligen DDR. 23 Länderspiele machte er für den Arbeiter-und-Bauern-Staat. Drei Tore schoss er dabei. 128-mal spielte er für den 1. FC Karl-Marx-Stadt/Chemnitzer FC. Für Michael Ballack war er das Idol seiner Jugend. In Köln war Rico Steinmann als neuer Spielmacher geplant. Er sollte die Stürmer Ordenewitz, Banach oder Ralf Sturm in Szene setzen – und wirkte dabei wie ein Trabbi unter Fords, Opels und Audis. Behäbig und wenig inspiriert. Er hat sich sicherlich auch eine andere Karriere im Westen vorgestellt – wir hätten sie ihm gewünscht.

Henri Fuchs hatte im Jahr vor seiner Verpflichtung mit Hansa Rostock das Double geholt: die letzte DDR-Meisterschaft und den letzten DDR-Pokal der Geschichte. Dabei war er der erfolgreichste Torschütze seiner Mannschaft. So was erwartete man in Köln mindestens auch von ihm. Es kam natürlich alles anders, und Henri Fuchs machte es sich selbst nicht leicht. Mit seiner Vokuhila-Frisur gewann er nicht gerade die Herzen der Fans. Der Begriff »Fuchsschwanz« bekam eine neue Bedeutung. Und mit den Toren lief es auch nicht so wie erhofft. Nur achtmal spielte er in seiner ersten

Kölner Saison durch. Schnell verlor er hier den Spaß und wechselte zu Dynamo Dresden.

Fazit: Manch einer im Stadion behauptet noch heute, eine Investition in eine ostdeutsche Schrottimmobilie hätte dem Verein mehr gebracht als die Verpflichtungen von Steinmann und Fuchs. Ich dagegen bin froh, dass wir nicht dem Beispiel von Bayer Leverkusen, Stuttgart oder dem HSV gefolgt und wie Heuschrecken über die DDR-Vereine hergefallen sind. Wir waren keine Wendegewinner, und ich bin stolz darauf. Später haben uns weitere Spieler aus der ehemaligen DDR geholfen: Marcell Fensch, Ralf Hauptmann, Sebastian Helbig, Carsten Jancker, Bodo Schmidt, Christopher Schorch, Dirk Schuster, Daniel Schwabke, Ronny Teuber, René Tretschok.

20. GRUND

## Weil bei ihm jeder Fußballspielen lernen und gleichzeitig etwas Gutes tun kann

Wer als Kind oder Jugendlicher Profifußballer werden will, dem reicht vielleicht das Training bei seinem Heimatverein nicht. Er möchte Tricks lernen, die sein Trainer nicht draufhat, Tipps kriegen, wie er Profi werden kann, oder er will sich einfach nur immer weiter verbessern. Vielleicht weiß er auch bloß nicht, was er sich von Onkel Frank zum Geburtstag schenken lassen soll?

Der 1. FC Köln kann in jedem Fall helfen – mit der Fußballschule Heinz Flohe in den Abelbauten am Müngersdorfer Stadion.

Ferienkurse, Wochenendcamps oder auch Tagestraining, je nach Bedarf. Alle Programme leiten qualifizierte Trainer, die nicht nur modernste Trainingsprogramme anbieten, sondern auch Tipps in Sachen Ernährung geben. Mal sehen, was sich daraus ergibt. Die Fußballschule gibt es erst seit Mai 2013. Ein Teil der Erlöse kommt der Familie von Heinz Flohe (Grund 63) zugute.

21. GRUND

## Weil wir tolle Fanartikel haben

Fanshops sind mehr oder weniger notwendige Übel. Der Verein braucht sie. Über Merchandising kann er ordentlich Geld einnehmen. Der ein oder andere Fan braucht sie, um wenigstens einmal in der Woche ordentlich angezogen zu sein. Beim FC-Fanshop bekommt man schließlich alles. Von der Unterwäsche über Socken bis zum Hemd, man bekommt sogar Anzüge. Ich selbst besitze im Moment den Club-Schal mit dem etwas zu dunklen Rot. Ich darf das, weil ich als Kind einen hellroten Schal getragen habe (Grund 95). Die taubenblauen Boxershorts aus einer älteren Kollektion, vorne mit der großen Aufschrift »Rammbock«, die man bei vielen Gelegenheiten gut tragen kann. Neuerdings steht bei mir der »Superfan« auf dem Schreibtisch. Geschenk meiner Freundin, die mich damit aufmuntern will, fleißig an diesem Buch zu arbeiten.

Der »Superfan« ist ein knapp 15 Zentimeter großes Männeken, er trägt das wunderschöne Monacotrikot (Grund 93) und schwenkt einen FC-Schal – und damit kommen wir auch zu seinem »Geburtsfehler«: Der »Superfan« jubelt nur bei Sonnenschein! Er wird nämlich von einem kleinen Motor angetrieben, der über ein Solarmodul mit Energie versorgt wird. »Superfan«? Von wegen! Ein »Schönwetterfan« ist er. Bei Regen oder in der Nacht rührt er sich nicht. Verschwörungstheoretiker vermuten dahinter eine Aktion der Kölner RheinEnergie, langjähriger Sponsor des FC und Namensgeber des Stadions. Sollten die uns mit dem »Superfan« unterschwellig sagen wollen, dass die Energiewende nichts taugt? Mit Sonnenenergie wird das jedenfalls nichts mit Fußball-Liveübertragungen am Abend.

Aber auch in den Jahren zuvor gab es bemerkenswerte Devotionalien. Unvergesslich das Aftershave »effcé cologne« – der dynamische Duft, nicht nur für Sportliche. Böse Zungen behaupten, es roch wie Bodo Illgner in der Halbzeitpause. Ich kenne auch niemanden, der sich den »FC-Roller«, wahlweise mit 50 oder 125 Kubikzentimeter gekauft hat, geschweige jemanden, der dieses Gefährt auf irgendeiner Straße gesehen hat.

Und da gibt es noch ein Teil, das ich beinahe vergessen hätte: unser FC-Toaster. »Toaster« ist vielleicht der falsche Begriff, denn eigentlich toastet er nicht, er brandmarkt Toast mit einem Geißbock. Für Brot gibt es schlimmere Schicksale. Aber bei mir und meinen Kumpels hat sich das Toast Rot-Weiß am Morgen durchgesetzt: Geißbocktoast mit Butter und Kirschmarmelade. Lecker!

22. GRUND

## Weil er das modernste Scoutingsystem hatte

Früher, ungefähr bis Anfang der 1970er-Jahre, lief das bei internationalen Transfers ungefähr so ab: Es gibt da einen netten Spielervermittler, mit dem man schon mal gute Geschäfte gemacht hat. Und der preist einem einen Spieler an. Natürlich einen Topspieler, der in Brasilien oder so bereits ein absoluter Weltstar ist.

Nachprüfen konnte man das damals nicht so einfach. Kein Internet. Das Fernsehen zeigte lediglich Ausschnitte aus der Bundesliga. Und mal schnell über den Ozean fliegen ging auch nicht. Viel zu teuer. Also was blieb einem anderes übrig, als dem Urteil des Spielervermittlers zu vertrauen – und damit leider allzu häufig ins Klo zu greifen. Jedenfalls beim FC.

Ich erinnere mal an den angeblichen brasilianischen Nationaltorwart, der sich nur auf das Mannschaftsfoto geschmuggelt hatte (Grund 101), den vermeintlichen Weltstar vom Zuckerhut mit Schneephobie (Grund 103) oder den falschen Zwilling, der die Geißböcke völlig blamierte (Grund 104).

Später wurde es für Vereine wie den 1. FC Köln aber auch nicht einfacher. Zwar wurde der internationale Fußball transparenter,

Sportspartenkanäle übertrugen Spiele aus verschiedenen Ligen. Aber sobald ein Spieler herausragte, wollten ihn viele Vereine haben. Und auch, wenn ich es nicht verstehen kann, nicht alle Spieler wollten zum FC. Andere, wie zum Beispiel die Werbemaßnahme aus dem näheren Norden (vulgo Bayer Leverkusen), konnten sich Scouts leisten, die auch noch in der einsamsten Wüste nach Talenten Ausschau hielten.

Der FC musste andere Wege gehen, um Spieler mit überdurchschnittlichen Fähigkeiten zu finden. Und er musste sie finden, bevor andere Vereine es taten. Und sie fanden einen anderen Weg! Christoph Daum hat in seiner zweiten Ära in Köln gleich erkannt, dass der Bereich Scouting brachlag. Ob ein Talent entdeckt wurde oder nicht, hing stark vom Zufall ab. Das sollte sich ändern – mit Sportslab, einem Konzept, das der Entwickler Boris Notzon mehreren Vereinen angeboten hat, der FC unter Christoph Daum griff zu. Die Idee: Sportstudenten sehen sich regelmäßig Liveübertragungen von Fußballspielen aus aller Herren Länder an. Studenten mit einer Trainerausbildung, die die Landessprache der Ligen beherrschen, deren Spiele sie beobachten.

In den Katakomben des Franz-Kremer-Stadions war das Sportslab untergebracht. 30 Studenten aus 15 Ländern suchten dort den nächsten FC-Superstar. Jedes Spiel wird genau analysiert. Für jeden Spieler wurde ein Profil erstellt. Über Wochen, Monate und Jahre. Wenn ein Trainer dann zum Beispiel einen kopfballstarken Innenverteidiger suchte, der trotz geringer Foulrate zweikampfstark ist und einen technisch sicheren Spielaufbau leisten kann, sollte das Sportslab sagen können: Wir haben fünf Spieler zur Auswahl, in der, der und der Preisklasse.

In der Praxis hat sich das Sportslab bereits bewährt. Pedro Geromel war der Bundesliga völlig unbekannt, als der FC ihn verpflichtete, und entpuppte sich als Innenverteidiger mit internationaler Klasse – bis er im Defensivsystem von Solbakken völlig die Orientierung verlor. Als Trainer Soldo offensive Außen suchte, gab es gleich eine ganze Liste von Kandidaten: Peszko war damals im

Fokus, aber auch Hondo, Tănase, Štilić, Perišić. Ein Transfer kam damals nicht zustande. Aber »Sportlabs« hatte Kandidaten geliefert, die bei ihren aktuellen Vereinen ziemlich erfolgreich waren.

Oder Zoran Tošić. Sportslab fahndete nach Spielern, die befürchten mussten, nicht zur WM nach Südafrika mitgenommen zu werden, weil sie in ihren Vereinen kaum Einsätze bekamen. Spielpraxis war das Einzige, was der FC Tošić bieten konnte. Für ihn war das in dem Moment genug. Der FC verhinderte den Abstieg und Tošić fuhr zur WM. Sportslab beweist, dass Fernsehen durchaus bilden kann und dass der 1. FC Köln wider alle Unkenrufe sich der Moderne öffnet. Als Jörg Schmadtke zum FC kam, wurde das Sportslab schnell geschlossen. Eigentlich schade.

23. GRUND

## Weil viele Nationalspieler beim 1. FC Köln gespielt haben

- Wolfgang Overath — 81 Spiele
- Harald Schumacher — 76 Spiele
- Pierre Littbarski — 71 von insgesamt 73 Spielen
- Lukas Podolski — 70 von insgesamt 110 Spielen
- Bodo Illgner — 54 Spiele
- Wolfgang Weber — 53 Spiele
- Bernhard Cullmann — 40 Spiele
- Heinz Flohe — 39 Spiele
- Hans Schäfer — 39 Spiele
- Jonas Hector — 37 Spiele
- Klaus Allofs — 29 von insgesamt 56 Spielen
- Karl-Heinz Schnellinger — 24 von insgesamt 47 Spielen
- Jürgen Kohler — 20 von insgesamt 105 Spielen
- Hannes Löhr — 20 Spiele
- Georg Stollenwerk — 19 Spiele

| | |
|---|---|
| • Thomas Häßler | 17 von insgesamt 101 Spielen |
| • Klaus Fischer | 15 von insgesamt 45 Spielen |
| • Leo Wilden | 15 Spiele |
| • Herbert Zimmermann | 14 Spiele |
| • Dieter Müller | 12 Spiele |
| • Josef Röhrig | 12 Spiele |
| • Gerhard Strack | 10 Spiele |
| • Bernd Schuster | 9 von insgesamt 21 Spielen |
| • Stephan Engels | 8 Spiele |
| • Heinz Hornig | 7 Spiele |
| • Paul Mebus | 6 Spiele |
| • Helmut Rahn | 6 Spiele |
| • Patrick Helmes | 5 von insgesamt 13 Spielen |
| • Fritz Ewert | 4 Spiele |
| • Fritz Pott | 3 Spiele |
| • Lukas Sinkiewicz | 3 Spiele |
| • Hans Sturm | 3 Spiele |
| • Rainer Bohnhof | 2 von 53 insgesamt Spielen |
| • Herbert Dörner | 2 Spiele |
| • Armin Görtz | 2 Spiele |
| • Hans-Josef Kapellmann | 2 von 5 insgesamt Spielen |
| • Harald Konopka | 2 Spiele |
| • Manfred Manglitz | 2 von 4 insgesamt Spielen |
| • Karl-Heinz Thielen | 2 Spiele |
| • Thomas Allofs | 1 von 2 Spielen |
| • Bruno Labbadia | 1 von 2 Spielen |
| • Herbert Neumann | 1 Spiel |
| • Paul Steiner | 1 Spiel |

Tore in der Nationalmannschaft:

| | |
|---|---|
| • Lukas Podolski | 26 von insgesamt 46 Toren |
| • Pierre Littbarski | 18 Tore |
| • Wolfgang Overath | 17 Tore |

- Hans Schäfer — 15 Tore
- Klaus Fischer — 9 von 32 insgesamt Toren
- Dieter Müller — 9 Tore
- Heinz Flohe — 8 Tore
- Jonas Hector — 3 Tore

(Stand: Mai 2018)[4]

24. GRUND

## Weil wir nicht nur ein oder zwei, sondern gleich drei Fan-Foren im Internet haben

Manche Dinge kann man sich heute kaum noch vorstellen: Es gab eine Zeit, da hatten Wohnungen kein fließendes Wasser, da ging man sonntags in die Kirche und man konnte nicht dauernd und jederzeit über den 1. FC Köln diskutieren – denn es gab kein Internet!

Irre! Keine täglichen Berichte vom Training der Geißböcke. Keinen Newsticker live vom Flughafen Köln/Bonn, wenn ein neuer Spieler kam, keine Sensationsmeldungen mitten in der Nacht. Keine Ahnung, wie wir das damals aushielten. Ganz ohne Internet! Es fing alles ganz klein an. Mit dem sogenannten »Schwarzen Brett«. Ein aus heutiger Sicht einfach gestaltetes Forum, überschaubare Userzahl, diese Zeit wird bis heute glorifiziert: Die Fans waren unglaublich sachkundig, die Diskussionen legendär, die Frauen schön … Ach, wahrscheinlich bin ich nur neidisch, weil ich damals nicht dabei war.

Es folgte das »FC-Brett« 1.0. Es war das offizielle Internetforum des Vereins und lange Zeit eine der mitgliederstärksten Plattformen im deutschen Fußball. Über 20.000 angemeldete User, an manchen Tagen mit so unglaublich hohem Traffic, dass das Forum zusammenbrach. In der Ära Daum zum Beispiel. Als er verpflichtet wurde, als er mitten in der Nacht seine Ausstiegsklausel zog und so weiter. Es gab zwar noch einige kleine Randforen, aber im Grunde war jeder FC-Fan, der internetmäßig unterwegs war, Mitglied beim FC-Brett.

Bis es zum großen Bruch kam. Ein Teil der Fangemeinde sah die Arbeit des damaligen Vorstands um Wolfgang Overath äußerst kritisch. Eine Opposition bildete sich unter dem Namen FC-Reloaded und hinterfragte Personal und Handeln des Vorstands. Der reagierte beleidigt. Als ein User auch noch eine Liste mit diversen Links veröffentlichte, die alle zu investigativen Zeitungsartikeln über Vorstand und FC-Funktionäre führten, wurde zuerst der Post zensiert und dann das ganze FC-Brett geschlossen.

Nach dem Relaunch durfte man das FC-Brett (jetzt 2.0) nur nutzen, wenn man sich entweder über Postident ausgewiesen oder sich mit der FC-Mitgliedsnummer angemeldet hatte. Der Grund: Die Beleidigungen gegen den Vorstand hätten überhandgenommen. Man behielt sich von nun an das Recht vor, bei erneuten Verstößen gegen die Übeltäter vorzugehen. Das konnte man, denn jetzt wusste man ja Namen und Adressen. Das war das Ende des FC-Bretts. Vorläufig!

Gerade mal ein Viertel der User ließ sich auf diesen Blödsinn ein. Der Rest kehrte dem FC-Brett 2.0, das von den Kritikern nur noch *Nordkorea* genannt wurde, den Rücken! Eine Entscheidung, die leichtfiel, denn es gab eine Alternative. Ein ehemaliger Brett-User stellte Hard- und Software zur Verfügung, um ein neues, eigenständiges Forum »von Fans für Fans« anzubieten. Andere ehemalige User wurden Moderatoren. Und so trat das neue FC-Forum ans Licht der Welt. Weil der Server auf Mallorca liegt, wird dieses Forum Malle-Forum genannt. Lange Zeit war es die Heimat des internetaffinen FC-Fans. Bis es im Organisationsteam zu massiven Unruhen kam. Denn der Betreiber des FC-Forums hatte weitere Internetseiten am Laufen und die wiesen merkwürdige und zumindest unsympathische Inhalte auf. Das konnte man nicht tolerieren. Die Folge war eine erneute Neugründung.

Effzeh-Forum hieß das neue Angebot. Viele der alten Malle-Moderatoren, die sich mit Betreiber und Rest des Moderatorenteams gestritten hatten, übernahmen das neue Forum. Zur Finanzierung gründete man einen Verein, bei dem User Mitglied werden konnten. Bislang ist das »Effzeh-Forum« das Forum von Fans für Fans – und damit das unabhängigste. Inzwischen war auch der Vorstand um Wolfgang Overath zurückgetreten und der Interimsvorstand um Werner Wolf von einem neuen Präsidium abgelöst: Werner Spinner, Toni Schumacher und Markus Ritterbach. Zu ihren Hauptaufgaben gehörte, die Fans wieder mit dem Verein zu versöhnen. Eine Folge davon: Die Geburt vom FC-Brett 3.0. Jeder durfte wieder mitmachen. Ganz anonym, so wie es richtig ist.

Aktuell gibt es also drei große Foren, für jeden ist etwas dabei!

- Das »FC-Brett«, ehemals »Nordkorea«. Es ist das offizielle Forum des Vereins. Das ist seine Besonderheit, oder neudeutsch USP. Vorstand und Spieler stellen sich hier den Fragen der Fans.[5]
- Das »FC-Forum«, auch »Malle« genannt. Gibt es nicht mehr. Hier war man gut aufgehoben, wenn man per Fanbus zum nächsten Auswärtsspiel fahren wollte.[6]
- Das »Effzeh-Forum«. Da bin ich zu Hause. Ich fahre grundsätzlich mit dem Privatwagen zum Auswärtsspiel und diskutiere lieber mit Mitfans als mit den Spielern.[7]

25. GRUND

## Weil beim 1. FC Köln die Spielerfrau erfunden wurde

Und ich meine nicht diese jungen Dinger, die sich einem Nationalspieler an den Hals werfen, um selbst Fernsehkarriere zu machen oder zumindest eine Weile in der Öffentlichkeit zu stehen. Ich meine auch nicht die Sorte Trophy-Girls, die selbst den Torwart-Titan wie eine Zartbitterschokolade in der Sonne schmelzen lassen.

Ich meine das Phänomen Spielerfrau der 1980er-Jahre. Ehrgeizige junge Damen, die sich mit Kennerblick in große Talente des deutschen Fußballs verliebten. Und zwar, als noch nicht absehbar war, welche Karriere diesen Kickern bevorstanden. Eine Karriere, die sie nicht zuletzt auch wegen ihrer Frauen machten.

Gaby Schuster war die Erste. Die attraktive Blondine tauchte häufig beim Training am Kölner Geißbockheim auf und erregte Aufsehen. Irgendwann verliebte sich der sieben Jahre jüngere Bernd Schuster und heiratete sie. Gaby Schuster verdrehte nicht nur Bernd den Kopf, sondern saß in der Folge auch als seine Managerin bei Vertragsverhandlungen mit am Tisch. Und da zeigte sie erst richtig, was sie draufhat. Knallhart zog sie ihre Forderungen durch und war gefürchtet. Von Hennes Weisweiler ist der Spruch überliefert »Wat will dat ahle Luder denn schon widder?«[8], als sie den FC-Vorstand zu einem Gespräch gebeten hat. In den 1980er-Jahren des letzten Jahrhunderts verhielten sich Frauen anders.

Härter noch als bei Vertragsabschluss kämpfte sie, wenn ein Verein ihren Bernd vor die Tür setzen wollte. Als der blonde Engel nicht mehr ins Konzept von Bayer Leverkusen passte und sie ihn loswerden wollten, sorgte Ehefrau Gaby dafür, dass der Kopfschmerztablettenkonsum beim Management des Werksclubs rapide nach oben ging. Kein Problem – für Bayer Leverkusen.

Ein paar Jahre später wiederholte sich die Geschichte beim 1. FC Köln. Wieder war die Frau einige Jahre älter als der Spieler. Wieder war die Frau blond. Und wieder war die Symbiose unglaublich erfolgreich. Der Spieler war Bodo Illgner, ein hochtalentierter Torwart Anfang zwanzig. Und die Frau, die sich fortan um die Geschäfte des Paares kümmerte, war Bianca Illgner. Sie blieb während seiner fantastischen Karriere ständig an seiner Seite und handelte auch den Vertrag aus, der es Bodo Illgner ermöglichte, quasi über Nacht für eine lächerliche Ablöse den 1. FC Köln zu verlassen, um zu Real Madrid zu wechseln. Vermutlich kleidete sie Bodo Illgner auch ein. Seine Trikots sahen unfassbar scheiße aus. Eine einzige visuelle Kakophonie.

Auch Thomas Häßler wurde von seiner Frau Angela gemanagt. Sie war zwar nicht blond, aber auch durchaus erfolgreich. Spielerfrau Nummer vier hat leider nichts mit dem 1. FC Köln zu tun. Es ist Martina Effenberg, die die Karriere von Stefan auch gewinnbringend vermarktet hat.

Alle vier müssen ein hervorragendes Auge für fußballerische Talente haben. Allen vieren sagt man knallhartes Verhandlungsgebaren nach, wobei es natürlich leicht ist, freche Forderungen zu stellen, wenn man die Dienste eines außergewöhnlichen Spielers im Angebot hat.

Merkwürdig, dass sie selbst nie eine Karriere als Spielerberater angestrebt und immer nur einen einzigen Spieler betreut haben: ihren Mann. Eigentlich schade. Bei ihrer Spürnase hätten sie noch viel mehr Talente entdecken müssen.

26. GRUND

## Weil er auch schlechten Schülern noch Hoffnung macht

Bevor jetzt die Ersten erschrocken weiterblättern: Hier geht es nicht um Mathematik, Physik oder Latein. Hier geht es um die Viererkette. Um die großen Schwierigkeiten deutscher Mannschaften mit fußballerischem Feng-Shui. Um die Kunst, fehlerfrei bis vier zu zählen und sich entsprechend im Raum zu verteilen.

Es gab Mannschaften, die sich schwer damit taten, Mannschaften, die daran verzweifelten, und es gibt den 1. FC Köln. Der kapierte es so ziemlich als Letzter, wie das mit der Viererkette läuft. Nach gefühlten sieben Ehrenrunden und ebenso vielen Lehrern hatte er dann doch irgendwann endlich das Klassenziel erreicht.

In Deutschland taten sich fast alle Mannschaften schwer, von Mann- auf Raumdeckung umzustellen. Und vom System mit Libero auf Viererkette. Der Schuldige dafür ist schnell gefunden: Franz Beckenbauer. Die Lichtgestalt unseres deutschen Fußballs. Der beste Libero aller Zeiten. Und größter Bremsklotz des deutschen

Fußballs auf dem Weg in die Moderne. Millionen deutscher Fußballtalente in den 1970er-, 1980er- und 1990er-Jahren versuchten, wie Beckenbauer zu spielen. Jeder wollte die nächste Lichtgestalt werden. Während in anderen Ländern bereits an Viererketten und Raumdeckung getüftelt wurde, liefen in Deutschland immer noch jede Menge Liberos herum. Man huldigte der Manndeckung.

Der mitgliederstärkste Fußballverband der Welt, Deutschland (Stand: 2013) – 6,8 Millionen Mitglieder, 25.000 Vereine[9] – konnte es sich lange Zeit leisten. Er brachte ausreichend hochbegabte Einzelspieler hervor. Mannschaftstaktik war da nicht so wichtig. Franz Beckenbauer stellte seine Jungs bei der WM 1990 noch mit einem »Gehst auf den Platz und spielst Fußball« ein. Das reichte damals, um Weltmeister zu werden.

Die Mannschaft spielte grandios. In der Abwehr natürlich mit Libero. Mit Klaus Augenthaler, der selbstverständlich mit dem Kaiser verglichen und für gut befunden wurde. Der Kaiser selbst spazierte nach dem Abpfiff des Endspiels mutterseelenallein über den Rasen des römischen Stadions und genoss den Titel. Jeder, der ein Herz besaß, hatte Tränen in den Augen. Danach ging es mit dem deutschen Fußball erst einmal bergab …

Die Niederländer, die Italiener, die Dänen, die Franzosen, die Spanier, die Argentinier, die Brasilianer, die Portugiesen, zeitweise die Tschechen und die Bulgaren überholten uns taktisch, vom Spielverständnis und am bedauernswertesten auch von den Ergebnissen. Fußballverbände mit weitaus weniger Mitgliedern waren uns haushoch überlegen. Erst Berti Vogts begann, den deutschen Fußball zu modernisieren. Ausgerechnet Berti!!! Ein technisch eher limitierter Spieler reparierte, was Lichtgestalt Kaiser Franz verbockt hatte. Aber es dauerte noch bis 2006, ehe die deutsche N11 technisch und taktisch wieder die Spitze erreichen konnte. Beim FC dauerte es noch länger …

Morten Olsen kam Ende April 1993 nach Köln. In Kopenhagen hat er damals Fußball von einem anderen Stern spielen lassen. Raumdeckung, intensives Pressing – ein völliges Fremdwort in der Bundesliga zu der Zeit – und natürlich mit Viererkette. In Köln wurde ihm schnell klar, dass ihm dafür die richtigen Spieler fehlten – in der Innenverteidigung standen Spieler wie Higl, Baumann oder Greiner. Da konnten ihm auch die taktisch gut geschulten Dänen Christofte oder Andersen kaum helfen. Olsen spielte lieber weiter mit Libero.

Stephan Engels, Peter Neururer und Lorenz-Günter Köstner kamen erst gar nicht auf dumme Gedanken und ließen weiter in Manndeckung mit letztem Mann agieren. Als Neururer mit Michael Kostner seinen Libero nach Köln holte, handelte er im Sinne der Slow-Food-Bewegung: Er wollte eine alte Spezies in seiner Grundform bewahren. Michael Kostner interpretierte den Liberoposten wie dereinst Willi Schulz: kantig, rustikal und langsam.

Bernd Schuster versuchte es dann wieder. Bei seiner ersten Trainerstation Fortuna Köln hat er erst einmal gezeigt, was er bei der Trainerausbildung gelernt hat, es aber nach kurzer Zeit wieder sein gelassen und die Viererkette aufgelöst. Die richtigen Spieler fehlten ihm. Das sollte doch beim FC anders sein, beim Absteiger, der unbedingt wieder in die Bundesliga zurückkehren wollte. Aber schon in der Vorbereitung wurde ihm klar, dass er seine Pläne nicht umsetzen können wird. Wieder wurde mit Libero und Manndecker gespielt.

Friedhelm Funkel versuchte es, gab aber wieder auf. Marcel Koller versuchte es, gab aber wieder auf. Huub Stevens sah es sich zwei Spiele lang an und stellte um. Uwe Rapolder war da zäher. Elf von 17 Spielen machte er mit der Kette – dann gab auch er auf und wurde kurz darauf entlassen. Erst Hanspeter Latour machte Fortschritte. Er brachte sich seine Außenverteidiger mit (Ehret und Haas) und brachte den renitenten Kölnern wenigstens die Grundzüge der Viererkette bei – auch wenn sein übriges Tun nicht so besonders erfolgreich war. Fazit: Was die Viererkette angeht, bewahrheiten sich beim 1. FC Köln viele Sprichwörter: Steter Tropfen höhlt den Stein. Es ist noch kein Meister vom Himmel gefallen. Und: Auch ein blindes Huhn findet mal ein Korn …

27. GRUND

## Weil die Deutsche Nationalmannschaft nie ohne Kölner Spieler Welt- oder Europameister geworden ist

*Weltmeisterschaften*

| | | | |
|---|---|---|---|
| 1954: | Paul Mebus | 1 Spiel | 0 Tore |
| | Hans Schäfer | 5 Spiele | 4 Tore[10] |
| 1974: | Bernd Cullmann | 3 Spiele | 1 Tor |
| | Wolfgang Overath | 7 Spiele | 2 Tore |
| | Heinz Flohe | 3 Spiele | 0 Tore[11] |
| 1990: | Bodo Illgner | 7 Spiele | |
| | Paul Steiner | 0 Spiele | 0 Tore |
| | Pierre Littbarski | 6 Spiele | 1 Tor[12] |
| 2014: | Lukas Podolski | 2 Spiele | 0 Tore |

*Europameisterschaften*

| | | | |
|---|---|---|---|
| 1972: | Hennes Löhr | 0 Spiele | 0 Tore[13] |
| 1980: | Harald Schumacher | 4 Spiele | |
| | Herbert Zimmermann | 0 Spiele | 0 Tore |
| | Bernd Schuster | 2 Spiele | 0 Tore[14] |

Moment mal, mag da der ein oder andere sagen, was ist denn mit 1996? Da wurden die Deutschen auch Europameister. Echt? Habe ich nicht mitbekommen. Aber bei Weltmeisterschaften trifft meine Aussage 100 Prozent zu. Denn Poldi ist, war und wird immer Kölner sein.

3. KAPITEL

# DIE GRÖSSTEN ERFOLGE

## VON TITELN, POKALEN UND BUNTEN WIMPELCHEN

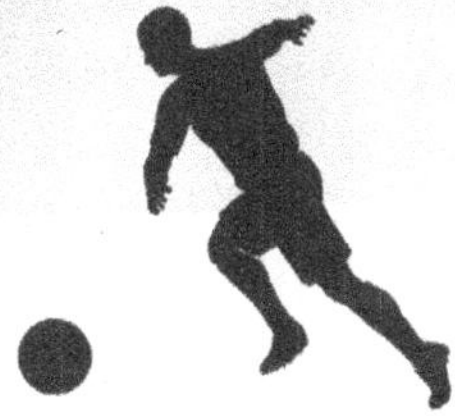

28. GRUND

## Weil er in Deutschland alles gewonnen hat, was man gewinnen kann

Die Profis wurden bisher dreimal deutscher Meister (1962, 1964 und 1978), siebenmal reichte es zur Vizemeisterschaft (1960, 1963, 1965, 1973, 1982, 1989 und 1990). Den DFB-Pokal holten die Geißböcke viermal (1968, 1977, 1978 und 1983). DFB-Pokalfinalist waren sie sechsmal (1954, 1970, 1971, 1973, 1980 und 1991). Und fast hätte der FC 1986 auch den UEFA-Pokal gewonnen, aber nur fast.

Vor Gründung der Bundesliga wurde der 1. FC Köln fünfmal Westdeutscher Meister (1954, 1960 bis 1963), Westdeutscher Pokalsieger zweimal (1953 und 1964). Den DFB-Hallenpokal konnten sie sich 1993 in die Vitrine stellen, den Uhrencup 1991.

Auch im Amateur- und Nachwuchsbereich ist der 1. FC Köln unglaublich erfolgreich: Die deutsche Amateurmeisterschaft wurde 1981 geholt, Mittelrheinmeister war der Verein dreimal (1965, 1967 und 1977) und genauso oft Mittelrheinpokalsieger (1995, 2004 und 2005).

Die A-Junioren (U19) wurden 1971 deutscher Meister, dreimal reichte es leider nur zur Vizemeisterschaft (1974, 1983 und 1992). 2008 waren sie Meister der U19-Bundesliga West und westdeutscher Jugendmeister in den Jahren 1964, 1965 und 1968. Den Pokal des Fußballverbandes Mittelrhein (FVM-Pokal) holten sie gleich zehnmal (1989, 1991, 1994, 1999, 2003, 2006, 2008, 2009, 2010 und 2012).

Die B-Junioren (U17) holten zweimal die Deutsche Meisterschaft, wurden einmal Meister der U17-Bundesliga West und siegten 1996 im Finale um den westdeutschen Pokal. Und natürlich gewannen sie auch den FVM-Pokal. Insgesamt siebenmal in den Jahren 1999, 2000, 2003, 2005, 2006, 2008 und 2009.

29. GRUND

## Weil man in Köln Versprechen hält

Man stelle sich einmal vor, nach der Wiedervereinigung Deutschlands 1990 hätte man Investoren für die Trabbi-Fabrikation gesucht. Man stelle sich weiter vor, dass man diesen Investoren versprochen hätte, einmal führender deutscher Sportwagenhersteller zu werden. Wie viel Geld hätte man wohl von den Investoren einsammeln können? Ähnlich tollkühn war auch Franz Kremers Versprechen, das er den Vereinsmitgliedern des Kölner Ballspiel Clubs 01 und der SpVgg Sülz 07 auf der Gründungssitzung des 1. FC Köln am 12. Februar 1948 gab: »Wollt ihr mit mir deutscher Meister werden?«[16]

Beide Vereine spielten bis zu dem Zeitpunkt nur eine sehr kleine Rolle im deutschen Fußball. Sie waren mindestens so weit von der Meisterschaft entfernt wie die Trabbi-Werke von der Herstellung eines Sportwagens. Trotzdem stimmten auf der FC-Gründungsveranstaltung fast alle Mitglieder der Fusion zu, denn sie wussten: Ein Kölner hält sein Wort! Auch wenn das mitunter ein paar Jahre dauern kann. 1962 war es dann aber so weit. Der FC hatte sich in den Jahren kontinuierlich zu einem Spitzenverein in Deutschland entwickelt.

Schnell war man in Köln die Nummer eins, stieg in die Oberliga West auf und löste das Abo für die Westdeutschen Meisterschaften. Die waren wiederum verbunden mit der Teilnahme an der Endrunde zur deutschen Meisterschaft. Am 12. Mai 1962 begann die Zukunft des deutschen Fußballs mit dem 1. FC Köln. Die Geißböcke traten gegen die Vergangenheit an. Das war der damalige Rekordmeister 1. FC Nürnberg. Die Vergangenheit erlitt ihr Waterloo. 4:0 ging das Endspiel aus! Selten war ein Endspiel so eindeutig, selten eine Überlegenheit so deutlich, und noch seltener wurde ein tollkühnes Versprechen derart eindrucksvoll gehalten!

Die Aufstellung des 1. FC Kölns im Endspiel: Fritz Ewert, Fritz Pott, Karl-Heinz Schnellinger, Matthias Hemmersbach, Hansi Sturm, Leo Wilden, Ernst-Günter Habig, Christian Müller, Hans Schäfer, Christian Breuer. Trainer: Tschik Čajkovski.[17]

## 30. GRUND

## Weil er immer neue Herausforderungen sucht

Franz Kremer, damals Präsident des 1. FC Köln, war eine der treibenden Kräfte bei der Gründung der Bundesliga. Natürlich hatte er dabei auch das Wohl der Nationalmannschaft im Blick. International schwächelte sie gerade. Deshalb sollte die Konzentration der besten Vereine in der Bundesliga für mehr Leistungsdichte und damit für mehr Qualität im deutschen Fußball sorgen.

Aber er langweilte sich wohl auch den Großteil der Saison im Müngersdorfer Stadion. In der Oberliga West, in der man quasi von August bis Anfang Mai kickte, war der 1. FC über Jahre hinweg überlegen. Erst in der Endrunde um die deutsche Meisterschaft wurde es spannend. Das war nicht nur Kremer zu wenig. Deshalb setzte er sich vehement für eine Reform des Deutschen Fußballs ein und gründete die Bundesliga. Peinlich, wenn die Geißböcke, die so gierig auf neue Herausforderungen waren, in der neuen Liga versagt hätten. Taten sie aber nicht. Mit souveränen sechs Punkten Vorsprung (bei Zwei-Punkte-Regelung! Also neun bei Drei-Punkte-Regelung) wurden sie erster Deutscher Bundesligameister.

Der Kader des 1. FC Köln damals – Tor: Fritz Ewert, Toni Schumacher (der I.), Feld: Hansi Sturm, Wolfgang Overath, Leo Wilden, Anton Regh, Helmut Benthaus, Fritz Pott, Karl-Heinz Thielen, Heinz Hornig, Christian Müller, Hans Schäfer, Wolfgang Weber, Matthias Hemmersbach, Karl-Heinz Ripkens, Georg Stollenwerk, Jürgen Rumor, Fritz Breuer, Trainer: Georg Knöpfle.[18]

31. GRUND

## Weil er sich nicht von einer Borussia-Verschwörung besiegen lässt

Irgendwann Anfang der 1970er-Jahre machte ich gemeinsam mit meinem Vater einen kurzen Männerurlaub. Ich war damals vier, fünf Jahre alt und genoss die Zeit im kleinen Ort Daun in der Eifel mit ihm sehr. Wir gingen in den Maaren schwimmen, tranken frische Buttermilch direkt vom Bauern und gingen abends (oder was ich damals unter abends verstand) in die Kneipe, um etwas Deftiges zu essen und Malzbier zu trinken. Männerurlaub eben.

Nur eins wurmte mich damals: dass mich mein Vater beim Schwarzer-Peter-Spielen immer besiegte. Erst gegen Ende unserer Männerzeit kam ich ihm auf die Schliche: Er hatte mich reingelegt! Mich so mit dem Rücken zum großen Spiegel in unserem Zimmer gesetzt, dass er mir über den Spiegel in die Karten sehen konnte. Deshalb wusste er immer genau, wo bei mir der Schwarze Peter steckte, und zog diesen nie. Ich blieb jedes Mal auf dem blöden Pik-Bauern, dem Schwarzen Peter, sitzen, war stinksauer und verlor in diesen wenigen Tagen wahrscheinlich mein gesamtes kommendes Taschengeld bis zum 18. Lebensjahr.

Seit dieser Zeit habe ich ein untrügliches Gespür für Wettkämpfe, in denen etwas nicht mit rechten Dingen zugeht, gepfuscht oder betrogen wird! Dieses Gefühl stieg auch am 29. April 1978 in mir hoch – genau in der Zeit zwischen 15.30 Uhr und 17.15 Uhr.

Es war der letzte Spieltag der Saison 1977/78. Der FC stand an der Tabellenspitze, zwar punktgleich mit Borussia Mönchengladbach, aber mit ordentlichen zehn Treffern Vorsprung in der Tordifferenz. Das sollte doch zu schaffen sein. Und auch der Spielplan sprach doch eindeutig für uns. Der FC spielte auswärts bei St. Pauli, die Mönchengladbacher zu Hause gegen Borussia Dortmund. Pauli stand bereits als Absteiger fest. Holt der FC den erwarteten Sieg, war man

Meister – eine einfache Rechnung. Doch wir hatten die Rechnung ohne die Borussia gemacht. Und ich meine jetzt die aus Dortmund!

Ich spielte damals in der D-Jugend von Adler Dellbrück. Und für uns sah es auch gut in der Meisterschaft aus. Ich weiß gar nicht, wieso ich die Bundesligakonferenz im Radio hören konnte. Normalerweise haben wir ja damals etwa um die Zeit gekickt, vermutlich hatten wir spielfrei. Jedenfalls wusch ich an diesem Tag den Wagen meines Vaters und hörte WDR2. Auch hier war ich auf einen billigen Trick meines Vaters hereingefallen. Der hatte immer behauptet, dass man die Bundesligakonferenz bei uns zu Hause nur im Autoradio empfangen kann. Und wenn ich sowieso beim Auto bin, kann ich mich auch nützlich machen und den Wagen waschen. Fünf DM bekam ich dafür. Heute ist mir natürlich klar, dass man auf unserer unglaublich teuren Grundig-Stereoanlage im Wohnzimmer durchaus jeden x-beliebigen Radiosender auf der ganzen Welt in glasklarer Qualität hören konnte. Damals wusste ich es nicht.

Jedenfalls wusch ich am 29. April 1978 unsere Opel Rekord Limousine nicht zu Ende. Fassungslos saß ich auf dem Fahrersitz und lauschte mit wachsender Wut den Berichten im Hörfunk. 12:0 ließ sich Borussia Dortmund abschlachten! 12:0! Zufall, dass der BVB einen schlechten Tag hatte? Zufall, dass sie ausgerechnet in diesem Spiel mit dem Ersatztorwart antraten? Zufall, dass der DFB zwar keine Beweise für eine Manipulation des Spiels fand, aber im Nachhinein einen deutlichen Verweis wegen unsportlichen Verhaltens aussprach? Noch heute kenne ich den Namen des Dortmunder Ersatztorhüters: Peter Endrulat. Vermutlich gibt es irgendwo auf dem alten Bökelberg ein Denkmal für ihn: ein sperrangelweit offenes Tor oder so. Heute soll er den Kreisligisten SG Gusternhain/Roth trainieren. Aber deren Homepage wurde seit Endrulats Amtsantritt nicht mehr aktualisiert. Sein Name erscheint dort nicht. Zufall oder Scham?

Der zweite Name, den ich nicht vergessen werde, ist der des damaligen Dortmunder Trainers: Otto Rehhagel. Ja, der Otto Rehhagel, der bei Werder Bremen so erfolgreich war, höchst merkwürdige Dinge über klassische Musik und die deutschen Klassiker Goethe, Schiller oder Hölderlin von sich gab und am Ende bei Bayern München vom Hof gejagt wurde.

Wäre der 1. FC Köln jemals auf die dumme Idee gekommen, Otto Rehhagel zu verpflichten – laut Gerüchten wurde darüber tatsächlich diskutiert –, hätte ich umgehend meine Dauerkarte zurückgegeben und dem Fußball für ewig den Rücken zugekehrt.

Zum Glück aber sorgten die Geißböcke selbst mit ihrem 5:0-Sieg bei St. Pauli dafür, dass diese höchst dubiose Borussiaschmuserei nicht erfolgreich war. Der 1. FC Köln wurde deutscher Meister und die beiden Borussias haben für mich auf ewig den Schwarzen Peter.

32. GRUND

## Weil er an einem Tag gleichzeitig DFB-Pokal und Kölner Stadtmeisterschaft gewann

Es gibt Titel, über die freut man sich wie Bolle. Die Meisterschaft 1978 gegen die unsägliche Borussen-Klüngelei (Grund 31) war so einer. Und es gibt Titel, da würde man am liebsten den Pokal im Kühlschrank verstecken. Über so eine Sache will ich hier schreiben. Die meisten werden wissen, worum es geht. Für die anderen hier ein kleiner Tipp: 11. Juni 1983. Klingelt es?

Damals gewann der 1. FC Köln den DFB-Pokal im Endspiel gegen einen Verein, den ein echter FC-Fan niemals Lokalrivalen nennen würde, sondern eher »merkwürdige Kuriosität aus der Südstadt«: Fortuna Köln. Merkwürdig, weil sich dieser Verein damals seit Jahren in der 2. Liga hielt, obwohl vermutlich kaum einer – außer der Familie des Mäzens Jean Löring und ein paar seiner Freunde – ihren Heimspielen zusah (siehe auch Grund 2).

1:0 ging das Spiel damals aus. Ja, ein Erstligist hat so eine Partie auch schon mal deutlicher gewonnen. Pierre Littbarski machte das

Ding in der 68. Minute. Aber so ein Pokal hat seine ganz eigenen Gesetze. Nach dem Spiel interessiert nur das Ergebnis. Oder: Entscheidend ist, was hinten rauskommt. Dieses Mal allerdings nicht.

Gleich nach dem Anpfiff übernimmt der Underdog aus der Südstadt das Ruder. Der FC ist völlig überrumpelt und kommt erst gar nicht in die Gänge. Zum Glück hat Schumacher einen guten Tag, die Fortuna-Stürmer Schatzschneider, Lemke und Grabosch einen schlechten. Irgendwann lässt der Keeper der Fortuna eine Flanke ungeschickt fallen, Littbarski ist zur Stelle und macht das Ding rein. 1:0. In der nächsten halben Stunde bis zum Abpfiff spielt der FC Mikado: Niemand bewegt sich. Niemand tut mehr, als er tun muss, um diesen knappen Sieg gegen das Hobby eines damals wohlhabenden Fußballfans nach Hause zu schaukeln.

Peinlich, peinlich. Deshalb verheimlicht man als FC-Fan gerne, dass es sich um ein Endspiel im DFB-Pokal handelte, sondern behauptet lapidar, eine Kölner Stadtmeisterschaft mal eben nebenbei gewonnen zu haben. Zwei Siege an einem Tag! Welchem Verein gelingt so was schon? Natürlich nur einem! Dem 1. FC Köln.

Die Aufstellung des 1. FC Köln: Harald Schumacher - Gerd Strack - Dieter Prestin, Paul Steiner, Herbert Zimmermann - Harald Konopka (81. Holger Willmer), Herbert Neumann, Stephan Engels - Pierre Littbarski, Klaus Fischer, Klaus Allofs (90. Frank Hartmann), Trainer: Rinus Michels.[19]

33. GRUND

## Weil er Titel geholt hat, von denen andere noch nicht mal gehört haben

Der 1. FC Köln ist einer der erfolgreichsten Vereine des deutschen Fußballs. Er hat in Deutschland alle wichtigen Titel geholt, wie ich in Grund 28 geschrieben habe. Und darüber hinaus noch ein paar ... hm, nicht ganz so wichtige:

### *Uhrencup 1991*

Der Uhrencup ist ein internationales Fußballturnier für Vereinsmannschaften in der Schweiz, das während der Saisonvorbereitung im Juli stattfindet. Ort des Turniers ist Grenchen, die zweitgrößte Stadt des Kantons Solothurn, berühmt für ihre Uhrenfabrikation – daher der Name des Turniers. 1991 setzte sich der FC gegen den FC Grenchen, FC Sion und Olimpia Poznań durch und bekam einen Pokal.

### *Trofeo Gamper 1978 und 1981*

Das ist ein wirklich ernst zu nehmendes Turnier. Es wird vom FC Barcelona zu Ehren seines Gründers Joan Gamper organisiert und findet in der Regel im August statt. 1978 gewann der 1. FC Köln im Endspiel gegen Rapid Wien mit 5:0. 1981 wurde der FC Barcelona himself mit 4:0 geputzt. Gelungene Revanche der Endspielniederlagen bei den Turnieren 1966 (3:1) und 1979 (3:2). Der 1. FC Köln ist nach dem FC Barcelona damit der zweiterfolgreichste Verein bei diesem Wettbewerb (auch wenn der Abstand zwischen den beiden groß ist: Barça gewann 35-mal, der FC holte zweimal den Pokal). Komisch, dass der 1. FC Köln in den letzten Jahren nicht mehr eingeladen wurde. Vermutlich befürchten die Katalanen, von den Geißböcken in der Statistik irgendwann überholt zu werden ...

### *Trofeo Villa de Gijón 1973*

Und auch ein anderes Turnier in Spanien wurde siegreich abgeschlossen: Die Trofeo Villa de Gijón wird seit 1962 jährlich im Stadion El Molinón der nordspanischen Stadt Gijón in Asturien ausgetragen. Der einheimische Verein Sporting Gijón ist Rekordsieger dieses Turniers. Der Modus des »Turniers« variiert, je nachdem, ob zwei, drei oder vier Mannschaften teilnehmen. 1973 war es ein Wettbewerb mit drei Mannschaften. Der 1. FC Köln gewann vor Sporting Gijón und FK Velež Mostar aus dem heutigen Bosnien-Herzegowina. Wie immer verhält sich die Größe des gewonnenen Pokals umgekehrt proportional zur Bedeutung des Turniers – am Geißbockheim musste beinahe angebaut werden.

### *Wintercup 2009*

Ein Wettbewerb, über den vermutlich nicht einmal die Kölner Zeitungen berichteten. Denn er findet in der verbotenen Stadt, dem Dorf an der Düssel, statt und wird von den dortigen Stadtwerken veranstaltet. So können die weiß Gott nicht vom Fußball verwöhnten Eingeborenen mal vernünftigen Fußball sehen. Und weil der Cup Wintercup heißt, findet das Turnier Anfang/Mitte Januar statt.

Einmal machten die Düsseldorfer den Fehler, den 1. FC Köln zum Turnier einzuladen. Das war 2009. Natürlich gewann der FC souverän und stand danach nie wieder auf der Gästeliste.

### *Pescara-Cup 1988*

Pescara liegt in Italien, in der Region der Abruzzen, 208 Kilometer östlich von Rom und hat 117.091 Einwohner. Sie ist die Hauptstadt der gleichnamigen Provinz und hat einen wunderbaren über

20 Kilometer langen Strand am östlichen Mittelmeer. Was Fußball angeht, ist die Stadt nicht besonders verwöhnt. Der einheimische Verein Pescara Calcio spielt manchmal in der Serie B, viel öfter aber in tieferen Ligen. Man merkt, ich kann mich an den grandiosen Triumph der Kölner beim Pescara-Cup nicht erinnern. Und wenn man im Internet recherchiert, landet man immer bei einer Dessous-Firma. Ich bin jedenfalls sehr stolz, dass die Geißböcke auch diesen Titel errungen haben. Den hat nicht jeder.

Eine beeindruckende Liste beeindruckender Titel. Irgendwie wundert man sich, dass die Auszeichnung für die beste Kölner Leberwurst (geräuchert) fehlt.

4. KAPITEL

# DIE PRÄSIDENTEN

## MONARCHIE UND LIQUID DEMOCRACY

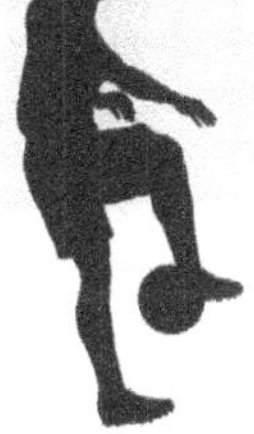

34. GRUND

## Weil ich durch den Verein die Vor- und Nachteile verschiedener Staatsformen kennengelernt habe

Um es gleich vorneweg zu sagen: Es war ein weiter Weg für den FC zur Demokratie. Wie es auch ein weiter Weg vom eingetragenen Verein zum mittelständischen Unternehmen war.

Die bisherigen Präsidenten des 1. FC Köln hießen:

- Franz Kremer 1948–1967
- Werner Müller 1967–1968
- Otto Maaß 1968–1973
- Peter Weiand 1973–1987
- Dietmar Artzinger-Bolten 1987–1991
- Klaus Hartmann 1991–1997
- Albert Caspers 1997–2004
- Wolfgang Overath 2004–2011
- Werner Spinner seit April 2012[20]

Ich bin Jahrgang 1966, habe also bewusst erst die Präsidentschaft von Peter Weiand und seinen Nachfolgern erlebt. Die Beschreibungen der Herren zuvor stammen aus Erzählungen meiner Verwandten und aus vielen Büchern. So geht es fast jedem Fan – außer er kommt aus Hoffenheim.

Also beginnen wir mit Franz Kremer, einem typischen Macher der Wirtschaftswundergeneration. Jemand, der durchsetzt, was er sich vorgenommen hat. »Wollen Sie mit mir deutscher Meister werden?«, fragte er die Mitglieder des Kölner BC von 1901 und die Mitglieder der Spielvereinigung Sülz 07. Das war im Jahr 1948. Kremer ging auf Stimmenfang für die Fusion zum 1. FC Köln. Und gewann genügend. Für die damaligen Verhältnisse setzte er alsdann moderne Managementmethoden durch und schuf Strukturen, die es allen Spielern ermöglichte, sich weitgehend auf Fußball zu konzentrieren. In Kremers Zeit fielen die Meisterschaften 1962 und 1964. Innerhalb des Clubs herrschte er patriarchalisch und autoritär. Kein Wunder, dass man ihn »Der Boss« nannte.

Kremer ist ein Beispiel für eine »funktionierende Monarchie«. Er nannte sich einen demokratischen Diktator. Mitsprache der Mitglieder gab es aber eigentlich nicht. Der Erfolg gab ihm recht.(mehr zu Franz Kremer im Grund 35).

Nach dem Tod von Franz Kremer 1967 gab es eine Interims-Regentschaft. Designierter Nachfolger sollte nach Wunsch des Toten Otto Maaß werden. Dem fehlte aus beruflichen Gründen aber erst mal die Zeit. Werner Müller übernahm stattdessen das Amt. Die Strukturen blieben die gleichen, Müller war hinter Kremer zweiter Vorsitzender des Vereins gewesen. Als Vorstandsmitglied der Kaufhof AG gelang es ihm, vielen Spielern eine Ausbildungsstelle beziehungsweise einen Arbeitsplatz zu vermitteln und sie so zu versorgen. Aber es fehlte Müller an Kremers Charisma und Visionen, den Verein weiterzuentwickeln.

Ähnliches gilt auch für Otto Maaß, der Werner Müller nach bereits neun Monaten ablöste. Maaß war gelernter Architekt und später Regierungsbaudirektor. Von daher lag sein Schwerpunkt hauptsächlich auf dem Ausbau des Geißbockheims und der Planung des neuen Müngersdorfer Stadions. Nach Kremers Tod verlor der Verein sportlich einiges an Glanz und Glamour.

Sowohl Müller als auch Maaß demonstrierten die Probleme einer Monarchie. Sie steht und fällt abhängig von der Qualität einer einzelnen Person. Ist die Person fähig, wird es ihr leichtfallen, Visionen umzusetzen. Ist sie aber unfähig, wird ihr Mangel an Qualität von niemandem aufgefangen.

1973 trat Maaß zurück. Es wurde immer deutlicher, dass das neue Müngersdorfer Stadion nicht rechtzeitig zur Fußball-WM in Deutschland fertiggestellt und damit Köln auch nicht WM-Standort würde. Blöd für einen Architekten. Der Verein hatte schon lange keinen sportlichen Erfolg mehr gehabt – und der Bundesligafußball wurde zusehends kommerzieller. Unter anderem war die Trikotwerbung im Kommen. Alle Zeichen standen auf Veränderung.

Peter Weiand wurde jetzt Präsident des 1. FC Köln. Er war Geschäftsführer der Westdeutschen Lottogesellschaft. Wieder ein Patriarch, wieder ein Alleinherrscher. Allerdings einer, dem mehr glückte als schiefging. In seine Zeit fällt das Double 1978, in seine Zeit fällt die Verpflichtung von Hennes Weisweiler, aber auch dessen Entlassung. Eine Geschichte charakterisiert Peter Weiand: Der Ausrüstervertrag mit adidas lief aus, Weiand fuhr nach Herzogenaurach, um ihn zu verlängern. Eigentlich eine Formsache. Adidas war die Nummer eins auf dem Sportartikelmarkt, der 1. FC Köln zumindest die gefühlte Nummer eins unter den Bundesligavereinen. Doch Adi Dassler machte einen entscheidenden Fehler: Er ließ den FC-Vorsitzenden Peter Weiand einen Moment zu lang im Vorzimmer warten. Tief verletzt verließ Weiand adidas, ging zum Konkurrenten Puma, dessen Sitz ebenso in Herzogenaurach ist, und unterschrieb dort. Heute ist es kaum zu glauben, dass ein Präsident so eine Entscheidung alleine treffen kann, und zwar nur, weil er sich persönlich beleidigt fühlte, als man ihn warten ließ.

Sein Nachfolger wurde Dietmar Artzinger-Bolten, der den FC in einer heftigen Krise übernahm. Der vorherige Vorstand musste zurücktreten, weil ein Mitglied unter der Hand für seinen zeitlichen Aufwand bezahlt wurde. Der Verein war zwar rechtlich immer noch ein Verein, praktisch aber bereits ein mittelständisches Unternehmen, das von seinen Vorstandsmitgliedern einiges an Engagement abverlangte. Das zu honorieren, sollte eigentlich selbstverständlich sein, es unter der Hand zu tun, war allerdings weder clever noch legal. Die Wahl des Anwalts Artzinger-Bolten demonstrierte nach außen, dass beim FC wieder alles mit rechten Dingen abläuft. Nach innen soll sich aber auch einiges verändert haben. Ich war zu der Zeit noch kein Mitglied, aber es heißt, Arztinger-Bolten habe den Verein gegenüber seinen Mitgliedern geöffnet.

Etwa ein Hauch von Demokratie? Darüber redet heute kaum einer. Auch nicht von den sportlichen Erfolgen der Ära. Im Gedächtnis bleibt höchstens die merkwürdige Entlassung von Christoph Daum während der WM 1990 in Rom. Merkwürdig, weil es von offizieller Seite keine nachvollziehbare Erklärung gab. Stattdessen brodelte wie immer die Gerüchteküche. Die Regentschaft von Arztinger-Bolten endete traurig und für den 1. FC Köln (trotz Häßler-Millionen) mit einem ordentlichen Schuldenberg.

Klaus Hartmann übernahm, ein ehemaliger Manager der Kaufhof AG, langjähriges Mitglied des Verwaltungsrates und wieder ein Präsident alter Schule. Patriarchalisch und konsequent sanierte er den Verein, genauso wie man es auch bei einem Unternehmen täte. Sportlich überholten uns andere Vereine. Das Abstiegsgespenst wurde von nun an Dauergast am Geißbockheim. Jeder König ist angreifbar, wenn das Volk hungert – auch wenn es nur nach Erfolg hungert.

Hartmann ging, Albert Caspers kam und machte einiges anders. Als ehemaliger Vorstandsvorsitzender von Ford Europa begann er, dem 1. FC Köln eine moderne Unternehmensstruktur zu verpassen. Das Umfeld sollte professionalisiert und neue Einnahmequellen gefunden werden. Kurz: Der Verein mutierte immer mehr zum Konzern. Caspers schob die Pläne für ein neues Stadion an und baute die Schulden ab. Andere Entscheidungen überrollten die Mitglieder. Caspers holte eine Unternehmensberatung ins Boot. Das war topmodern. Sie analysierte den Verein. Ihre Ergebnisse und Umsetzung kappten den besonderen Charme des Vereins: Der Unterrang Ost mit seiner preiswerten Stehplatztribüne und dem perfektem Blick auf den Platz musste weichen, ebenso das wilde Potpourri an Imbissbuden rund um das Stadion und Parkplätze für alle gleich in der Nähe. Stattdessen wurden VIP-Tribüne, Eventmanager und Cheerleader eingeführt.

Die Marktwirtschaft überrollte den Verein und seine Mitglieder. Wir alle fühlten uns wie ein Dritte-Welt-Land, das völlig unvorbereitet in die Postmoderne geschleudert wurde. Dieses Trauma verkraftete der Verein nicht. Der Abstieg war die Folge.

Moderne Unternehmensstrukturen verlieren sofort ihren Charme, wenn die primäre Zielvorgabe nicht erreicht wird. Beim FC Köln hieß das Ziel Erfolg oder so ähnlich – jedenfalls nicht Misserfolg. Die Presse und Mitgliederschaft rumorte. Wolfgang Overath erklärte sich endlich bereit, die Präsidentschaft zu übernehmen. Mehr darüber im Grund 36. Hier sei nur kurz gesagt, dass mit seiner Regentschaft das Ende des absolutistischen Zeitalters eingeläutet wurde.

Overaths Nachfolger, Werner Spinner, der ehemalige Vorstand des Leverkusener Unternehmens Lanxess, schien erst mal nicht die optimale Besetzung für den Posten zu sein. Dennoch machte er gleich im ersten Amtsjahr das Meiste richtig. Auch darüber werde ich in einem besonderen Grund berichten (Grund 37).

Mit Spinner – nomen est omen, nein, in diesem Fall nicht – bekam der 1. FC Köln endlich eine Satzung, in der die Mitgliederrechte spürbar gestärkt wurden. Vielleicht könnte in Zukunft etwas wie Liquid Democracy möglich werden. Ein Verein, der Mitgliedern gegenüber transparent auftritt. Legendär sind mittlerweile Spinners Posts in diversen FC-Foren und seine Diskussionen bei Auswärtsspielen mit den Fans. Da ist was in Bewegung.

Wahre Demokratie, etwa? So sieht es aus. Endlich!

35. GRUND

## Weil Franz Kremer mal Präsident war

Als Jahrgang 1966 habe ich Franz Kremer, der dem FC seit seiner Gründung 1948 bis zum seinem Tod 1967 vorgestanden hat, natürlich nicht bewusst erlebt, aber viel über ihn gehört und gelesen. Mein Vater verglich seine Bedeutung für den FC und den deutschen

Fußball immer mit Uli Hoeneß – das tut er heute nicht mehr. Was aber nicht am Kölner liegt.

Franz Kremer war ein Macher, der den Verein an die Spitze der Liga gebracht hatte. Sportlich, aber auch in Bezug auf die Strukturen außerhalb des Platzes. Er trieb die Professionalisierung des Sports voran und bereitete seine Spieler auch für das Leben neben dem Platz vor. Mit seiner Arbeit für den DFB trug er dazu bei, den deutschen Fußball auf Augenhöhe mit dem internationalen Fußball zu heben.

Aber eins nach dem anderen. Franz Kremer war bereits vor dem Krieg ein erfolgreicher Kaufmann und Geschäftsführer einer Filiale der Kaufhalle. Damals baute er ein Netzwerk auf (noch bevor es den Begriff gab), das ihm später noch helfen sollte. Sportlich war er beim Kölner Ballspiel Club von 1901 zu Hause. Er spielte Fußball und Feldhockey und war in der Leichtathletik aktiv.

Nach dem Krieg wählte man ihn zum Vorsitzenden des Vereins KBC 01. Der erfolgreichste Verein der damaligen Zeit in Köln war der SC Preußen Dellbrück, der 1950 das Halbfinale der deutschen Meisterschaft erreichte. Im Wiederholungsspiel (nach einem 0:0) 3:0 gegen Kickers Offenbach verlor man aber. Zu mehr reichte es nicht. Die Kölner Vereine waren zu klein. Der KBC 01 schaffte noch nicht mal die Qualifikation für die 1947/48 neu gegründete Oberliga West. Kremer wollte das unbedingt ändern. Genauso auch der Vorstand der Spielvereinigung Sülz 07, die mit dem gleichen Problem kämpften. Also tat man sich zusammen, um gemeinsam einen Großverein in Köln zu gründen. Dieser sollte endlich regelmäßig in der Spitze des deutschen Fußballs mitspielen. Fusionsgespräche folgten und wurden zum Abschluss gebracht. Jetzt mussten nur noch die Mitglieder der Vereinigung der beiden Vereine KBC 01 und Sülz 07 der Gründung zum 1. FC Köln zustimmen.

Am 12. Februar 1948 war es so weit: Trotz heftiger Diskussionen stimmten die Vertreter der Fusion zu. Kremer hatte die Menschen auf seine Seite gezogen, als er die Stimmberechtigten in seiner Rede fragte: »Wollt ihr mit mir deutscher Meister werden?«[21] Natürlich konnte da keiner Nein sagen.

Damit war der 1. FC Köln in der Welt. Jetzt musste man die vollmundigen Ziele nur noch erreichen. Kremer aktivierte sein Netzwerk in der Kölner Wirtschaft. Wollte er einen talentierten Spieler haben, köderte er diesen zusätzlich mit einer Arbeitsstelle bei einem seiner Gönner. Schon drei Jahre nach Vereinsgründung hatte Franz Kremer sein Ziel erreicht: Der 1. FC Köln war der erfolgreichste Verein Kölns – und blieb es bis heute.

Dank seiner guten Kontakte in die Kölner Politik konnte 1953 das Geißbockheim bezogen werden – was für eine Heimat für einen gerade erst gegründeten Verein!

Organisatorisch und von der Infrastruktur mutierte der 1. FC Köln immer mehr zum Vorbild für andere Vereine. In den 1960er-Jahren hospitierte Robert Schwan beim FC. Er sollte für Bayern München lernen. Uli Hoeneß (der bis Ende 2012) war das Ergebnis dieser Entwicklungshilfe.

1962 war es dann so weit. Kremer löste sein Versprechen von der Fusionsversammlung 1948 ein. Der FC holte seine erste deutsche Meisterschaft. Im Berliner Olympiastadion vor über 83.000 Zuschauer schlug Köln mit 4:0 den 1. FC Nürnberg.

Und das war kein Zufallserfolg. Die Kölner qualifizierten sich von da an regelmäßig in der Oberliga West für die Endrunde um die deutsche Meisterschaft. In der Region war der FC haushoch überlegen. Richtig gefordert wurde die Mannschaft nur in den Ausscheidungsspielen zur Meisterschaft. Kremer war das zu wenig.

Zudem stagnierte der deutsche Fußball international. Bei der WM 1958 und 1962 in Schweden beziehungsweise Chile überstand man zwar die Gruppenphasen, schied aber vor dem Finale aus. Auch bei den Europapokalspielen taten sich deutsche Mannschaften schwer. Für Kremer und andere Fußballfunktionäre war der Grund klar: Es lag am Modus der deutschen Meisterschaft. In vier Regionalligen spielten jeweils 16 Mannschaften gegeneinander.

Die jeweils beiden Gruppenersten in der Endrunde kämpften anschließend untereinander die Meisterschaft aus. Es waren insgesamt 64 Mannschaften. Keine besonders hohe Leistungsdichte. Das wollten Franz Kremer und seine Mitstreiter ändern. Sie setzten durch, dass nur die besten (zunächst 16) Mannschaften die Meisterschaft in einer Liga, der Bundesliga, ausspielten.

Am 24. August 1963 ging die Bundesliga in die erste Runde. Und wie es sich gehörte, wurde der 1. FC Köln erster Deutscher Bundesligameister. 1965 erhielt Franz Kremer das Bundesverdienstkreuz. 1967 verstarb er an den Folgen eines Herzinfarktes.

In seinen 19 Jahren Präsidentschaft schuf er die Grundlagen für den Erfolg des 1. FC Köln. Der Verein war auf Dauer der Erste Fußballclub in Köln. Kremers Credo lautete: »Alles darf passieren, nur nicht, dass wir absteigen!«[22] Das haben seine Nachfolger nicht einhalten können.

Auch wenn ich Franz Kremer nur vom Hören/Sagen/Lesen kenne, er muss ein Mann mit Visionen und Durchsetzungsvermögen gewesen sein. Gut, dass der 1. FC Köln ihn hatte.

36. GRUND

## Weil er uns gezeigt hat, dass Ikonen auch nur Menschen sind

Wir wollten eine Revolution, wir bekamen eine Revolution – und wir bereuten, so doof gewesen zu sein!

Jahrelang führten Präsidenten die Geschäfte des 1. FC Köln, die, wie bei fast allen Vereinen, aus dem Bereich Wirtschaft oder Verwaltung kamen. Kremer war Kaufmann, Müller ebenso, Maaß Architekt mit Verwaltungserfahrung. Arztinger-Bolten ist Jurist, Weiand, Hartmann und Caspers leiteten Unternehmen. Als der 1. FC Köln 1998 in die 2. Liga abstieg, rumorte es gewaltig bei den

Fans. Nach zwei Jahren 2. Liga kam endlich der Aufstieg in die Bundesliga, eine Jubelphase, die vom darauffolgenden Abstieg abrupt beendet wurde. Am Geißbockheim brannte es. Die Erfolge von Albert Caspers waren vergessen. Er hatte den Verein finanziell wieder auf solide Beine gestellt, Schulden abgebaut und neue Einnahmequellen erschlossen. Außerdem hatte er das neue Stadion auf den Weg gebracht und dabei eine äußerst solide Finanzierung (das Risiko trägt eigentlich alleine die Stadt Köln) durchgesetzt sowie den Verein organisatorisch neu aufgestellt. Trotzdem stand dieser Mann massiv in der Kritik. Besonders die Boulevardpresse hatte sich auf ihn eingeschossen. In dieser desolaten Situation bot sich Wolfgang Overath als Alternativkandidat an.

Ja, Wolfgang Overath – die Kölner Lichtgestalt. Der Franz Beckenbauer vom Rhein, der Uwe Seeler mit Domblick. Unser Weltmeister schlechthin. Und wir Fans dürsteten nach besseren Zeiten. Wir wollten wieder dahin, wo der Verein in unseren Augen hingehörte: an die Spitze des deutschen Fußballs, ach was, an die Spitze der Welt. Wolfgang Overath schien dafür genau der richtige Mann. Er konnte uns diese goldene Zukunft bieten, dachten wir.

In der Presse sprach er genau die Dinge an, die auch aus Sicht der Fans im Argen lagen: die fehlende Konstanz auf der Trainerposition, das unglückliche Händchen bei den Spielertransfers, die deprimierenden Niederlagen gegen Erzfeinde, die man zu Overaths Zeiten mit Adiletten an den Füßen geschlagen hätte.

Albert Caspers war kein Mann für die Massen. Auf Mitgliederversammlungen machte er bei Ansprachen keine gute Figur. Er war einer, der lieber hinter den Kulissen erfolgreiche Arbeit ablieferte. Caspers reagierte dünnhäutig auf die Kritik. Am 7. Mai 2004 trat er nach sechseinhalb Jahren Amtszeit vorzeitig zurück. Konsequent schloss er das Kapitel 1. FC Köln ab und wurde nie wieder im Stadion gesehen. Aus seiner Sicht mehr als verständlich, für uns Fans mehr als beschämend. Der Mann hatte Großes für den Verein geleistet. Diesen Abgang hatte er nicht verdient.

Am 14. Juni 2004 wurde eine außerordentliche Mitgliederversammlung einberufen. Ein neuer Vorstand musste her. Der einzige Kandidat hieß Wolfgang Overath. Overath verlangte direkt, nur mit dem Team seines Vertrauens das Amt zu übernehmen. An seiner Seite sollten sich Friedrich Neukirch um die wirtschaftliche Seite und Jürgen Glowacz um den Sport kümmern. Mit überwältigender Mehrheit wurden Overath und sein Team gewählt. Auch ich wählte ihn. Die Euphorie war ansteckend. Overath hatte Großes vor. Sein Fünfjahresplan sah uns am Ende der Periode wieder an der Spitze des deutschen Fußballs.

Punkt eins des Plans: Direkter Wiederaufstieg in die Bundesliga. Auf der außerordentlichen Mitgliederversammlung machte Overath bereits Nägel mit Köpfen. Der FC-Trainer Marcel Koller, ein Konzepttrainer, der auf seinen vorherigen und späteren Stationen viel Erfolg einheimste, beim FC aber wohl zu viel auf einmal wollte, wurde kurzerhand auf der Versammlung öffentlich entlassen. Als Nachfolger stellte uns Overath einen damals ganz Großen des Trainergewerbes vor: Huub Stevens. Vielleicht hätten wir da schon ein bisschen nachdenklich werden können. Von Stil zeugte die Amtsenthebung Kollers nicht. Aber sie war populistisch und wegweisend für die Zukunft. Overath hatte einige Durststrecken und Stimmungstäler durchzustehen. Doch immer wieder entfachte er mit seinen Personalentscheidungen Euphorie. »Immer« stimmt nicht ganz, aber dazu später mehr.

Tatsächlich war Huub Stevens ein Glücksgriff. Zwar spielte der FC wenig begeisternden Fußball, aber der Verein war souverän und stieg ungefährdet in die Bundesliga auf. Lukas Podolski schoss 24 Tore und wurde als Torschützenkönig der Liga gefeiert.

Punkt eins des overathschen Fünfjahresplans war bereits nach einem Jahr erfüllt! So konnte es in unseren Augen weitergehen … Aber natürlich ging es so nicht weiter. Huub Stevens bat um Auflösung seines Vertrags. Seine Frau war schwer erkrankt. Er wollte in ihrer Nähe sein. Overath kam der Bitte nach. Stevens verließ den

Verein. Dennoch verloren wir Fans unsere Euphorie nicht. Wir waren zugegebenermaßen etwas größenwahnsinnig geworden und glaubten, unsere Mannschaft bliebe mit jedem Trainer konkurrenzfähig.

Der Manager unter Overath war, wie schon unter Caspers, Andreas Rettig. Rettig träumte davon, in Köln eine Konzeptfußballschmiede, ähnlich der in Freiburg, zu entwickeln. Sein erster Versuch mit Marcel Koller war bereits von Overath torpediert worden. Jetzt sah er seine zweite Chance. Er lockte Uwe Rapolder, den damaligen Hot Shot unter den Trainern, nach Köln. Rapolder hatte bereits in Bielefeld mit seinem Konzeptfußball großen Erfolg und strotzte vor Selbstvertrauen. Er war überzeugt, jeden Spieler um 15 Prozent besser zu machen. Wahnsinn, dachten wir Fans damals. Heute wissen wir: Es war ein leeres Versprechen. Nach einem ordentlichen Start setzte es sechs Niederlagen in Folge. Nach der 2:3-Niederlage in Bielefeld wurde Rapolder nach der Hinrunde in den »Urlaub« geschickt. In 17 Spielen holte er ganze neun Punkte. Kaum auszudenken, wie wenige Punkte wir geholt hätten, wenn nicht jeder Spieler um 15 Prozent besser geworden wäre.

Andreas Rettig trat noch auf der Bielefelder Tribüne zurück. Kein Overath, niemand konnte ihn aufhalten. Overath selbst stand vor einem Scherbenhaufen: Er hatte weder Trainer noch Manager, dafür ganze mickrige neun Punkte nach der ersten Hälfte der Spiele. Overath tat, was er immer in solchen Situationen tat: Er setzte auf Nummer sicher. Wie damals Stevens, holte er jetzt Michael Meier zum FC und machte ihn zum Manager. Meier? Etwa der Meier, der beim BVB ein finanzielles Chaos hinterlassen hatte? Ja! Aber auch der Meier, der dort Voraussetzungen schuf, um die Champions League zu gewinnen. Finanziell wird man ihm in Köln schon auf die Finger schauen. Ein unglaublicher Coup! Meier nahm sich der Aufgabe mit großem Enthusiasmus an. Zelebrierte »elitäre Arroganz«, die ein Verein mit der Tradition des 1. FC Köln sich angeblich leisten konnte. Endlich waren wir wieder wer, konnten uns erlauben,

Erfolg versprechende Trainerkandidaten leichterhand abzulehnen. Dann endlich präsentierte uns Meier den neuen Trainer.

Ich erinnere mich noch gut. Seit Tagen brach regelmäßig der Traffic im FC-Forum zusammen. Erst wegen der Manager-, jetzt wegen der Trainersuche. Ein User hatte über einen Insider erfahren, wer neuer Übungsleiter werden sollte, zierte sich aber, den Namen zu nennen. Nur so viel gab er bekannt: Den Namen habe er noch nie zuvor gehört. Schöne Scheiße! Was soll das denn heißen? Will der uns verarschen? Wir bombardierten den Mann mit Fragen und deutlichen Aufforderungen, das Geheimnis zu lüften. Irgendwann hielt der User es nicht mehr aus. Der Name stand im Forum: Hans-Peter Latour. La-was? Hallo? Wer soll das sein? Niemand hatte den Namen je gehört.

Latour war ein Schweizer – und Meiers zweite Wahl. Die erste Wahl, Ottmar Hitzfeld, hatte ihm einen Korb gegeben. Nun also Latour. Er sollte das Unmögliche wahr machen, den Abstieg aus der Bundesliga verhindern und damit Overaths Fünfjahresplan vorm Scheitern retten.

Kurz gesagt: Latour tat, was er konnte, holte in der Rückrunde 21 Punkte. Hätte der FC so viele Punkte auch in der Hinrunde verbuchen können, wäre er mit 42 Punkten im gesicherten Mittelfeld gelandet. So aber waren es nur 30 und damit Platz 17 = Abstieg. In der 2. Liga verließ Latour das Glück vollends. Nach 15 Punkten in elf Spielen musste er gehen. Die Mannschaft war in keinem guten Zustand, der Aufstieg schien weit entfernt.

Da kam der nächste typische Overath-Coup! Oder war es ein typischer Meier-Coup? Jedenfalls ein Coup, den wir unter anderer Führung und anderem Manager nicht erlebt hätten: Christoph Daum kam zurück. Unter Umständen, über die ich lieber schweigen sollte, aber nicht schweigen werde (mehr darüber in Grund 47). Nach einem unfassbaren Hickhack, einer Pressekonferenz mit Christoph Daum im Nachthemd im Krankenhaus und seiner Absage kam endlich die Zusage.

Christoph Daum, der Messias, der Magier war wieder am Geißbockheim und Overaths Fünfjahresplan im Bereich des Möglichen. Der direkte Wiederaufstieg? Ein Leichtes für einen Meistertrainer wie Daum, dachten wir …

Und irrten uns kräftig. Obwohl Daum in der Winterpause einige Spieler holte, darunter zwei angeblich hoch talentierte Brasilianer (André und Tiago), wurde das nix mit dem Aufstieg. Am Ende hatten wir Platz neun. Fette Niederlagen zum Beispiel bei RW Essen kassiert (0:5). Wunder dauern manchmal eben etwas länger, redeten wir uns ein. Daum wird die Sache früher oder später schon richten. Und tatsächlich, im zweiten Jahr schaffte der FC gerade mal eben den Aufstieg. Dritter Platz mit 60 Punkten. Novakovič wurde mit 20 Treffern Torschützenkönig, Helmes machte immerhin 17 Tore. Was will man mehr? Guten Fußball, mit dem man auch in der Bundesliga bestehen kann? Träumer!

Overaths Fünfjahresplan war noch nicht verloren. Nur die Zeit knapper, um bis in die nationale Spitze vorzudringen. Daum wirds schon richten, lautete unser Mantra. Und irgendwie richtete er es auch. 2009 blieb der FC in der Liga. Platz zwölf nach einer Saison mit furchtbaren Spielen. Daum hatte seinen Glanz verloren. Er war nicht mehr der Magier, auf den wir Fans so viele Jahre gewartet hatten. Sein Fußball wirkte altmodisch. Die langen Bälle auf Novakovič ließen uns aber nicht mehr an eine bessere Zukunft glauben. Und wahrscheinlich glaubte auch Daum nicht mehr daran. Am 31. Mai nutzte er sein einseitiges Kündigungsrecht und machte humorlos die Biege. »Tschüss, ich gehe in die Türkei. Da gibt es ein Angebot, das ich nicht ablehnen kann.«

Wir waren alle desillusioniert, hatten an Gott, ähm Daum, geglaubt – und fielen jetzt vom Glauben ab. Daum, für den der 1. FC Köln immer eine Herzensangelegenheit gewesen war, ließ genau diese Herzensangelegenheit im Stich.

Gleichzeitig verblasste auch Wolfgang Overaths Stern. Ihm gelang es einfach nicht, Konstanz in den Verein zu bringen. Trainer wechselten wie unter seinem Vorgänger. Bei den Transfers erhöhte sich die Trefferquote nicht. Neue Spieler verbrannten Geld ohne Gegenleistung beziehungsweise mit zu wenig Gegenleistung. Ishiaku wurde gegen den Rat der medizinischen Abteilung geholt. Die Ärzte hielten den ehemaligen Klassestürmer nicht mehr für sporttauglich – und behielten recht. Das Gleiche passierte bei Womé. Ein sehr verletzungsanfälliger Spieler, der viel zu selten seine Leistung zeigen konnte.

Wir Fans hatten uns mehr von Overath versprochen. Die Kritik im Verein wurde immer lauter. Auf den Mitgliederversammlungen diskutierte man lautstark. Overath reagierte beleidigt. In den folgenden Monaten spitzte sich der Streit zu. Die Ära des Trainers Zvonimir Soldo brachte keine Besserung. In Kroatien hatte er mit Dinamo Zagreb das Double geholt. Für sein System brauchte er schnelle torgefährliche Außenspieler. Aber das Transferbudget war ausgereizt: für Lukas Podolski. Der wollte unbedingt nach Köln zurück – und wer hätte da Nein sagen können, auch wenn der Wechsel den FC völlig überforderte. Dazu kamen bereits unter Daum gemachte Transfers wie Maniche, Freis und Schorch, ein Defensivtalent, das man für viel Geld von Real Madrid loseiste. Gespielt wurde defensiver, chancenarmer und ereignisloser Fußball. Zu Tode langweilig. Bestraft mit Platz 13 mit 38 Punkten am Ende der Saison 2009/10. Der letzte Platz nach neun Spieltagen in der darauffolgenden Saison. Soldo musste gehen und Frank Schaefer übernahm. Er führte die Mannschaft zunächst in Richtung gesichertes Mittelfeld. Dann der nächste Trainerwechsel. Volker Finke, der inzwischen Michael Meier als Manager beerbt hatte, löste Schaefer ab und verhinderte den Abstieg.

Wolfgang Overath war von den Fans zum Präsidenten gewählt worden. Weil wir dachten, er habe jede Menge Fußballsachverstand. Mit seinem Fünfjahresplan wollte er den Verein wieder zurück an die Spitze des deutschen Fußballs bringen. Damit war es vorbei. Und es mehrten sich Gerüchte über den miesen Finanzstatus des

Vereins und über persönliche Verfehlungen der Handelnden. Heftige Diskussionen in den Foren führten zur Opposition »FC-Reloaded«. Der dünnhäutige Wolfgang Overath reagierte alles andere als souverän: Im Stadion wurden vorstandskritische Gesänge skandiert, da drohte man den Fans während des Spiels, ihren Capos den Strom für ihre Verstärkeranlage abzuschalten. Als im FC-Forum im Internet eine Liste mit Links zu Zeitungsartikeln veröffentlich wurde, in denen man Mitglieder der verschiedenen Vereinsgremien dubioser Handlungen verdächtigte, schloss der Verein kurzerhand sein Internetforum. Folge war: die Mitgliederversammlung verweigerte dem Vorstand die Entlastung. Overath-Fans und -Gegner lieferten sich eine handfeste Auseinandersetzung im Saal. Es war beschämend – aber auch der Anfang vom Ende der Ära Overath. Seine letzte Patrone, wenigstens sportlich die Wende zu schaffen, krepierte noch im Lauf: Ståle Solbakken, der Meistertrainer aus Kopenhagen, unterschätzte die Bundesliga – sich selbst dagegen überschätzte er maßlos.

Die Overath-Gegner, FC-Reloaded, wurde in der Presse immer präsenter. Der FC-Vorstand bekämpfte die Gruppe – umsonst. Bei der Mitgliederversammlung am 13. November 2011 warfen Vorstand Wolfgang Overath, Friedrich Neukirch und Jürgen Glowacz das Handtuch und traten zurück. Den Verein hinterließen sie in einem erschreckenden Zustand: ein hoher Schuldenstand, eine in sich zerstrittene Fanschaft, die zum Teil in radikaler Opposition zum Verein stand und eine Mannschaft, die hilf- und erfolglos in der Bundesliga dilettierte.

Das Idol Overath hatte sich in Nichts aufgelöst. Aus der Lichtgestalt war ein Häuflein Mensch übrig geblieben. Aber es hatte auch sein Gutes. Seitdem bin ich unempfänglich für jegliche »Helden«…

37. GRUND

## Weil er mich gelehrt hat, keine Vorurteile Namen gegenüber zu haben

Wolfgang Overath und sein Team hatten das Schiff bei schwerster See – auf der Mitgliederversammlung am 13. November 2011 – aus meiner Sicht fluchtartig verlassen. Von nun an war der marode Dampfer auf sich allein gestellt.

Den Club drückten hohe Schulden und schlimmer noch der Abstiegskampf. Die Fans standen auf Kriegsfuß mit ihrem Verein. Eine schwierige Situation sowieso, erst recht für die Präsidentenfindungskommission. Sie kam umgehend nach der Demission zusammen. Zunächst übernahmen die Vorsitzenden des Verwaltungsrates, Werner Wolf und Josef Sanktjohanser, die Geschäfte. Fieberhaft stellten sie ein Anforderungsprofil für den neuen Vorstand zusammen, beauftragten einen Headhunter, geeignete Kandidaten für die Mammut-Aufgabe zu finden. Eine ungewöhnliche Maßnahme, denn das Präsidentenamt ist ein Ehrenamt. Viel Arbeit – nix zu verdienen!

Die Suche dauerte und dauerte. Kandidaten sagten ab, von denen wir wissen, von anderen wissen wir es vermutlich nicht. Am Ende präsentierte man uns ein Ergebnis, mit dem wir alle nicht gerechnet hatten: Werner Spinner hieß der Kandidat des Verwaltungsrates, der den Verein in den nächsten Jahren führen sollte.

Werner Spinner? Nie gehört! Dann erfährt man, dass Spinner lange Manager bei einem Unternehmen im Umfeld von Bayer Leverkusen war. Mit anderen Worten: Er hatte für den Antichristen gearbeitet! Die ersten Fotos kursierten. Wir waren geschockt. Wie sah der Clown denn aus? Knallrote Hosen, bunte Hemden. Ein Grinsen wie Leslie Nielsen aus der *Nackten Kanone*! Ging gar nicht. Und dann sein Nachname! Spinner! Das musste ein Witz sein.

Es gab also 1.000 Gründe, um bei diesem Herrn skeptisch zu sein. Und seinem Team gegenüber erst recht. Der eine designierte

Vize, Markus Ritterbach, hatte das Festkomitee des Kölner Karnevals modernisiert. Was um Himmels willen hat der FC mit Karneval zu tun? Na ja, vielleicht doch mehr, als uns lieb ist. Und dann auch noch Toni Schumacher, eines der großen FC-Idole. Hatten wir nach Overath nicht die Schnauze voll von unseren Idolen?

Aber dann zeigte Spinner, wieso die Präsidentenfindungskommission ihn vorgeschlagen hat. Mit einer Charmeoffensive zerstreute er die gröbsten Bedenken. Er ging auf Fans zu, diskutierte am Geißbockheim mit ihnen, ließ dabei die ein oder andere Runde Kölsch springen und gewann immer mehr das Vertrauen der Mitglieder. Die Wahl schien eine klare Sache zu werden. Aber dann meldete sich kurz vor der außerordentlichen Mitgliederversammlung im April 2012 eine Alternative.

Investor und FC-Verwaltungsrat Franz-Josef Wernze, der manche Transfers der vergangenen Monate erst möglich gemacht hatte und Anteile an den Transferrechten besaß, warf seinen Hut in den Ring. Eigentlich eine völlig hoffnungslose Kandidatur. Wernze war bei den FC-Verantwortlichen in Ungnade gefallen, weil er sich immer wieder mit Verwaltungsratsinterna an die Öffentlichkeit gewandt hat. Weil er kein »stiller Investor« sein wollte, sondern auf Einfluss bestand. Bei der letzten Mitgliederversammlung ist er erst in den Verwaltungsrat gewählt worden, nachdem der damalige Geschäftsführer Horstmann an die Mitglieder appelliert hatte. Eine völlig hoffnungslose Kandidatur, wenn nicht das Team um ihn herum wäre: Karl-Heinz Thielen, der ehemalige Manager des FC zu Zeiten des Doubles, als der FC noch eine Spitzenadresse im deutschen Fußball war. Und Bernd Steegmann, der schon einmal erfolgreich im Vorstand gearbeitet hatte.

Wernze stand auch inhaltlich konträr zu Spinner und seinem Team. Während die einen den Verein finanziell konsolidieren wollten, versprach Wernze, privates Geld in die Mannschaft zu investieren. Es kam zur Kampfabstimmung. »Geld oder Liebe«? Alles hing von der Rede von Karl-Heinz Thielen ab. Schafft er es, die Mitglieder davon zu überzeugen, dass er trotz seiner 71 Jahre immer noch der richtige Mann ist, um eine erfolgreiche Mannschaft aufzubauen? Er schaffte es nicht!

Das Trio Spinner/Ritterbach/Schumacher gewann mit sehr sehr großer Mehrheit die Wahl. Die Fans hatten gegen das schnelle Geld und für den seriösen Neuanfang votiert. Werner Spinner und sein Team stehen noch am Anfang ihrer Regentschaft. In der kurzen Zeit haben sie jedoch bereits einiges in die Wege geleitet: Die meisten handelnden Personen wurden ausgetauscht. Alexander Wehrle agiert nun als neuer Geschäftsführer, Jörg Schmadtke als Sportdirektor und Dr. Jörg Jacobs ist Chefscout. Als neuer Trainer wurde Holger Stanislawski geholt, dann von Peter Stöger abgelöst. Der Verein bekam eine neue Satzung (siehe Grund 7).

Spinner tat genauso wie der Interimsvorstand unter Wolf und Sanktjohanser viel dafür, Verein und Fans wieder zusammenzubringen. Mir waren jedenfalls die Vorurteile wegen seines Namens abhandengekommen. Wenn der Spinner ein Spinner ist, sind Spinner gut. Das dachte ich 2013. Meine Sicht heute behandelt die Bonusgründe 8 und 11.

5. KAPITEL

# DIE MANAGER

## MACHER MIT MACKEN

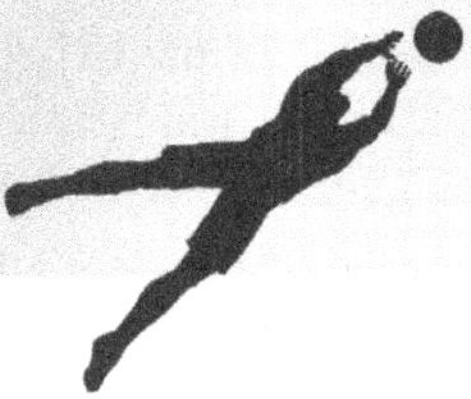

38. GRUND

## Weil ich durch ihn verschiedene Managerkulturen kennengelernt habe

Woran erkennt man gute Manager eines Fußballvereins? Am Erfolg! Na klar! Wer dumm fragt, bekommt eine dumme Antwort, würde meine Mutter jetzt sagen. Und sie hat natürlich recht.

Wenn ein Verein Titel holt, hinterfragt kaum einer – schon gar kein Journalist – die Arbeit des Managers. Als Felix Magath mit dem VfL Wolfsburg deutscher Meister wurde, spielte es überhaupt keine Rolle, dass er offenbar nach dem Trial-and-Error-Prinzip eine Armee von Spielern zum Verein geholt hatte. Von gefühlt 400 neu verpflichteten Kickern werden elf schon irgendwie zusammenpassen. Oder Uli Hoeneß bei Bayern München. Solange Titel auf Titel geholt wurde, war schnurzegal, welche Kohle rausgehauen wurde für südamerikanische Supertalente, die in Deutschland ihr Können nie beweisen konnten. Genauso egal wie die Marotte der Bayern, viele Spieler nur zu verpflichten, um sie vom Markt zu holen, damit sie nicht beim Gegner landen. Oder wer stellte jemals die Finanzierungsmethoden des BVBs infrage? Solange der Vorstand eine Topmannschaft zusammenstellt, die reihenweise Erfolge einfuhr, war das absolut in Ordnung. Erst als die Erfolge ausblieben und die Insolvenz an die Tür klopfte, gingen die Diskussionen los.

Was zeichnet also wirklich den guten Manager einer Bundesligamannschaft aus? Immerhin verantwortet er den sportlichen Bereich eines mittelständischen Unternehmens. Da sollte man gewisse Skills voraussetzen – neben dem berühmten Bauchgefühl! Ich komme da auf fünf.

- Als sportlicher Leiter, Sportdirektor oder Manager ist fußballerische Kompetenz notwendig. Es sei dahingestellt, ob man selbst Spieler gewesen sein muss. Man kann sich die Fähigkeiten auch als Trainer, Scout oder Spielerberater angeeignet haben. Aber ein Manager ohne fußballerische Kompetenz ist immer von den Urteilen anderer abhängig.

- Er muss einen kurz-, mittel- und langfristigen Plan für den Verein haben, dementsprechende Strukturen aufbauen und dabei Sozialkompetenz beweisen.
- Er muss mit seinen Vorgesetzten beziehungsweise dem Controlling des Vereins eine vertrauensvolle Zusammenarbeit aufbauen.
- Er ist für die Medien das Gesicht des Vereins und sollte kein Feind der Medien und der restlichen Öffentlichkeit sein.
- Und er braucht Fortune. Das wichtigste, wenn auch das vom eigenen Dazutun unabhängigste Kriterium.

Im realen Fußball aber erfüllt kaum ein Manager der Bundes- und 2. Liga das Anforderungsprofil komplett. Und wie ist das beim 1. FC Köln? Wir hatten bis heute zwölf Personen, die verantwortlich für den sportlichen Bereich waren. Mal hießen sie Manager, mal Sportdirektor, mal sportlicher Leiter.

- Karl-Heinz Thielen 1973–1986, 1992–1993
- Hannes Löhr 1980–1983
- Michael Meier 1982–1987, 2006–2011
- Udo Lattek 1987–1992
- Bernd Cullmann 1993–1996
- Wolfgang Loos 1993–2002 (geschäftsführendes Vorstandsmitglied, zeitweise Manager)
- Carl-Heinz Rühl 1997–1998
- Hannes Linssen 1998–2002
- Andreas Rettig 2003–2005
- Volker Finke 2011–2012
- Dr. Jörg Jacobs 2012–2013
- Frank Schaefer 2012–2013
- Jörg Schmadtke 2013–2017
- Armin Veh 2017–das werden wir noch sehen

Zuvor kümmerten sich Ehrenamtler um die Geschäfte der Geißböcke. Jupp Schmitz und später Heinrich Holthoff halfen mit, den 1. FC Köln aufzubauen und ihn an die Spitze erst des Kölner, dann des Fußballs in der Region zu führen. Ab Mitte der 1960er-Jahre übernahm Hans-Gerd König diese Aufgabe. Den meisten von uns ist er als Stadionsprecher bekannt. Aber er führte auch die FC-Geschäfte bis Ende 1972.

### *Karl-Heinz Thielen*

Er war der erste »richtige«, also hauptberufliche Manager. 1973 übernahm er den Job. Kurz darauf stieg er zum hauptamtlichen Geschäftsführer in den Vorstand auf. Thielen war Spieler des 1. FC Köln, als solcher ein Star, und gleichzeitig Diplom-Kaufmann. Außerdem als Vorstandsmitglied im Verein bestens vernetzt und mit jeder Menge Charisma und Charme ausgestattet. Immer gut für einen flotten Spruch. Sein wohl bekanntester: »Erstes Ziel ist es, die größten Flaschen zu verkaufen. Gibt es noch Pfand dafür, super. Gibt es nichts, auch gut.«[23] Mehr über ihn gibt es in Grund 39. Aber nach meinen Kriterien oben war er ein geradezu perfekter Manager.

Sportliche Kompetenz: Die hatte er. Früher selbst Spieler, später erfolgreicher Spielervermittler. Konzeptionelles Denken: auch da. Die Mannschaft wurde kontinuierlich aufgebaut. Wenige Stars wurden von draußen geholt. Viele Spieler kamen aus dem eigenen Nachwuchs. Zusammenarbeit mit Vorstand: Thielen saß selbst im Vorstand. Öffentlichkeitsarbeit: prima. Noch lange nach seinem Rücktritt war er noch Ansprechpartner der Presse. Fortune: vielleicht sein dritter Vorname.

Nach Thielens Rückzug wurde seine Position aufgeteilt. Für den sportlichen Bereich kam Hannes Löhr. Ein Greenhorn nahm Löhr die finanziellen Fragen ab. Das Greenhorn hieß Michael Meier. Damals weder berühmt noch berüchtigt.

### *Hannes Löhr*

Seine offizielle Bezeichnung war »Sporttechnischer Direktor«. Löhr war wie Thielen, ein Held der jüngeren FC-Vergangenheit. Aber ihm fehlte dessen glückliches Händchen. Er verpflichtete Rinus Michels – ein Trainer, der überall auf der Welt Erfolg hatte. Mit Ajax Amsterdam, dem CF Barcelona, der Nationalelf der Niederlande bei der WM in Deutschland und mit den Los Angeles Aztecs in der amerikanischen Kirmesliga. Nur beim FC nicht.

Statt die Mannschaft zurück an die Spitze der Liga zu bringen, gelang ihr nur ein DFB-Pokalsieg (siehe Grund 32). Entnervt trat Michels 1983 zurück und Löhr wurde sein Nachfolger. Seinen Posten als Manager gab er ab.

Sportliche Kompetenz: sicher vorhanden. Später war er viele Jahre lang Trainer verschiedener Jugendnationalmannschaften. Konzeptionelles Denken: sicher vorhanden. Allerdings erinnert man sich heute kaum daran. Zusammenarbeit mit Vorstand: fällt Altinternationalen und FC-Ikonen traditionell leicht. Öffentlichkeitsarbeit: war nicht so Löhrs Ding. Fortune: leider auch nicht.

### *Michael Meier I. (die erste Amtszeit)*

In den nächsten Jahren übernahm dann Michael Meier immer mehr die Aufgaben eines Managers. Zunächst kümmerte er sich, an der Seite von Karl-Heinz Thielen, um die finanzielle Seite des Geschäfts, übernahm dann zunehmend stärker auch den sportlichen Bereich. Spieler wie Jürgen Kohler, Uwe Bein, Norbert Dickel, Morten Olsen oder Flemming Povlsen wurden verpflichtet, Talente wie Thomas Häßler an den Rhein gelockt und ein Torwart namens Bodo Illgner ausgebildet.

Sportliche Kompetenz: weniger. Meier spielte nie höherklassig Fußball, war weder Nationalspieler noch Idol der Kölner Fans.

Als Nicht-Sportler ein Novum auf dem FC-Managerposten. Konzeptionelles Denken: schwer zu sagen. Falls es damals Konzepte gab, wurden die eher mit Thielen oder später Daum verbunden. Zusammenarbeit mit Vorstand: als Nicht-Altinternationaler und Nicht-FC-Ikone nicht so leicht. Öffentlichkeitsarbeit: schwierig. Seine Pressekonferenzen hatten immer den Charme einer öden BWL-Vorlesung, auch wenn er einen grandiosen Sieg kommentieren konnte. Fortune: hatte er. Aber keiner hat es gemerkt.

Meiers USP auf dem Managerposten war aber, dass er als Fachmann in Sachen Finanzen galt. Heute nach seiner Zeit beim BVB und seiner zweiten Amtszeit beim 1. FC Köln mögen da einige laut lachen. Der neue Kölner Vorstand glaubte dann, dem Kölner Fan und dem Boulevardjournalismus große Namen schuldig zu sein (oder auch jemanden, der auch Punkt eins des Anforderungskatalog erfüllte). Er setzte Meier Udo Lattek, den Meistermacher aus Mönchengladbach und München, vor die Nase. Ein Affront. Meier verabschiedete sich – ausgerechnet nach Leverkusen.

### *Udo Lattek*

Udo Lattek wird immer einer der erfolgreichsten Trainer aller Zeiten sein. Aber er war Trainer, kein Manager oder Sportdirektor. Gerüchten zufolge habe er seinen Arbeitstag beim FC am liebsten damit verbracht, am Fenster zu stehen und sehnsüchtig der Mannschaft beim Training zuzusehen. Die eigentlichen Geschäfte führte Wolfgang Schänzler.

Schreibtischarbeit war nichts für Lattek, ebenso wenig die Entwicklung von lang- und mittelfristigen Plänen, er war der Mann für »kurzfristig auf dem Platz«. Selbst die damaligen Erfolge, zwei Vizemeisterschaften, ein dritter Platz und der Einzug ins UEFA-Halbfinale wurden nicht ihm, sondern zum größten Teil Christoph Daum zugesprochen. Die Misserfolge blieben an ihm hängen: Trainer Erich Rutemöller war kein Ersatz für Christoph Daum. Rico Steinmann, Henri Fuchs nicht für Thomas Häßler und Co. Der FC trennte sich 1992 von Udo Lattek.

Sportliche Kompetenz: sicher vorhanden. Aber sie brachte ihm nichts. Es gibt kein richtiges Leben im falschen oder so. Konzeptionelles Denken: vielleicht, vielleicht auch nicht. Umgesetzt hat er nicht so viel davon. Zusammenarbeit mit Vorstand: prima, solange er Schutzschild für Daum und Präsidium war. Öffentlichkeitsarbeit: Da war er prima. Ich denke nur an den schrecklichen blauen Pullover. Fortune: Er hatte nicht nur kein Glück, er war auch unglücklich.

### *Bernd Cullmann*

Back to the Roots. Wieder ein Altinternationaler. Wieder ein FC-Star. Von 1970 bis 1983 hatte er in der Bundesliga 341-mal das Trikot der Geißböcke getragen. 29 Tore erzielte er. 40 Länderspiele, der Gewinn der Weltmeisterschaft 1974 und der Europameisterschaft 1980 krönten seine Biografie. Reicht das, um ein guter Manager zu sein? Neben Cullmann führte damals Wolfgang Loos die Geschäfte. Loos besaß eine Fußballlehrerlizenz und hatte bereits in ähnlicher Funktion bei Dynamo Dresden und dem VfL Osnabrück gearbeitet. Gemeinsam sollte der Abstieg der Geißböcke verhindert werden. Es wurde in Spieler wie Ralf Hauptmann, Stephan Passlack, Stefan Kohn, Toni Polster und Michael Kraft investiert. Und das Minimalziel wurde erreicht. Der FC blieb in der Bundesliga.

Neue Investitionen sollten den FC in der folgenden Saison nach vorne bringen: Dorinel Munteanu, Martin Braun, Christian Dolberg und Sunday Oliseh wurden unter Vertrag genommen. Große Erwartungen – große Enttäuschung. Nach zwei unerfreulichen Spieltagen in der Bundesliga schied der FC im DFB-Pokal bei der SpVgg Beckum aus. Nicht einmal ein Amateurverein konnte geschlagen werden. Bitter für alle! Morten Olsen wurde entlassen, und Cullmann machte den Fehler, der ihn letztendlich seinen Managerposten kosten wird: Er stellte seinen alten Spielkameraden und Kumpel Stephan Engels als Trainer ein und leitete damit die weitere Talfahrt des FC ein.

Sportliche Kompetenz: da, aber die schützte ihn nicht vor Fehlentscheidungen. Arbeitet später als Spielerberater und -vermittler. Konzeptionelles Denken: ging im Kampf gegen mögliche Abstiege unter. Zusammenarbeit mit Vorstand: fällt Altinternationalen und FC-Ikonen traditionell leicht. Öffentlichkeitsarbeit: Die Presse schoss sich ziemlich schnell auf ihn ein. Fortune: nein, nein und nochmals nein.

## *Carl-Heinz Rühl*

Cullmanns Nachfolger wurde Carl-Heinz Rühl. Erneut ein FC-Altstar. Von 1967 bis 1970 spielte er auf der rechten Seite der Geißböcke. Anders als Thielen, Löhr und Cullmann hatte er bei anderen Vereinen bereits als Trainer und Manager Erfahrung gesammelt. Ein alter Hase also.

Aber mit alten Hasen ist das so eine Sache. Erfahrung haben sie, aber sie sind alt, hoppeln einfach nicht mehr so schnell und neigen tendenziell zur Sturheit. Die Zusammenarbeit mit dem damaligen Trainer Peter Neururer lief nicht reibungslos. Der Trainer wollte neue Spieler, der Manager auch, aber sie wollten nicht die gleichen. Der Manager hatte das letzte Wort. Und Neururer Rytschkow und Goran Vučević in der Mannschaft, mit denen er nichts anfangen konnte. Wieder einmal drohte der Abstieg. Auf Trainer Neururer folgte Trainer Lorenz-Günter Köstner – Rühls Mann. Und der bekam seine Verstärkungen: Dennis Grassow, Markus Münch und Chodadat Azizi. Trotzdem stieg der FC ab. Eine Katastrophe! Zum ersten Mal in seiner Geschichte! Carl-Heinz Rühl trat zurück, bevor er rausgeschmissen wurde.

Sportliche Kompetenz: auf dem Papier sicherlich da. Die vielen falschen Entscheidungen sprechen dagegen. Köstner passte nicht nach Köln. Die ausländischen Stars waren alles andere als pflegeleicht, und letztendlich geht der erste Abstieg der Geißböcke entscheidend mit auf seine Kappe. Konzeptionelles Denken: hatte er vorher bei anderen Vereinen bewiesen. In Köln eher nicht. Zusammenarbeit mit Vorstand: fällt Altinternationalen und FC-Ikonen traditionell leicht. Öffentlichkeitsarbeit: versprach mehr, als er hielt. Das machte ihn in der Presse angreifbar. Fortune: nein.

Damit war die Ära »ehemaliger FC-Stars auf dem Managerposten« erst einmal beendet. Ein Paradigmenwechsel musste her …

### *Hannes Linßen*

… und kam mit Hannes Linßen. Linßen, der ewige Fortune, er spielte von 1974 bis1984 344-mal für die »Hobbymannschaft« von Jean Löring. Über Linßen schreibe ich ausführlich in Grund 40. Hier nur so viel:

Sportliche Kompetenz: Er war Spieler, Trainer und hatte, was keiner beim FC kannte, Zweitligaerfahrung. Konzeptionelles Denken: baute gemeinsam mit Trainer Ewald Lienen eine Mannschaft auf, die den schönsten Fußball für viele Jahre spielen sollte. Holte Talente zum FC, die sich auch als solche erwiesen. Zusammenarbeit mit Vorstand: solange Erfolg da war, prima. Öffentlichkeitsarbeit: Ich glaube, Linßen war der Manager mit dem größten Unterhaltungswert. Die Presse war sehr dankbar dafür. Fortune: ja.

### *Andreas Rettig*

Auch ihm habe ich einen eigenen Grund gewidmet (Grund 41). Er ging als Sparfuchs in die Kölner Managergeschichte ein. Als Knauserer, als Geizhals. Dabei führte er den Verein nur wirtschaftlich seriös. Das ist mir heute klar. Und er hatte als Erster eine klare Vorstellung, wo der 1. FC Köln in fünf oder zehn Jahren stehen sollte. Sein alter Arbeitgeber, der SC Freiburg, sollte dabei Vorbild sein. Rettig war ein klarer Paradigmenwechsel in der sportlichen Leitung des FC. Schade, dass es letztendlich nicht funktioniert hat.

Sportliche Kompetenz: Es geht so. Rettigs Stärken liegen eher im Aufbau von Strukturen. Deshalb ist er jetzt auch Geschäftsführer bei der DFL und nicht Sportdirektor beim DFB.

Konzeptionelles Denken: Ja, endlich! Zusammenarbeit mit Vorstand: Rettig ging, bevor der Vorstand es wollte. Das hat nicht jeder geschafft. Öffentlichkeitsarbeit: ging so. Fortune: jein.

### *Michael Meier II. (die zweite Amtszeit)*

Winter 2010 – und wieder brannte der Baum beim FC. Kein Trainer (Rapolder war gerade beurlaubt worden), kein Manager (Rettig hatte daraufhin das Handtuch geworfen), da tauchte wie aus dem Nichts Michael Meier auf und übernahm die sportliche Leitung bei den Geißböcken. Ja, der Michael Meier, der bereits einmal beim FC war, der danach für den kometenhaften Auf- und den finanziellen Absturz beim BVB zuständig war. Die personifizierte Sinuskurve unter den Managern. Es führt kein Weg drum herum, man muss seiner zweiten Amtszeit einen eigenen Grund widmen (Grund 42). Hier nur sein Führungszeugnis:

Sportliche Kompetenz: weniger als andere. Dafür ein enormes Netzwerk zu Spielervermittlern aus aller Welt. Konzeptionelles Denken: Sein Konzept trug den Titel »Elitäre Arroganz«. Lange Zeit erschien es uns schlüssig. Zusammenarbeit mit Vorstand: prima. Öffentlichkeitsarbeit: wurde auch in seiner zweiten Amtszeit nicht besser. Fortune: Ja, aber jede Glückssträne geht einmal zu Ende.

## *Volker Finke*

Es gab schon immer Gerüchte, dass Wolfgang Overath ein großer Fan von Volker Finke war. Ich konnte es nie glauben. Zu unterschiedlich schienen mir die beiden. Overath, der altmodische Patriarch, Finke, der demonstrative Demokrat und Linke. Am 18. Dezember 2010 wurde Finke als Nachfolger von Michael Meier berufen. Turbulente Monate standen bevor. Finkes Selbstfindung und der allgemeinen Erkenntnis, dass ein hervorragender Trainer noch lange kein guter Manager ist, widme ich einen eigenen Grund (Grund 43). Aber sein Zeugnis liest sich prima:

Sportliche Kompetenz: Ja, das hat er als Trainer des SC Freiburgs bewiesen. Konzeptionelles Denken: wie kaum ein anderer. Zusammenarbeit mit Vorstand: Sie eine Achterbahnfahrt nennen, wäre gestrunzt. Ein Bungeesprung trifft es besser. Öffentlichkeitsarbeit: Die Presse hat ihn gehasst! Fortune: Ich würde sagen, Finke hatte nicht nur kein Glück, es hätte ihm am Ende auch nicht mehr genützt.

Die Zeit nach Finke brachte wieder einen Paradigmenwechsel. Der alte Vorstand war weg, der neue noch nicht da. Die Interimspräsidenten stellten 2012 den 1. FC Köln neu auf. Entscheidungen sollten nicht mehr aus dem Bauch, sondern rational getroffen werden. Nach modernen Recruiting-Methoden wurde ein genaues Aufgabenprofil für die Position »Sportliche Leitung« erstellt und danach Kandidaten angesprochen. Im Grunde genommen war es wohl nur ein Kandidat: Jörg Schmadtke. Der konnte oder wollte aber nicht aus seinem Vertrag bei Hannover 96 und empfahl seinen Chefscout wärmstens. Dr. Jörg Jacobs teilte sich dann mit Frank Schaefer 2012/13 den Posten für eine Saison. Zur Saison 2013/14 übernahm Jörg Schmadtke die Geschäfte.

Und es scheint tatsächlich eine neue Managerkultur beim 1. FC Köln Einzug zu halten, weg von den Sportlichen Leitern, deren USP es war, Altinternationaler der Geißböcke zu sein. Weg von Alleingängen selbstherrlicher Manager, hin zu einem Team von

Experten. Jörg Schmadtke als Sportlicher Leiter, Dr. Jörg Jacobs als Chefscout und Frank Schaefer kümmert sich konzeptionell um die Nachwuchsarbeit. Auch das ging nicht lange gut. Mehr dazu in den Bonusgründen 7,8 und 10.

39. GRUND

## Weil Karl-Heinz Thielen auf dem Managerposten zur Legende wurde

Am 1. Januar 1973 wurde Karl-Heinz Thielen Manager des Vereins. Sein Name sollte in den folgenden Jahren immer wieder fallen, wenn leitende Posten verteilt wurden. Sei es als Manager oder Präsident. Thielen ist der Manager des Double 1978, er verpflichtete Hennes Weisweiler, er entdeckte das Riesentalent Bernd Schuster und verwirklichte mit Roger van Gool den ersten Millionentransfer der Bundesliga. Er stellte eine Mannschaft mit Toni Schumacher, Dieter Müller, Stephan Engels, Tony Woodcock, Gerd Strack, Herbert Zimmermann und Pierre Littbarski zusammen und verkaufte Spieler, die nicht mehr ins Konzept des Trainers passten, gewinnbringend an andere Vereine.

Eine reine Erfolgsgeschichte? Natürlich nicht. So was gibts nur im Märchen. Weniger erfolgreich war er mit Weisweilers Nachfolger Karl-Heinz Heddergott. Heddergott war der Leiter der DFB-Trainerausbildung. Ein guter Theoretiker, als Macher auf dem Platz und der Bank leider nicht so gut. Aber Thielens Bilanz blieb dennoch positiv. Vielleicht war damals der Managerjob beim 1. FC Köln auch einfacher. Es drangen weniger Interna an die Öffentlichkeit, es gab kein Internet, die Fans bekamen also nicht so viel vom Vereinsgeschehen mit wie heute. Außerdem floss viel weniger Geld. Wenn aber ein Club einen Spieler zum Wechsel finanziell »überzeugen« konnte, dann waren es die Geißböcke.

1980 gab Karl-Heinz Thielen seinen Posten als hauptamtliches, geschäftsführendes Vorstandsmitglied auf. Ihm war eine führende Position bei der Lotto-Toto GmbH angeboten worden – und zwar vom damaligen Präsidenten des 1. FC Köln Peter Weiand. Weiand war nämlich auch der Chef der Nord-West-Lottogesellschaft. Eine heute kaum vorstellbare Aktion. Ein Präsident nimmt seinem Verein den erfolgreichen Manager weg, um ihn im eigenen Unternehmen zu beschäftigen. Unglaublich!

Zwei Jahre später, 1982, kam Karl-Heinz Thielen als ehrenamtlicher Vizepräsident zurück. Er teilte sich mit Michael Meier die Aufgaben des Managers, mal mehr, mal weniger gut.

Als Udo Lattek 1992 seinen Hut als Sportdirektor nehmen musste – er hatte Erich Rutemöller als Nachfolger von Christoph Daum geholt und wiederholte so Thielens Fehler mit Heddergott –, übernahm Thielen wieder. Dafür legte er seinen Posten als Verwaltungsrat ab und trat auch als Bezirksdirektor bei der Lottogesellschaft kürzer.

Denn das Amt beim 1. FC Köln war ein überaus schweres Amt. Ein hoher Erwartungsdruck lastete auf der Mannschaft. So komisch es heute klingen mag: Der Verein und die Fans litten, weil sie unter Daum immer nur Vizemeister geworden waren und unter Berger nicht immer die europäischen Wettbewerbe erreicht hatten. Mein Gott, haben wir damals auf hohem Niveau gejammert!

Am 31. August 1993 gab Thielen den Managerposten auf. Es hieß, die Lottogesellschaft habe ihm ein Ultimatum gestellt. Entweder engagiere er sich wieder ganz bei seiner Arbeit oder er müsse aufhören. Thielen entschied sich für die sichere Stelle – gegen den Schleudersitz 1.-FC-Köln-Manager. Wer wollte es ihm verdenken?

Aber ganz ohne Fußball konnte er auch nicht und arbeitete nebenbei als Spielerberater und -vermittler. Sein Schwerpunkt waren unter anderem Spieler aus Argentinien. 1995 bot er dem 1. FC Köln seinen Schützling Christian Dollberg an. Damals gab es noch starke Beschränkungen bei Spielern aus dem außereuropäischen Ausland. Dollberg konnte eine deutsche Großmutter vorweisen und der 1. FC Köln suchte händeringend nach einem Innenverteidiger. Bei einem Spieler aus dem Land des ehemaligen Weltmeisters konnte man doch nichts falsch machen. Zumal bei einer überschaubaren Ablöse von 500.000 DM, und er kam von Karl-Heinz Thielen. Aber so wie es im Steakparadies Argentinien wahrscheinlich auch Vegetarier gibt, so sollte es auch beim argentinischen Fußball einen Kicker geben, der das Spiel nicht ganz so draufhatte. Vielleicht lag es ja an seiner deutschen Großmutter, vielleicht an Trainer Morten Olsen oder an uns Fans. Jedenfalls wurden Christian Dollberg, der 1. FC Köln und seine Fans keine allzu guten Freunde.

Karl-Heinz Thielen sah das gelassen – zu Recht. Man nahm es ihm nicht übel. Schwamm drüber und weiter gings. Immer wieder war Thielen beim 1. FC Köln im Gespräch, im fortgeschrittenen Alter meist als Präsident. Er wäre es sicher auch gerne geworden – aber nicht als Ehrenamt, sondern gegen angemessene Bezahlung, die seinen Bezügen als Bezirksdirektor der Lottogesellschaft in etwa hätte entsprechen sollen. Eine nachvollziehbare Forderung, wie ich finde. Der Verein sah das anders oder besser: Seine Satzung ließ es nicht zu. Die Bereitschaft, die Satzung zu ändern, fehlte allerdings auch.

Als es um die Nachfolge für den Vorstand mit Wolfgang Overath, Jürgen Glowacz und Friedrich Neukirch ging, war Karl-Heinz Thielen sofort wieder im Gespräch. Die »Findungskommision« des Vereins castete ein Kandidatentrio: Werner Spinner, Toni Schumacher und Markus Ritterbach. Eine Opposition, um den Investor Franz-Josef Wernze, wollte selbst den FC übernehmen. Er trat gemeinsam mit Karl-Heinz Thielen und dem ehemaligen Vize-Präsident Bernd Steegmann an – und scheiterte.

40. GRUND

## Weil ich wegen ihm nicht mehr über komische Frisuren lache

Heutzutage heißt es ja: Umso weniger, desto kurz. Oder unkryptischer: Wenn sich beim Mann der erb- oder altersbedingte Haarausfall bemerkbar macht, ist ein Frisurenwechsel dringend angesagt. Glatze rules! Das war früher anders. Stolz ließ man das noch vorhandene Haar sprießen. Rockstars, die in die Jahre gekommen sind, verstecken die kahle Haut unter modischen Käppis.

Nicht so Hannes Linßen. Er macht oben FKK – und zeigt, was er nicht mehr hat. Die Pläät glänzt und der restliche Haarkranz steht ab, als steckten zwei seiner Finger in der Steckdose.

Und das sollte unser neuer Manager sein? Linßen? Der ist doch eigentlich Fortuna? War der nicht Co-Trainer in der schrecklichen Zeit unter Rutemöller? Und dann sieht er auch noch aus wie Sam Hawkins, dem jemand das Toupet geklaut hat. Nein, nein, nein! Den wollen wir nicht!

Jaja, wir Kölner können schon ganz schön arrogant sein. Ich weiß, wovon ich spreche. Aber wir geben auch zu, wenn wir uns getäuscht haben. Und das war bei Linßen so. Denn tatsächlich war seine Verpflichtung eine der besten Entscheidungen, die Kölner Vereinsverantwortliche je getroffen hatten, denn 1998 sah es ganz schön düster aus für den FC. Er war ein Jahr zuvor abgestiegen und hatte wider alle Erwartungen den direkten Wiederaufstieg nicht geschafft. Der Fußballgott war gegen uns. Und Hannes Linßen war jetzt nicht gerade die Verheißung auf bessere Zeiten.

Aber dann machte er alles richtig: Verpflichtete Spieler für kleines Geld, die dann erst beim 1. FC Köln ihr Potenzial richtig entwickelten: Moses Sichone, Pascal Ojigwe oder Christian Timm. Er holte Dirk Lottner, den er von der Fortuna kannte, und brachte damit wieder das »Kölsche Hätz« in die Mannschaft. Und auch Markus

Kurth und Matthias Scherz verstärkten die Mannschaft. Wenige FC-Manager davor und danach bewiesen ein besseres Händchen als Hannes Linßen.

Als Trainer holte er Ewald Lienen. Keine einfache Wahl. Lienen war gefühlter Mönchengladbacher! Ein Sakrileg in Köln! Man hätte genauso gut Tina Theune-Meyer, die damalige Bundestrainerin der Frauennationalmannschaft, verpflichten können. Außerdem galt Lienen als »nicht so ganz einfach«. Früher alter DKPler, heute Trennkost-Nazi. Eine mutige Entscheidung also. Aber eine, die belohnt wurde. Der 1. FC Köln stieg wieder auf, und wir Fans sahen den schönsten Fußball seit Langem.

Wo viel Licht ist, gibt es bekanntlich auch Schatten. Ich sag nur Marco Quotschalla! Wer? Ja, heute kennt ihn kaum noch einer. Damals galt er als eines der größten Talente des deutschen Fußballs. Linßen nahm ihn unter Vertrag – für acht Jahre! Für teuer Geld! Einen 12-Jährigen! Der Knabe hatte noch nicht einmal Haare am Sack. Da war vielleicht was los. Der FC stand plötzlich im Ruf, unmoralische Verträge mit Kindern abzuschließen. Linßen hatte dem Verein keinen Gefallen getan, dem Spieler übrigens auch nicht. Quotschalla konnte nicht halten, was man sich von ihm versprochen hatte. Heute spielt er im Bereich 3. Liga/Regionalliga und kann zumindest vom Fußball leben. Linßen trat 2002 beim 1. FC Köln zurück. Danach nahm er nie wieder eine Stelle im bezahlten Fußball an.

Wir Fans sind seitdem toleranter, was Frisuren angeht. Wir haben uns weder von Michael Meiers Ministrantenbubikopf täuschen, noch von Overath Angst vor Männern mit langen Haaren machen lassen. Und die blondierten Strähnchen von Alexander Werle stören uns auch nicht. Danke auch dafür, Hannes Linßen.

41. GRUND

## Weil wir durch ihn gelernt haben, Fehler einzugestehen

Andreas Rettig kam vom SC Freiburg, dem Gutmenschverein an sich, einem Verein, der für alles Vorbild ist. Für seine Spielphilosophie, sein mittel- und langfristiges Arbeiten, für die Jugendarbeit, das ökologische Engagement … Wäre der Verein katholisch, müsste er heiliggesprochen werden. Rettigs Verpflichtung überraschte mich damals sehr. Ich hatte riesige Erwartungen. Rettig hatte Qualitäten. Keine Frage. Er besaß eine Vision. Er wusste, wohin die Reise mit dem FC gehen sollte. Als Erstes setzte er einen Trainer seiner Wahl ein. Denn Friedhelm Funkel entsprach nicht seinen Vorstellungen von modernem Fußball, also Konzeptfußball, mit dem die Mannschaft als solche gestärkt wurde und nicht der einzelne Spieler.

Der FC schwächelte zu der Zeit stark. Rettigs Begründung für den Trainerwechsel. Er holte den Schweizer Marcel Koller. Koller? Wer soll das sein? Wir Fans hatten noch nie von dem gehört. Angeblich soll Rettig Kollers Training in einem Trainingslager beobachtet haben und augenblicklich begeistert gewesen sein.

Rettig plante, das Freiburger Ideal auf den FC zu übertragen. Ein konzeptionell denkender Trainer sollte langfristig mit den Spielern arbeiten und mit ihnen einen neuen Stil prägen. Wie in Freiburg wollte er eine Topausbildung für Kölner Spieler, um diese dann gewinnbringend an einen anderen Verein zu verkaufen. Trainer, die seinen Vorstellungen entsprachen, waren Marcel Koller und später Uwe Rapolder.

Doch anders als in Freiburg kennt der Kölner die Tugend der Geduld nicht. Koller musste nach dem Abstieg des Vereins gehen. Dabei trug er wahrscheinlich nicht mal die Schuld beziehungsweise die Hauptschuld daran. Als Nächstes kam Huub Stevens, vermutlich hatte sich Vorstandsmitglied Wolfgang Overath gegen Andreas

Rettig durchgesetzt. Stevens gelang der Aufstieg, verließ aber den Verein. Seine Frau war schwer erkrankt, er wollte bei ihr sein. Rettig war wieder am Zug und setzte seinen einmal eingeschlagenen Weg fort. Mit Uwe Rapolder verpflichtete er seinen zweiten Konzepttrainer. Erneut ohne Erfolg.

Warum? Sicherlich spielten persönliche Gründe sowohl bei Koller als auch bei Rapolder eine Rolle. Aber auch Rettig fehlte der Blick für die richtigen Spieler, die die Geißböcke hätten weiterbringen können. Man hatte bei ihm irgendwie das Gefühl, er kaufe immer beim Discounter, egal, ob er gerade Hausmannskost oder dringend einen Luxusartikel benötigte. Sowohl Koller als auch Rapolder deuteten an, nicht die Spieler bekommen zu haben, die sie für ihr System dringend brauchten.

Manchmal frage ich mich, wie erfolgreich Andreas Rettig mit dem Sportslab im Rücken hätte werden können. Mit einem fundierten Scouting? So nahm er selbst auch den Hut, als Uwe Rapolder entlassen wurde. Rettig verzichtete auf eine Abfindung und ließ sich auch nicht von Wolfgang Overath zum Weitermachen überreden. Er zog radikal die Konsequenz aus seinem Scheitern in Köln. Wir Fans waren beeindruckt von seiner Größe. Erkennen, wenn man scheitert, und klaglos seine Niederlage akzeptieren, das können nur wirkliche Meister. Andreas Rettig hatte danach beim FC Augsburg großen Erfolg und führte ihn mit Trainer Jos Luhukay in die Bundesliga.

## 42. GRUND

## Weil er an das Gute im Menschen glaubt

Was kommt denn jetzt? Was soll diese Titelzeile im Kapitel »Manager«? Sehr viel! Denn es geht um Michael Meier. Michael Meiers erste Stelle im bezahlten Fußball war beim 1. FC Köln – und als er

Jahre später, am 21. Dezember 2005, ein zweites Mal Manager bei den Geißböcken wurden – war das vermutlich auch seine letzte.

Das scheint eine geradezu tollkühne Aussage zu sein, wenn man sich Meiers Erfolge ansieht:

- 1983 Gewinn des DFB-Pokals mit dem 1. FC Köln
- 1988 Gewinn des UEFA-Pokals mit Bayer Leverkusen
- 1989 Gewinn des DFB-Pokals mit Borussia Dortmund
- 1995, 1996 und 2002 Deutscher Meister mit Borussia Dortmund
- 1997 Gewinn der Champions League mit Borussia Dortmund
- 1997 Gewinn des Weltpokals mit Borussia Dortmund

Das Sportmagazin *kicker* kürte Michael Meier 1992 und 1993 zum Manager des Jahres. Welcher Manager (Uli Hoeneß mal ausgeschlossen) hat mehr Trophäen in seinem persönlichen Schrank stehen? Welcher kann eine glorreichere Zukunft versprechen?

Jeder Verein müsste sich die Finger lecken, einen wie Michael Meier in der Geschäftsleitung zu haben. Doch die Wahrheit ist bitter. Seit seiner Entlassung beim 1. FC Köln am 28. November 2010 hat er keinen Job mehr im bezahlten Fußball angenommen. Sein Managerstil »No risk, no fun« klingt den Vereinen wohl zu sehr nach »Risk« und zu wenig nach »Fun«.

»Risk« war es, als er zum Beispiel Ottmar Hitzfeld zum BVB holte, als die Mannschaft gerade vom Abstieg bedroht war. Alle hatten eigentlich einen der üblichen »Feuerwehrmänner«, die das Schlimmste verhindern, erwartet. Stattdessen kam also Hitzfeld. Kaum jemand kannte diesen Mann. Ein Deutscher, der irgendwo in der Schweiz erfolgreich gewesen war. Einer, der sich demonstrativ als Gentleman gab – und nicht wie üblich als Lautsprecher. Was für ein Risiko! Wer außer Meier hätte diesen Schritt gewagt? Aus Risk wurde Fun, der Abstieg verhindert und der sensationelle Aufstieg des BVB unter Hitzfeld begann.

Meier verpflichtete diverse »Italien-Legionäre« für seine Dortmunder. Männer, die zum einen unglaubliche Nettogehälter und zum anderen das Dolce Vita in Bella Italia gewohnt waren. Wer hätte solche Kerle in Deutschland geholt? Tatsächlich konnte ihnen Meier nur ein Leben im Ruhrpott bieten – und jede Menge Geld. Stefan Reuter, Andreas Möller, Jürgen Kohler und Matthias Sammer reichte das. Und wieder einmal wurde Risk mit Fun belohnt. Mehrere deutsche Meisterschaften und der Gewinn der Champions League folgten. Und ein Riesenetat, den der BVB stemmen konnte, solange er erfolgreich war.

Doch der Fußballgott ist ein gemeiner Kerl. Das Finanzkonstrukt platzte. Die BVB-Aktie, die mal gute zehn Euro wert war, brach auf 86 Cent ein. Wer in Köln mit der Straßenbahn zum Müngersdorfer Stadion fahren wollte, hätte drei BVB-Aktien auf den Tisch legen müssen! Das war nicht mehr funny. Risk hatte den starken BVB umgehauen. Einige Jahre später übernahm Michael Meier die Geschäfte beim 1. FC Köln. Und die Geschichte wiederholte sich …

Uwe Rapolder war gerade weg, man brauchte dringend einen neuen Trainer. Gerüchten zufolge dachte Meier an Ottmar Hitzfeld, der allerdings nach seinem Engagement bei den Bayern ein Sabbatical eingelegt hatte und folglich nicht zur Verfügung stand. Und das, obwohl Hitzfeld Meier eigentlich seine steile Karriere nach dem Einsatz beim BVB zu verdanken hatte. Meier versuchte, seinen damaligen Coup zu wiederholen. Ein unbekannter Trainer aus der Schweiz. Diesmal traf es Hans-Peter Latour. Risk …

Und leider wieder kein Fun. Anders als Gentleman Hitzfeld war Latour eher ein Naturtyp. Es schien, als sei die Bundesliga für ihn eine Nummer zu groß. Die Mannschaft wurde mit Latours Wunschspieler (die meisten aus der Schweiz) verstärkt, aber insgesamt holte der FC zu wenig Punkte und stieg ab.

Meier bemühte sich auch beim FC um internationale Stars. Aber anders als beim BVB bekam er nicht allzu viele Zusagen. Er holte zwar Petit, die beste »6«, die für die Geißböcke je gespielt hatte, aber Petit alleine konnte die Mannschaft nicht entscheidend voranbringen. Seine Spieleröffnung war einfach zu schwach. Dann kam Maniche, über dessen Bekenntnisse zur kompletten Körperenthaarung kopfabwärts die Medien mehr zu berichten hatten als über seine sportliche Leistung im Stadion. Auch der Brasilianer Evanilson konnte in Köln nicht überzeugen. Er hatte mehr mit Verletzungen zu kämpfen als mit Gegnern auf dem Platz. Wieder einmal hatte sich das Risiko nicht gelohnt.

Erst die Verpflichtung von Pedro Geromel, einem in Deutschland völlig unbekannten brasilianischen Innenverteidiger aus der portugiesischen Liga, brachte den lang ersehnten Spaß ins Stadion.

Zusammenfassend würde ich die Arbeit von Michael Meier so charakterisieren: extrem selbstbewusstes Auftreten. Und das schon, als sich der 1. FC Köln noch in der 2. Liga um den Aufstieg mühte und der Verein als Bundesliga-Aufsteiger erst mal kleine Brötchen backen sollte. Meier kultivierte im Verein und Umfeld die von ihm geforderte »elitäre Arroganz«. Das waren nicht nur Worte, er ließ auch Taten folgen. Mögliche Trainerkandidaten lehnte er ab, weil sie seiner Meinung nach nicht die Klasse für den 1. FC Köln hatten. Dabei waren Trainer, die Vizemeisterschaften in ihrer Vita aufweisen konnten.

Meier kontaktierte nach der Kündigung von Christoph Daum angeblich Gérard Houlier – damals Technischer Direktor des Französischen Fußballverbandes. Ein Mann, der sicherlich auch Angebote von ambitionierten europäischen Spitzenclubs in den Händen hielt. Houlier sagte erwartungsgemäß ab. Aber allein der Versuch, ihn zu holen, zeigte Meiers Arbeitsweise. Er soll sich genauso um Rafael van der Vaart bemüht haben, der sich zu der Zeit bei Real Madrid nicht besonders wohlfühlte. Ich spielte früher gerne mit meiner Fußballmanagersimulation. Immer, wenn ich einem unerreichbaren Spieler ein Angebot machte, ertönte ein hämisches Lachen. Ich stelle mir vor, dass auch Meier so ein Lachen zu hören bekam.

Doch wie heißt sein Wahlspruch: No risk, no fun. Mal klappt es, mal nicht. Geklappt hat es zum Beispiel bei der Verpflichtung von Christoph Daum oder bei Lukas Podolskis Rückkehr. Wer außer Meier hätte die Chuzpe gehabt, diese beiden Deals einzufädeln? Ich kann mir keinen vorstellen. Ob das im Nachhinein für den Verein gut war oder ihn finanziell überforderte, steht auf einem anderen Blatt. Verhandlungsgeschick, man könnte auch sagen Kompromisslosigkeit und Härte. Die Verhandlungen zwischen Meier und Uli Hoeneß, als Lukas Podolski zu den Bayern wollte, dauerten sehr lange. Meier bestand auf seine Forderungen und rückte kein Deut davon ab. Zähneknirschend erfüllte Hoeneß sie am Ende. Wir waren stolz auf unseren Meier. Die Rechnung bekamen wir einige Jahre später präsentiert. Da rückte umgekehrt Uli Hoeneß keinen Zentimeter von seinen Vorstellungen ab, als Poldi wieder zu uns wollte. Legendär sind auch die Verhandlungen um den offensiven Mittelfeldspieler Cristian Tănase aus Rumänien. Die zogen sich ewig hin. Der Grund: Einer der Verhandlungspartner saß im Gefängnis. Meier konnte also nur während der Besuchszeiten mit diesem reden.

Kommen wir zu Meiers Schwächen. Ich glaube, es gibt Manager, die mehr von Scouting verstehen, die mehr vom Spielermarkt wissen und die ein besseres Gespür für Talente haben. Als Fußballer spielte Meier nie höherklassig. Er war nie Trainer oder Spielerberater. Er ist von Haus aus BWLer.

Ich glaube allerdings, dass es keinen besseren Manager als Meier gibt, vorausgesetzt, er kooperiert mit einem guten Trainer, der genau weiß, welche Spieler zu verpflichten sind. Dann ist Meier in seinem Metier, dann kann er seine geballten Talente einsetzen. Sobald er aber selbst Spieler auswählen muss, fallen ihm in erster Linie Namen ein, die in den Medien kursieren.

Während Andreas Rettig, wie bereits erwähnt, beim Discounter einkauft, schoppt Michael Meier lieber in den Edelboutiquen. Manchmal allerdings muss er dann doch ins Outlet im Hinterhof ausweichen und in den Auslaufmodellen stöbern, die in der letzten Saison modern waren, aber jetzt Staub angesetzt haben.

Der 1. FC Köln und der damalige Präsident Wolfgang Overath haben Michael Meier trotz der Vorkommnisse in Dortmund eine zweite Chance gegeben, weil sie die Qualitäten gesehen haben. »No risk, no fun« eben.

43. GRUND

## Weil er uns die Bedeutung des Sprichworts »Schuster, bleib bei deinem Leisten« deutlich gemacht hat

Volker Finke trainierte 16 Jahre den SC Freiburg. Er formte unzählige Talente, führte entscheidend das Kurzpassspiel in Deutschland ein und prägte das Gesicht eines Vereins wie kaum ein anderer Trainer in Deutschland. Und dieser Mann sollte beim 1. FC Köln in die zweite Reihe treten? Als Sportdirektor am Schreibtisch sitzen, mit Spielerberater telefonieren und einem Trainer auf dem Platz freie Hand lassen? Das fragten wir uns schon, als Volker Finke am 18. Dezember 2010 beim 1. FC Köln anfing. Und hatten recht. Wie zu erwarten, fiel Finke der Wechsel schwer. Sehr schwer!

Kaum eine Übungseinheit des Trainers Frank Schaefer, bei dem Finke nicht am Spielfeldrand stand und den Ablauf mit kritischer Miene betrachtete. Kaum ein Journalist, dem er nicht seine ganz eigenen Gedanken zum Zustand der Mannschaft und besonders ihrer Defizite mitteilte. Kaum ein Tag ohne Konflikt zwischen Finke und Schaefer. Die beiden konnten einfach nicht miteinander.

Der Konflikt zwischen den beiden Entscheidungsträgern polarisierte auch die Mannschaft. Spieler, die Probleme mit Schaefer hatten, fanden bei Finke Unterstützung. Spieler, die schon in der Jugend von Schaefer gefördert worden waren, standen auf dessen Seite. Die Mannschaft war eigentlich auf einem guten Weg, den Klassenerhalt trotz einer katastrophalen Hinrunde unter Soldo noch zu schaffen. War, bis der Streit zwischen Trainer und Manager dazwischenkam und Schaefer nach einer Niederlagenserie entnervt aufgab.

Finke übernahm, holte souverän die fehlenden Punkte zum Klassenerhalt und trat wieder zurück in die zweite Reihe. Für die kommende Saison sollte dann endlich ein Trainer nach seinem Geschmack kommen, der dem FC ein neues Gesicht geben sollte.

Finkes Wahl fiel auf Ståle Solbakken. Ein Trainer, um den sich viele Vereine bemühten. Der HSV war an ihm dran. Beim norwegischen Verband hatte er bereits unterschrieben. Solbakken sollte dessen Nationalmannschaft betreuen. Doch nach zähen Verhandlungen und einer saftigen Ablöse war es vollbracht: Solbakken kam zum FC! Wir hatten den Trainer, den alle haben wollten. Wir!

Solbakken machte auf Anhieb einen guten Eindruck und sorgte für ordentlich Euphorie. Er kündigte an, beim FC das gleiche System spielen lassen zu wollen, mit dem sein alter Verein FC Kopenhagen Abonnementmeister Dänemarks wurde, mit dem in der Champions League der CF Barcelona in Schach gehalten wurde, mit dem einfach alles möglich ist. »Abonnementmeister«, »Champions League«, »CF Barcelona« – das waren die Worte, die wir hören wollten. Wir Fans waren begeistert ... bis zum ersten Training. Solbakken verschob stundenlang die Spieler auf dem Platz wie Schachfiguren. Und keiner von ihnen verstand, was der lustige Glatzkopf von ihnen wollte. Und das wurde auch in den nächsten Wochen nicht besser. Ratlose Gesichter bei den Spielern, lustige Sprüche vom Trainer, wenig Punkte in der Meisterschaft.

Man kann Solbakken sicherlich vieles vorwerfen, nicht, dass er nicht konsequent seinen Weg weiterging. Er machte zwar ein paar »Schönheitskorrekturen«, änderte aber sein System nicht. Irgendwann müssen es die Spieler doch kapieren. Taten sie aber nicht.

Wahrscheinlich hatte Volker Finke schnell erkannt, dass die Verpflichtung des lustigen Norwegers ein Fehler war. Wahrscheinlich schon im Trainingslager vor Saisonbeginn, als Solbakken weitestgehend auf das übliche Konditionstraining verzichtete, weil Kondition seiner Meinung nach überbewertet wird, muss es Finke klar geworden sein. Und schon wieder stand der Sportdirektor, wann immer er konnte, am Spielfeldrand. Er beobachtete das Training und hätte am liebsten sofort wieder übernommen. Zu groß waren die Defizite, die nicht nur er sah, die auch jeden Spieltag vom Gegner gnadenlos genutzt wurden.

Aber der Verein selbst war damals im Winter 2011 mehr oder weniger »führungslos«. Der Vorstand um Wolfgang Overath war am 12. November zurückgetreten und Geschäftsführer Claus Horstmann hielt die Zügel alleine in der Hand. Er war und ist ein Mann der Zahlen und nicht des Kickens. Im Trainer-Manager-Streit entschied sich Horstmann für Solbakken und entließ Finke. Prompt folgte der nächste Abstieg, denn Solbakken zog sein Ding gnadenlos durch. Interimstrainer Schaefer konnte am Ende auch nichts mehr retten.

Eine Katastrophe für den FC. Dieser Abstieg war der unnötigste von allen. Einer der Gründe war, dass wir einen Sportdirektor hatten, der im Inneren immer noch Trainer war und nicht loslassen konnte.

Immerhin zog Volker Finke seine Lehren aus dem Kölner Engagement. Er dachte sich »Schuster, bleib bei deinem Leisten« und wechselte wieder auf die Trainerbank. Seit Mai 2013 betreut er die Nationalmannschaft Kameruns und will sie 2014 zur WM nach Brasilien führen.

6. KAPITEL

# DIE TRAINER

## MAL MIT, MAL OHNE KONZEPT

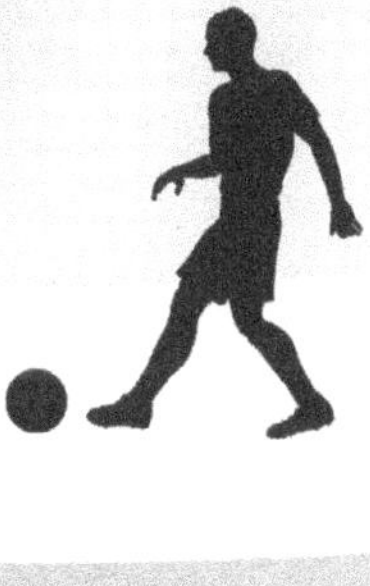

44. GRUND

## Weil eigentlich schon jeder einmal Trainer bei den Geißböcken war

Fußballvereine sind wie Menschen oder umgekehrt: Jede Mannschaft braucht einen Trainer, genauso wie sich jeder Mensch nach einem Partner sehnt. Die einen haben ein besseres Händchen als andere. Beziehungen halten dann eine Ewigkeit. Das nennt man Monogamie. Klappt es weniger gut und man hat hwG – häufig wechselnden Geschlechtsverkehr –, dann spricht man von Promiskuität.

Monogam sind Vereine wie Manchester United (Sir Alex Ferguson trainierte die Mannschaft von 1986 bis 2013), AJ Auxerre (Guy Roux 1963 bis 2000 und 2001 bis 2005) oder Werder Bremen (Otto Rehhagel 1981 bis 1995 und Thomas Schaaf 1999 bis 2013). Promiskuitiv ist der 1. FC Köln. Bei der Trainerliste könnte man annehmen, dass jeder, der irgendwann einmal seine Fußballlehrerlizenz gemacht hat, schon mal bei uns war – mit zwei Ausnahmen: Lothar Matthäus und Felix Magath. Dabei sehnen wir uns doch alle nach einer langen Beziehung, nach einer Liebe, die niemals endet. Es soll wohl nicht sein.

- Karl Fink 13.03.1948 – 30.06.1948
- Hennes Weisweiler (Spielertrainer) 01.07.1948 – 30.06.1952
- Helmut Schneider 01.07.1952 – 17.05.1953
- Karl Winkler 18.05.1953 – 30.06.1954
- Kurt Balues 01.07.1954 – 30.06.1955
- Hennes Weisweiler 01.07.1955 – 30.06.1958
- Péter Szabó 01.07.1958 – 30.06.1959
- Oswald Pfau 01.07.1959 – 30.06.1961
- Zlatko Čajkovski 01.07.1961 – 30.06.1963
- Georg Knöpfle 01.07.1963 – 30.06.1966
- Willi Multhaup 01.07.1966 – 30.06.1968

- Hans Merkle 01.07.1968 – 30.06.1970
- Ernst Ocwirk 01.07.1970 – 30.06.1971
- Gyula Lóránt 01.07.1971 – 04.04.1972
- Rolf Herings 05.04.1972 – 30.06.1972
- Rudolf Schlott 01.07.1972 – 16.09.1973
- Volker Kottmann (Interimstrainer) 04.12.1972 – 11.12.1972
- Zlatko Čajkovski 17.09.1973 – 12.12.1975
- Georg Stollenwerk 01.01.1976 – 30.06.1976
- Hennes Weisweiler 01.07.1976 – 15.04.1980
- Karl-Heinz Heddergott 16.04.1980 – 13.10.1980
- Rolf Herings (Interimstrainer) 14.10.1980 – 16.10.1980
- Rinus Michels 17.10.1980 – 23.08.1983
- Hannes Löhr 24.08.1983 – 06.02.1986
- Georg Kessler 07.02.1986 – 22.09.1986
- Christoph Daum 23.09.1986 – 28.06.1990
- Erich Rutemöller 29.06.1990 – 23.08.1991
- Udo Lattek (Interimstrainer) 24.08.1991 – 03.09.1991
- Hannes Linssen (Interimstrainer) 04.09.1991 – 09.09.1991
- Jörg Berger 10.09.1991 – 27.02.1993
- Wolfgang Jerat 28.02.1993 – 28.04.1993
- Morten Olsen 29.04.1993 – 26.08.1995
- Stephan Engels 27.08.1995 – 31.03.1996
- Peter Neururer 01.04.1996 – 30.09.1997
- Lorenz-Günther Köstner 01.10.1997 – 30.06.1998
- Bernd Schuster 01.07.1998 – 30.06.1999
- Ewald Lienen 01.07.1999 – 27.01.2002
- Christoph John (Interimstrainer) 28.01.2002 – 13.02.2002
- Friedhelm Funkel 14.02.2002 – 30.10.2003
- Jos Luhukay (Interimstrainer) 31.10.2003 – 01.11.2003
- Marcel Koller 02.11.2003 – 14.06.2004
- Huub Stevens 15.06.2004 – 30.06.2005
- Uwe Rapolder 01.07.2005 – 18.12.2005
- Hanspeter Latour 03.01.2006 – 09.11.2006

- Holger Gehrke (Interimstrainer) 09.11.2006 - 26.11.2006
- Christoph Daum 27.11.2006 - 30.06.2009
- Zvonimir Soldo 01.07.2009 - 24.10.2010
- Frank Schaefer 24.10.2010 - 27.04.2011
- Volker Finke (Interimstrainer) 27.04.2011 - 30.06.2011
- Ståle Solbakken 01.07.2011 - 12.04.2012
- Frank Schaefer (Interimstrainer) 12.04.2012 - 14.06.2012
- Holger Stanislawski 15.06.2012 - 11.06.2013
- Peter Stöger 12.06.2013 - 02.12.2017
- Stefan Ruthenbeck 03.12.2017 - 30.06.2018
- Markus Anfang ab 01. Juli 2018 [24]

Und es gibt noch weitere Parallelen zum realen Leben. Wenn es mal mit einem Partner einigermaßen geklappt hat, ist die Versuchung groß, irgendwann einen Neuanfang mit ihm zu wagen. Kann sogar gut funktionieren, wie zum Beispiel mit Hennes Weisweiler. Er war dreimal Trainer und brachte jedes Mal den Erfolg, den größten 1978 mit dem Double. Oder mit Zlatko »Tschik« Čajkovski, zweimal bei den Geißböcken und auch halbwegs erfolgreich.

Oder man bereut eine vorzeitige Trennung, besonders, wenn es für den Bruch keinen zwingenden Grund gab. Der Expartner wird glorifiziert, seine Macken werden schöngeredet ... Es war doch eigentlich eine Superbeziehung, denkt man ... Genauso wie bei einem Trainer, der im Gedächtnis als toller Hecht und genialer Fußballlehrer abgespeichert ist. Man braucht ihn bloß zu verpflichten und schon wird sich der Erfolg automatisch einstellen, denkt man ... Ja, hier geht es um Christoph Daum.

Die Regel ist aber: Eine neue Liebe ist wie ein neues Leben. Man holt einen Trainer, der in allem das exakte Gegenteil seines Vorgängers ist. Auf einen Lautsprecher wie Daum folgt ein Schweiger wie Zvonimir Soldo. Nach Ståle Solbakken, mit einer theoretisch tollen Idee von Fußball im Kopf, die sich beim FC nicht umsetzen ließ, kam Holger Stanislawski. Er vernachlässigte das Spielsystem zu Gunsten »richtiger Mentalität« und körperlicher Kondition.

45. GRUND

## Weil Zlatko »Tschik« Čajkovski meine Vorurteile bestätigte

Ehrlich gesagt, konnte ich den überhaupt nicht leiden. Er erinnerte mich an unseren damaligen Nachbarn, der immer wollte, dass ich seine dicke Tochter küsse. Meiner Erinnerung nach habe ich mich bis zuletzt standhaft geweigert! Čajkovski sah genauso aus – und ich war überzeugt, dass er die FC-Spieler genauso bedrängte …

Ich war noch jung und wusste nicht, dass auch Čajkovski eine Tochter hatte, und zwar eine ausgesprochen hübsche … Und ich wusste nicht, dass er von 1973 bis 1976 bereits zum zweiten Mal FC-Trainer war und viele Jahre zuvor als Spieler das Trikot der Geißböcke trug. Ich wollte so wenig wie möglich vom Doppelgänger unseres Nachbarn wissen.

Die Vorstellung, dass dieser kleine dicke Mann ein Weltklassefußballer gewesen sein soll, erschien mir völlig absurd. Čajkovski wurde »Tschik« genannt, weil in seiner Sprache »Tschik« »Stummel« bedeutet. Man hätte ihn auch »Kugel« oder »Nachbar« nennen können. Aber dieser Stummel war tatsächlich mal ein Weltklassefußballer gewesen. Er hatte 57 Länderspiele für die jugoslawische Nationalmannschaft bestritten und 18 Tore geschossen. Er war 1950 und 1954 bei der WM dabei, gewann bei den Olympischen Spielen 1948 und 1952 jeweils die Silbermedaille, wurde zweimal jugoslawischer Meister und fünfmal Pokalsieger. 1961 kam er zum ersten Mal als Trainer zum 1. FC Köln. Im folgenden Jahr wurden wir sofort deutscher Meister. Am 12. Mai 1962 schlug die Mannschaft den 1. FC Nürnberg im Endspiel mit 4:0.

Der FC spielte modernen Fußball. Čajkovski war der Kopf dahinter. Modern war für ihn offensiv. Das klappte in der Regel, ging aber auch manchmal in die Hose. So bekam der FC im Europapokal der Landesmeister bei Dundee FC mit 0:8 ordentlich was auf den Sack und musste ausscheiden. Čajkovskis Kommentar darauf während des Rückflugs: »Am besten Flugzeug stürzt ab!«[25] Nach der Vizemeisterschaft im folgenden Jahr lockten ihn die noch völlig unbedeutende Bayern aus München in den Süden. Die waren damals wie die Japaner in den 1980er-Jahren und kopierten alles, was den 1. FC Köln erfolgreich machte.

1973 kehrte Tschik nach einer Bundesliga-Odyssee mit Stationen bei Bayern München, Hannover 96, Kickers Offenbach und dem 1. FC Nürnberg nach Köln zurück. Aber die Zeiten hatten sich geändert. Die Spieler trugen inzwischen die Haare länger. Willi Brandt wollte mehr Demokratie wagen, nur Tschik Čajkovski war der Alte geblieben. Man sagte ihm nach, seine Menschenführung sei in den frühen 1960er-Jahren stecken geblieben. Die Mannschaft folgte ihm nicht mehr, und Erfolge blieben aus. 1975 wurde er entlassen. Ich war erleichtert. Wenigstens beim FC hatte man erkannt, dass sich die Zeiten geändert hatten. Unser Nachbar lernte es nie!

46. GRUND

## Weil einer der größten Trainer aller Zeiten Köln genauso liebt wie ich …

… und deshalb immer wieder in meine Stadt kommt. Er war schon Spieler beim FC, als es den FC noch gar nicht gab. Wie kann das sein? Nun, ganz einfach; 1948 kickte er für den Kölner Ballspiel Club, dann, nach der Fusion mit der SpVgg Sülz 09, beim neu gegründeten 1. FC Köln. 62 Oberligaspiele machte er für die Geißböcke und stand dreimal als Trainer am Spielfeldrand (ehrlicherweise war er zum Teil auch Spielertrainer. Er stand also auf dem Feld und im Geiste auch am Rand). 1949 bis 1952, 1955 bis1958 und 1976 bis 1980. Er wurde mit dem 1. FC Köln deutscher Meister 1978 und Pokalsieger 1977 und 1978.

Mit anderen Vereinen holte er weitere unzählige Titel. Seine merkwürdige kauzig-knorrige Art legte die Basis für die öffentliche Beliebtheit ähnlicher Trainertypen, wie Ernst Happel, Branko Zebec oder Hans Meier. Die Rede ist natürlich von Hennes Weisweiler. Dem Meistertrainer. Dem Anti-Cosmopoliten, der zwar in vielen Ländern gearbeitet, sich aber nie von ihnen hat beeindrucken lassen. Der rheinischen Anti-Frohnatur, dessen Gepolter mit kaum verstellter Sprachmelodie auch die kannten, die sich nicht für Fußball interessierten. Denn er machte Radio- und Fernsehwerbung für die Schokoladenmarke Alpia. Sein Nuscheln von der »Alpiaschokolad mit de' Kickerbilder« ist legendär. Ebenso legendär seine Sprüche: »Abseits is, wenn dat lange Arschloch *[gemeint war Günter Netzer – Anm. d. Autors]* zu spät abspielt!«[26] Oder: »Wat will dat ahle Luder denn schon widder?«[27], als Gaby Schuster Vertragsverbesserungen für ihren Bernd aushandeln wollte.

Nein, Freunde machte er sich nicht immer. Vielleicht war das ja – neben seiner Fachkompetenz als Trainer – das Geheimnis seines Erfolges. Hennes Weisweiler legte sich mit allen und jedem an. Vor allen Dingen mit den aktuellen Stars seiner Mannschaft, die er schnell zu »Has Beens« degradierte, um eigene neue Stars aufzubauen. In Mönchengladbach lag er zum Beispiel mit Günter Netzer im Dauerclinch. Wer erinnert sich nicht an das DFB-Pokalspiel 1973 gegen den 1. FC Köln? Netzer saß schmollend auf der Bank. Weisweiler hatte ihn für das Endspiel nicht aufgestellt, weil der vorher seinen Transfer zu Real Madrid bekannt gegeben hatte. Netzer rächte sich, wechselte sich selbst ein und schoss das Siegtor. In Köln nervte Weisweiler Wolfgang Overath so lange, bis der seine Karriere an den Nagel hängte. In Barcelona musste Johan Cruyff dran glauben. Immer das Muster: Degradiere das Alphatier der Mannschaft und werde es selbst.

Heute wäre dieses Verhalten vermutlich nicht mehr erfolgreich. Trainer mit einem ähnlichen Hierarchieverständnis, wie Felix Magath, Louis van Gaal, haben es schwer. Jupp Heynckes hatte lange Zeit ganz ähnliche Allüren, legte sie aber im Alter ab. Aber historisch betrachtet war Hennes Weisweiler sicherlich unwidersprochen einer der großen Trainer des deutschen Fußballs. Und genau aus dem Grund findet die Fußballlehrerausbildung in der Hennes-Weisweiler-Trainerakademie statt.

Weisweiler starb am 5. Juli 1983 an einem Herzinfarkt. Zehntausende nahmen bei der Trauerfeier im und vor dem Kölner Dom Abschied. Auch ich war dabei, um den Mann zu ehren, der so viel für den 1. FC Köln tat und der meine Stadt so sehr liebte wie ich!

Und ich habe heute noch seine Stimme im Ohr, wenn ich Alpia-Schokolade esse: »Alpiaschokolad mit de Kickerbilder«!

47. GRUND

## Weil ich durch ihn gelernt habe, dass sich alte Liebe nicht mehr aufwärmen lässt

Was soll das denn in einem Fußballbuch? Sind wir hier in der antisexistischen Männergruppe? Wie? Es geht um Christoph Daum? Wenn es jetzt ein Outing gibt, klappe ich das Buch zu!

Tja, da muss ich durch. Mein Verhältnis zu Christoph Daum kann man tatsächlich wie das zu einer großen Liebe beschreiben. Zu einer großen Liebe, die von heute auf morgen jäh zerstört wurde. Bevor man alles mit ihr erleben konnte, was man sich erträumt hatte. Eine große Liebe, die trotz ihrer Nähe unerreichbar blieb. Eine große Liebe, die selbst dann noch keinen Schaden nahm, als man sie in einem schlimmen hellblauen Anzug antraf, die mit dem größten Arsch, den man sich vorstellen konnte, ausging und zudem mit Drogen in Verbindung gebracht wurde. Die log, dass sich die Balken bogen, und von allen nur hämisch belächelt wurde. Trotzdem! Man hoffte, flehte, bettelte, dass man bloß wieder zusammenkäme … Denn: Man gehörte doch zusammen.

Selten, ganz selten werden solche Wünsche wahr. Der neue Bund kommt unter schwierigen Umständen zustande. Doch man merkt schnell, es geht nicht. Die große Liebe ist nicht mehr die alte. Man hat sich verändert, will es aber nicht wahrhaben, hofft auf die Zukunft, auf positive Momente, die einem zeigen, dass alles wieder gut werden kann … Doch tief im Herzen weiß man genau: Man hat es verkackt. Diese große Liebe ist nur noch eine große Erinnerung.

Man sieht plötzlich in aller Klarheit die negativen Eigenschaften. Man sieht, dass sie bereits früher da waren, nur damals wollte man sie nicht sehen. Doch nun gibt es kein Vertun mehr. Die Zeit ist gekommen. Die Zeit, um einen endgültigen Schlussstrich zu ziehen. Für immer und ewig. Unter Christoph Daum.

Als er Ende September 1986 den 1. FC Köln als Cheftrainer von Georg Kessler übernahm, vorher war er dessen Co-Trainer, war ich überzeugt: Daum bleibt ein Übergangstrainer. Die Situation war prekär. Georg Kessler, »Sir« wegen seines eleganten Auftretens genannt, hatte ausge»sir«t. Seine Art wirkte wie ein Relikt aus den Anfängen der 1960er-Jahre, seine Methoden hatten bei der Mannschaft keinen Erfolg mehr. Die Mannschaft stand auf dem drittletzten Platz und war mausetot.

Christoph Daum war das genaue Gegenteil eines »Sirs«. Der Trainingsanzug aus bunter Ballonseide stand ihm gut, sein Blick war nicht blasiert, sondern hungrig. Daum nutzte die Chance, die sich ihm bot, und führte den Verein souverän ins gesicherte Mittelfeld. Zur Belohnung durfte er weitermachen.

Die nächsten Jahre ging es steil bergauf. Nächste Saison Dritter, dann zweimal Vizemeister. Das legendäre Rededuell mit Uli Hoeneß und Jupp Heynckes im *Aktuellen Sportstudio*, wo er sich – aus heutiger Sicht – wie ein Irrer aufführte und bei Osram Heynckes fast das Glühdrähtchen durchbrennen ließ. Hoeneß sprang seinem Trainer zur Seite. Wie wäre die Diskussion wohl verlaufen, hätte man damals schon vom Kokainkonsum Daums und von Hoeneß' origineller Einstellung zum Finanzamt gewusst? Die Bayern gaben uns die Antwort auf dem Feld. Sie schlugen den 1. FC Köln mit 3:1. Was waren wir sauer. Schon wieder nur Vize. Gähn, langweilig …

Dann kam Daums mysteriöse Entlassung während der WM 1990 in Rom. Die Umstände ähnlich rätselhaft wie die von Barschels Tod oder der Ermordung von JFK. Uns war der Messias genommen, der zu allem Überfluss auch noch bei einem anderen Verein seine erfolgreiche Philosophie umsetzen konnte: Daum wurde mit dem VfL Stuttgart deutscher Meister! In der Türkei triumphierte er mit Beşiktaş Istanbul, dann auch mit Fenerbahçe Istanbul. Mit Austria Wien holte er das Double.

Mein Traum wurde wahr, als Christoph Daum zurückkehrte. Zu uns. Zum 1. FC Köln. Die Umstände waren ihm angemessen. Es gab ein ständiges Hin und Her, eine legendäre Pressekonferenz, die er im Bademantel in der Lobby eines Krankenhauses abhielt. Ich verbrachte viele nächtliche Stunden vor dem Computer, weil sich sekündlich die Welt verändern könnte. Und sie veränderte sich. Daum übernahm den Verein. Weil ihm der FC eine Herzensangelegenheit sei. Weil er nicht anders könne. Es war sein Schicksal, so wie es mein Schicksal ist, FC-Fan zu sein. Am 27. November 2008 war es so weit. Meine alte Liebe kehrte zu mir zurück. Über sein erstes Training habe ich in Grund 17 geschrieben. Dazu nur so viel: Es gab Päpste, bei denen war Ostern beim Segen Urbi et Orbi weniger los.

Auf himmelhohes Glück folgte erschütternde Ernüchterung. Mit Daums Verpflichtung war der direkte Aufstieg in die Bundesliga eigentlich garantiert, gefolgt vom Sturm an die Spitze des deutschen Fußballs. Es gab nur ein Problem. Daum hatte seine Magie verloren. Die Mannschaft funktionierte auch unter ihm nicht. Die Wintertransfers, die auf seinem Mist gewachsen waren, brachten nicht die gewünschte Verstärkung. Gemach, gemach, hieß es. Doch wir lechzten nach wenigstens einem klitzekleinen Funken Magie.

Für die folgende Saison verstärkte Daum die Mannschaft mit der großen Schaufel. Faryd Mondragón aus Kolumbien für das Tor. Kevin McKenna als neuer Abwehrchef, Youssef Mohamad als Innen-,

Ümit Özat als Außenverteidiger, Rode Antar sollte im Mittelfeld die Fäden ziehen, Nemanja Vučećivić auf der linken Außenbahn die Tore vorbereiten. Und tatsächlich, der Aufstieg gelang. Knapp, sehr knapp, und ohne jeden spielerischen Glanz. Aber immerhin. Doch der Daum-Stern sank. Seine Interviews trieben uns die Schamesröte ins Gesicht. Er schwadronierte vom »dritten Bein«, das im Kopf wachsen müsse, vom Neurolinguistischem Programmieren und so weiter und so fort.

Für die Bundesliga verstärkte er die Mannschaft noch einmal ordentlich. Pedro Geromel, ausgezeichnet als bester Spieler der portugiesischen Liga, kam nach Köln, Petit, der leicht welke portugiesische Altstar auf der Sechs, ebenso. Dazu Daums Wunschstürmer und -invalide Manasseh Ishiaku, der den Medizincheck nicht bestand und trotzdem verpflichtet wurde. Dazu die Außenverteidiger Mišo Brečko und Pierre »Netto« Womé. Und noch einige andere.

Dank dieser Neuerungen verbrachte der 1. FC eine sorgenfreie Saison in der Bundesliga. Platz zwölf hieß es am Ende. Kein Fan hatte wegen der Geißböcke ein graues Haar mehr bekommen, nur Falten der Langeweile und des Stirnrunzelns, weil allen klar war, Christoph Daum und seine Art, Fußball zu spielen, war »totally old-school«.

Lange Jahre waren wir vor Liebe blind und verklärten Daum durch unsere rosaroten Brillen. Wir sahen einen Messias, wo keiner mehr war. Daum, der Talenteschmied, der Thomas Häßler zum Weltstar ausgebildet, einen Pierre Littbarski und Bodo Illgner gefördert und vieles mehr getan hatte, war passé.

Insgeheim wusste er sicher, dass beim 1. FC Köln kein Land zu gewinnen war. Er konnte die Talente nicht mehr aus dem Hut zaubern, so wie er sie brauchte. Dem Verein fehlte das Geld, um die Stars an den Rhein zu ködern. Manche kamen dennoch, doch sie hatten ihr Mindesthaltbarkeitsdatum längst überschritten. Dem Trainer war es entgangen.

Nachts am Computer erfuhr ich von den Gerüchten. Daum habe gekündigt. Es war der 31. Mai. Angeblich gab es ein Sonderkündigungsrecht für ihn. So ein Quatsch. Dachte ich. Welcher Verein unterschreibt so einen blöden Vertrag? Tja, der 1. FC, wie sich in dieser Nacht immer deutlicher zeigte. Daum machte den Abgang.

Daums übernächstes Engagement fand bei Eintracht Frankfurt statt. Und auch dort erzählte er vom »dritten Bein im Kopf«, von NLP … Und ich fragte mich, wie ich diesen Unsinn auch nur eine Sekunde anhören konnte. – Das ist übrigens ein gutes Zeichen! Ich war geheilt. Von einer alten Liebe.

48. GRUND

## Weil wir mal einen »echten Linken« am Spielfeldrand hatten

Wahrscheinlich stand jeder in seinem Leben mal politisch links, wenigstens in seiner Jugend. Ich tue es heute noch. Aber auch die anderen können sich sicherlich noch an die Zeit erinnern, in denen man Angst bekam, wenn sich Fußballer zu politischen Themen äußerten. Da war die Todesstrafe schon mal schnell ein Thema und wurde gerne verhängt. Die Militärjunta in Argentinien kann nicht so schlimm sein, sonst würde dort keine WM stattfinden. Ausländer? Nein danke! Außer sie können ordentlich kicken. Gesetze? Bitte so streng wie möglich! Und eine ordentliche Tracht Prügel hat noch keinem Kind geschadet.

Nur bei ein paar Kickern musste man sich nicht die Ohren zuhalten, wenn sie sich zu politischen Themen äußerten. Als »links« galten wenige. Jürgen Klinsmann, Karl Allgöwer zum Beispiel, aber vor allen Dingen Ewald Lienen.

Mit seinen langen Haaren und dem Schnauzer sah er aus wie ein Terrorist der Baader-Meinhoff-Gruppe. 1985 kandidierte er über die Friedensliste (die der DKP nahe stand) für den nordrhein-westfälischen Landtag. 1987 gründete er mit einigen wenigen Kollegen die Spielergewerkschaft »Vereinigung der Vertragsfußballer e. V.«. Und siehe da, auch seine Position auf dem Platz war Linksaußen.

Nicht jeder konnte mit Lienens Engagement. Ich schon. Lienen spaltete das Publikum – bis er am 4. November 1981 vom Bremer Norbert Siegmann übel gefoult wurde. Es sah angeblich schlimmer aus, als es war. Umgekehrt wäre nicht möglich gewesen. Siegmann hatte Lienen mit dem Stollen den Oberschenkel aufgeschlitzt. Die Bilder von Lienens klaffender Wunde im Fernsehen ließ auch den schlimmsten Terroristenhasser nicht kalt. Das hatte Ewald Lienen nicht verdient. Das hatte niemand verdient!

Ehrlich gesagt, hatte ich nicht damit gerechnet, dass Ewald Lienen nach seiner Spielerkarriere eine Trainerlaufbahn einschlagen würde. Eher sah ich ihn in der Politik, bei einer NGO oder als Besitzer eines Bio-Ladens. Zumal er noch Anfang der 1980er-Jahre versichert hatte, sich nach seiner Kicker-Karriere völlig vom Fußball abwenden zu wollen. Zu sehr widere ihn die Kommerzialisierung des Sports an. Zu sehr ärgere er sich über die Branchenfremden, die ihre Taschen beim Fußball füllten. Lienen wurde aber tatsächlich Trainer und blieb sich trotzdem treu – als Weltverbesserer.

Eigentlich hatte Lienen nur einen charakterlichen Makel: Er war eigentlich Mönchengladbacher! Doch die Verzweiflung war 2000 bei den Geißböcken so groß, dass man ihn, den Sohn des Antichristen, als Trainer holte. 1998 war der Verein abgestiegen. Franz Kremer, der Gründer des 1. FC Kölns, hatte immer postuliert, dass alles passieren dürfe, außer ein Abstieg. Gerüchten zufolge soll Kremer wütend gegen seinen Sargdeckel geschlagen haben.

Das musste eine Unaufmerksamkeit des Fußballgottes sein, die sofort behoben werden sollte. Man hatte einen Weltstar – okay, als Spieler – als Trainer angeheuert. Aber Bernd Schuster hatte immerhin bei seiner ersten Trainerstation bei Fortuna Köln Erstaunliches geleistet und die Mannschaft nach vorne gebracht. Das sollte dem blonden Engel auch beim FC gelingen. Der Kader war besser besetzt und überhaupt: Der FC musste wieder in die Bundesliga. Das war doch quasi ein Naturgesetz!

Nur dass die Natur von dem Gesetz nichts wusste. Oder sich Bernd Schuster zu sehr darauf verließ. Jedenfalls war die ganze Geschichte ein Riesenmissverständnis! Was Schuster bei der Fortuna fluppte, ging beim FC aber so was von in die Hose. Viererkette, moderner Offensivfußball, nix klappte. Spätestens als der ohnehin maulfaule Schuster am sechsten Spieltag beim Heimspiel gegen St. Pauli beim 1:4-Halbzeitstand die Pause lieber auf dem Platz als in der Kabine bei der Mannschaft verbrachte, war der blonde Engel massiv ergraut und hatte seine magischen Flügel verloren. Gerüchten zufolge hätten es die Spieler kaum bemerkt, dass ihr Trainer in der Pause nicht in der Kabine war. Schuster schien wohl nie in der Kabine wirklich aufzufallen …

Aus vertragsrechtlichen Gründen konnte man ihn aber erst am Ende der Saison entlassen – erst als hundertprozentig sicher war, dass die Mannschaft weder auf- noch absteigen konnte, sonst wären irgendwelche Prämien beziehungsweise Entschädigungen von Seiten des FCs fällig gewesen. Ein typischer Gaby-Schuster-Vertrag eben, einer, der Managern den Schlaf raubt.

Zur Saison 1999/00 übernahm dann endlich Ewald Lienen die Mannschaft. Keine Überraschung, sein Name geisterte schon seit Wochen durch die Medien. Gleichzeitig verließen einige Spieler den Verein, auf die man vorher große Hoffnungen gesetzt hatte, die aber nicht alle erfüllt wurden. Zum Beispiel Doriel Munteanu, Dirk Schuster, Chodadad Azizi oder Goran Vučević. Stattdessen wurde Moses Sichone verpflichtet, ein Innenverteidiger aus Sambia, der durch Europa tingelte und sich überall für ein Probetraining anbot. Matthias Scherz, der Stolperkönig vom St.-Pauli-Kiez. Christian Timm, das Offensivtalent, das aber vom damaligen BVB-Trainer Michael Skibbe regelmäßig verschmäht wurde. Markus Kurth, ein Torjäger aus Nürnberg, der aber bislang kaum Tore geschossen hatte, und Pascal Ojigwe, ein kaum bekanntes Talent für das defensive Mittelfeld aus Kaiserslautern. Wir Fans stellten uns auf eine weitere traurige Saison ein …

… und wurden überrascht. Denn Lienen gelang, was ihm eigentlich niemand zugetraut hatte: Er formte aus den alten und neuen Spielern eine echte Mannschaft. Er gab dem 1. FC eine Handschrift und begeisterte das Publikum mit hervorragendem Konterfußball. Fußball, der nicht nur schön anzusehen war, sondern auch zum Erfolg führte. Der 1. FC wurde souverän Meister der 2. Liga und stieg sicher auf. Leider verließ einer der Aufstiegshelden, Pascal Ojigwe, den Verein – ausgerechnet in Richtung Leverkusen, was damals dafür sorgte, dass unsere Tipp-Kick-Runde aus Kölner und Leverkusener Fans im wütenden Streit auseinanderbrach.

Die Neuverpflichtungen wurden euphorisch empfangen. Linßen und Lienen wurde genauso ein gutes Händchen wie in der Saison zuvor zugetraut. Jens Keller für die Abwehr, Miroslav Baranek und Markus Kreuz fürs Mittelfeld sowie Andrew Sinkala als Ersatz für Ojigwe. Dazu Ivica Grlić, für den Sturm Archil Arveladze, einer von drei Brüdern – wie sich herausstellte, besaß Archil das wenigste Talent. Aber auch die erste Bundesligasaison nach dem Aufstieg war ein Riesenerfolg. Keine Abstiegsnot! Am Ende Platz 10. Wieder großartiger Konterfußball. Wir waren happy. Und sicher, dass es nur noch eine Frage der Zeit war, bis Christian Timm in die N11 berufen wird. Und der Weg weiter nach oben führt!

Für die neue Saison 2001/02 wurde groß investiert. Der FC sollte wieder dahin, wo er hingehört: An die Spitze des deutschen Fußballs. Aber zumindest ins obere Drittel der Bundesliga. Dafür wurde Marco Reich geholt, ein großes Talent und bereits Nationalspieler. Er hatte unter Erich Ribbeck gegen Kolumbien gespielt. (Das Spiel in Miami ging 3:3 aus.)

Sechs Millionen DM kostete Marco Reich. Der teuerste Transfer des FC damals. Sehr viel Geld, aber Lienen und Linßen hatten bisher ein prima Auge für Talente. Da werden sie auch bei ihm richtig liegen. Lagen sie aber nicht. Wenn man ehrlich ist, hätte man die Kohle auch beim Hütchenspieler verprassen können. Da hätte man mehr Spaß gehabt.

Marco Reich soll sich über die hohe Ablöse selbst lustig gemacht haben. Bei der Währungsumstellung auf Euro habe er sich angeblich gefreut, jetzt nicht mehr der Sechs-Millionen-, sondern nur noch der Drei-Millionen-Flop zu sein. Ich habe übrigens mit Marco Reich meinen Frieden gemacht. Seit ich weiß, dass er heute als sportlicher Direktor bei der SG Schmittweiler/Callbach/Reiffelbach/Roth arbeitet. Klingt irgendwie, als sei man mit einer Frau Schmittweiler-Callbach-Reiffelbach-Roth verheiratet.

Aber Marco Reich war nicht der einzige, sondern nur der teuerste Transfer. Außerdem holte man Hanno Balitsch fürs defensive Mittelfeld. Er schloss die Lücke ganz beachtlich, die Ojigwes Wechsel vor mehr als einem Jahr verursacht hatte. Für die rechte Abwehrseite kam Jörg Reeb – und mit ihm wurde ein erneuerter Versuch gestartet, mit Viererkette zu spielen. (siehe Grund 26).

Aber statt steil nach oben, wie wir alle erwartet hatten, ging es ordentlich runter. Die Mannschaft entwickelte sich nicht weiter wie erhofft. Die Neuverpflichtungen erfüllten nicht die Erwartungen. Und dann wurde auch Ewald Lienen ein Problem.

Der Held der beiden Spielzeiten zuvor, dem die Kölner A-Capella-Gruppe Wise Guys sogar ein Lied widmete (*Die Heldensage vom heiligen Ewald*), der egal bei welchem Wetter seinen Glückbringer, ein hellblaues Hemd, trug (Im Grund Aberglaube berichte ich von Gerüchten, dass er im Winter Thermounterwäsche darunter trug), verzettelte sich immer mehr.

Im wahrsten Sinne des Wortes. Über Lienens Manie, sich während des Spiels unaufhörlich Notizen zu machen, mit kleiner Handschrift, mehrere Zettel voll, haben wir am Anfang, als der Erfolg noch da war, gelacht. Im Misserfolg war es nur noch eine hilf- und ratlose Geste. Die Mannschaft entglitt ihm. Er, dessen Erfolg auf Disziplin, akribische Arbeit und Professionalität fußt, übertrieb es mit der

Kontrolle der Spieler, mit dem Einfluss auf ihr Privatleben. Spieler wie Lottner, Voigt oder Cichon hatten die Schnauze voll von Trennkost (Grund 109) und Alkohol- und Nikotinaskese (Grund 68). Ewald Lienen, der Altlinke, der die Welt verbessern wollte, scheiterte an einer Welt, die sich nicht verbessern lassen wollte.

Am 28. Januar 2002 wurde Ewald Lienen in Köln entlassen. Der 1. FC Köln stand mit 13 Punkten auf Platz 16 der Tabelle. Und es war klar, dass Lienen hier nicht mehr das Steuer umreißen konnte – das Verhältnis zur Mannschaft war einfach zu gestört. Böse Zungen behaupten, dass einige Spieler die Entlassung ausgelassen mit Pommes rot-weiß, einigen Kisten Bier und französischen Zigaretten ohne Filter gefeiert haben. Keine Ahnung, ob das stimmt.

Genauso wenig wie das wunderbare Gerücht, dass Ewald Lienen in seiner Freizeit manchmal das Durst in der Weidengasse besucht hat. Ein Freund von mir arbeitet dort an der Bar. Wer das Durst nicht kennt … Vielleicht kann man es so beschreiben: Dort verkehren die, die woanders Lokalverbot haben. Sollte der heilige Ewald ein Doppelleben geführt haben?

49. GRUND

## Weil Jörg Berger hier Trainer war

Es gibt Trainer, die den mysteriösen Ruf eines Feuerwehrmanns haben. Trainer, die geholt werden, wenn der Abstieg kaum noch zu verhindern ist. In den 1990er-Jahren waren das hauptsächlich: Jörg Berger, Felix Magath, Friedhelm Funkel und Peter Neururer. Drei der vier landeten im Laufe der Jahre auch beim 1. FC Köln. Rund um das Geißbockheim schien leider auch damals nicht immer die Sonne.

Friedhelm Funkel geht dabei immer etwas unter. Leider werde ich ihm hier auch Unrecht antun und keinen Grund widmen. Ich kenne keine Geschichten über ihn, es gibt keinen Klatsch, und er ist mir eigentlich ziemlich fremd geblieben.

Ähnlich erging es mir lange Zeit mit Jörg Berger. Vermutlich habe ich ihn erst wirklich verstanden, als er am 23. Juni 2010 in Folge einer langen Krebserkrankung starb. Jörg Berger kam zum 1. FC Köln, als wir auf verdammt hohem Niveau jammerten. Christoph Daum war während der WM 1990 auf dubiose Weise entlassen worden. Ging es um persönliche Eitelkeiten? Spielten schon Drogen eine Rolle? Die Häßler-Millionen oder, besser gesagt, deren mysteriöses Verschwinden? Aufgeklärt wurde es nie. Nach Daums Ausscheiden übernahm Erich Rutemöller das Ruder. Wir wurden in der folgenden Saison Siebter. Siebter? Was für eine Enttäuschung. Unter Daum gab es wenigstens Vizemeisterschaften – und Spektakel. Wir waren auf Augenhöhe mit den Bayern – nur viel lustiger. Rutemöller dagegen wirkte, als sei er noch nie bei roter Ampel über die Straße gegangen – und genauso spielte die Mannschaft.

Ein einziges Mal schlug er über die Stränge, beichtete es gleich im Fernsehen und ließ sich demütig bestrafen (Ich sage nur: »Mach es, Otze!«). Jedenfalls wurden wir in der ersten Post-Daum-Saison *nur* Siebter und die nächste Saison begann auch nicht besser: Nach fünf Unentschieden in Folge gab es eine 0:4-Klatsche in Nürnberg. Lattek übernahm für ein Spiel, und dann am achten Spieltag kam – Jörg Berger! Wir Fans fremdelten mit ihm. Berger wirkte unnahbar. In der Presse galt er als eitel und sein Humor hatte einen fremden, bitteren Unterton. Und das in Köln, der Stadt des Frohsinns und der Heiterkeit. Aber Berger war ein Spieler. Er suchte das Risiko. Geriet die Mannschaft in Rückstand, löste er den Libero auf. Auf der Position spielte damals Falko Götz, ein gelernter Stürmer. Die Mannschaft zog mit. Und riss uns Fans mit. Das war Gänsehaut pur.

Legendär war das Spiel gegen den VfB Stuttgart mit unserem Extrainer Christoph Daum in Köln. Pierre Littbarski sollte verletzt fehlen. Die Mannschaften kamen zum Warmmachen auf den Platz, der Stadionsprecher König las in seiner bekannt unaufgeregten

Weise die Mannschaftsaufstellungen vor. Niemand merkte, dass nur zehn Kölner Spieler genannt wurden. Dann kamen die Mannschaften auf den Platz – und Pierre Littbarski betrat unter frenetischem Beifall als Letzter den Rasen. Und gleich war die richtige Betriebstemperatur auf den Rängen und auf dem Rasen.

Dafür liebten wir Jörg Berger, obwohl wir weiter mit ihm fremdelten. Das änderte sich für mich erst, als ich eines Nachts im Fernsehen herumzappte und plötzlich bei einem alten Interview des Bayerischen Rundfunks mit Jörg Berger landete. Berger erzählte gerade von seiner Flucht aus der DDR, wie er sich entschloss, Frau und Sohn im Osten zurückzulassen, obwohl er genau wusste, dass er damit ihr Leben zerstörte. Ich blieb gebannt hängen. Und erfuhr, dass Berger trotz seines gefälschten Passes von einem jugoslawischen Grenzbeamten erkannt wurde. Der beendete aber nicht seine Flucht, sondern sprach den »Herrn Berger« an und wünschte ihm viel Glück im Westen. Im goldenen Westen, berichtete Berger dann weiter, habe dann die Stasi versucht, ihn zu vergiften.

Als der Moderator fragte, wie er mit Abstiegsangst umgehe, stutzte Jörg Berger irritiert und konterte süffisant, ob der Moderator wirklich glaube, dass ein Mensch mit seiner Biografie Angst vor so etwas wie Abstieg haben konnte. Der Moderator wurde sich seiner Unaufmerksamkeit bewusst und schämte sich sichtlich.

50. GRUND

## Weil Peter Neururer Spaß versteht

Vereine, die am Abgrund stehen, die nichts mehr zu verlieren haben, greifen nach dem letzten Strohhalm – und der trägt oft genug den Namen Peter Neururer.

An den meisten Fußballstammtischen bricht schallendes Gelächter aus, wenn nur der Name fällt. Was den Heiterkeitsfaktor angeht, wird er nur von einem getoppt: Lothar Matthäus. Warum erzählt Neururer auch jedes Mal, wenn ihn ein Verein unter Vertrag nimmt, dass genau dieser Verein schon immer sein Lieblingsverein gewesen sei? Glaubt er, die Fans leiden an Verkalkung, glaubt er, wir glauben, dass er 97 Lieblingsvereine hat?

Warum glaubt er auch, jedes Mal beweisen zu müssen, dass er Akademiker ist? Und dann mit solchen Sprüchen: »Der Genuss von Zuckerlimonade beeinträchtigt die Trainingsadaption«[28] oder »Die fußballerische Intelligenz ist die Grundlage, um einen sportartspezifischen Intellekt aufzubauen«.[29]

Bescheidenheit ist auch nicht so sein Ding: »Wenn wir ein Quiz machen würden unter den Trainern in Deutschland, wer am meisten Ahnung hat von Trainingslehre, Psychologie, und der Trainer mit den besten Ergebnissen kriegt den besten Klub – dann wäre ich bald bei Real Madrid.«[30] Ich finde Peter Neururer trotzdem richtig gut. Denn der 1. FC Köln war einer der Vereine, die am Abgrund standen, nichts mehr zu verlieren hatten und nach dem letzten Strohhalm Peter Neururer griffen, und er hat uns nicht enttäuscht.

Am 29. März 1996 gegen 21.45 Uhr war es so weit: Das Heimspiel gegen den direkten Abstiegskonkurrenten 1. FC Kaiserslautern ging 0:1 verloren – die Kölner standen auf Platz 16. Das bedeutete damals den direkten Abstieg. Und die Kölner spielten Grottenfußball. Keiner im Stadion hatte noch irgendein Fünkchen Hoffnung.

Am 1. April wurde der neue Trainer Peter Neururer vorgestellt. Ich dachte: Sehr witzig! Verarschen können wir uns selbst! Aber es war kein Aprilscherz. Ganz und gar nicht. Gleich im nächsten Spiel unter Neururer wurde in Leverkusen 2:1 gewonnen – die Mannschaft war richtig gut. Ein paar Rückschläge, aber am Ende hatten wir vier Punkte Abstand zu Platz 16. Peter Neururer hatte seinen Lieblingsverein (der wievielte war es gerade?) vor dem Abstieg gerettet.

Der Aprilscherz kam dann – etwas später. Es war sein legendärer Auftritt in der Fernsehunterhaltungsshow *April, April* auf RTL. Der 1. FC Köln brauchte dringend Verstärkungen im Sturm. Aber es war kein Geld da. Neururer wurde zu einem angeblichen Gönner geschickt. Er sollte diesem ein Engagement im Verein schmackhaft machen. Der Abend lief gut. Der Gastgeber und seine Frau schienen Pitters Charme zu erliegen. Dann verabschiedete sich die Gastgeberin, um sich kurz frisch zu machen. Plötzlich schrie sie auf. Ein Spanner! Die beiden Männer stellten den Halunken im Garten. Was für ein Schock für Neururer. Der Spanner war ein alter Bekannter. Sein Freund, der ehemalige Bundesligafußballer Jimmy Hartwich. Der Gastgeber erkannte Hartwich nicht und wollte schon die Polizei rufen. Neururer steckte in der Zwickmühle. Hält er zu seinem Freund, dann kann er sich seinen neuen Stürmer knicken, oder fällt er seinem Freund in den Rücken?

Was tat der Pitter? Er hielt seinem Freund die Stange – mich hat das sehr gerührt.

51. GRUND

## Weil er es immer wieder mit Konzeptfußball versucht. Und immer wieder daran scheitert.

Was ist denn eigentlich Konzeptfußball? Und was soll daran gut sein? Zwei wichtige Fragen zur richtigen Zeit! Die Website www.spielverlagerung.de definiert es so: »Konzeptfußball gilt als eine moderne Art der Mannschaftsführung, welche sich im Zusammenstellen des Teams und in der Art zu trainieren äußert.«[31]

Das hört sich sehr allgemein an. Welche Art, Fußball zu spielen, wird nicht durch den Kader und das Training bestimmt? Interessanter dann der nächste Satz der Definition: »Beim Konzeptfußball wird im Vorhinein von der sportlichen Leitung eine gewünschte Philosophie vorgegeben, die Transfers, das Training und oftmals auch der Trainer und das Spielsystem richten sich nach diesem Plan.«[32]

Aha, da kommen wir der Sache schon näher. Zuerst steht das Konzept, dann werden entsprechend das Personal, Trainer und Spieler, Trainingspläne und so weiter zusammengestellt. Da mag man ungläubig stutzen. Ist das denn nicht bei jedem professionell geführten Verein so? Man sollte glauben, dass Fußballvereine, die inzwischen mittelständische Unternehmen mit Millionen Euro Umsatz und über hundert Arbeitsplätzen sind, einen kurz-, mittel- und langfristigen Plan haben. Dieser sollte Aufschluss geben, wie sich der Verein in den nächsten Jahren entwickeln könnte. Doch die wenigsten Fußballvereine verfügen über so einen Plan, und wenn, dann werfen sie den mittel- und langfristigen schnell über den Haufen, sobald der kurzfristige Plan zu scheitern droht. Der Großteil der 1. und 2. Liga »funktioniert« auf diese Weise.

Na und? Was ist daran schlimm? Und was hat das eigentlich mit dem 1. FC Köln zu tun? Es ist schlimm! Und es hat sehr viel mit dem 1. FC Köln zu tun. Viel zu viel! Wer hatte schon, wie die Geißböcke, in den letzten zehn Jahren 15 Trainer mit 15 verschiedenen Vorstellungen von Fußball? Wer ließ sonst diese 15 Trainer für teuer Geld Spieler holen, die der Nachfolger überhaupt nicht brauchen konnte? Wer wundert sich bei dieser kopflosen Vereinspolitik, dass sich kein Erfolg einstellte, der FC zur Fahrstuhlmannschaft wurde und finanziell und personell ausblutete?

Sehen wir uns doch mal die Trainer der letzten Jahre an: Friedhelm Funke, dann (nach einer Interimszeit von Luhukay) Marcel Koller. Nach Koller kam Huub Stevens, ihm folgte Uwe Rapolder, den Anschluss machte Hanspeter Latour, dem wiederum (nach einer Interimszeit von Holger Gehrke) Christoph Daum folgte. Dann kamen Zvonimir Soldo, Frank Schaefer, Volker Finke (wieder ein Interim), Ståle Solbakken, Frank Schaefer, Holger Stanislawski und aktuell Peter Stöger.

Jeder Trainer hatte natürlich eine andere Idee vom Fußball. In diesen zehn Jahren kamen fast 170 Spieler zum FC. Denn jeder Trainer konnte sich eine Mannschaft nach seinen ganz eigenen Vorstellungen aufbauen. Jedes Mal blieb der Erfolg aus, und der ganze Zinnober fing wieder von Neuem an. Seriöse Arbeit sieht anders aus. Und wie der 1. FC bewies, sieht auch erfolgreiche Arbeit anders aus – und nicht zu vergessen auch finanzierbare Arbeit.

Wie man es anders macht, zeigen seit Jahren Vereine wie der SC Freiburg oder Mainz 05. Aber auch die TSG Hoffenheim in der Zeit unter Ralf Rangnick müsste genannt werden. Jeder dieser Vereine verkörpert seit Jahren eine Idee von Fußball. Es gibt größere Konstanz beim verantwortlichen Personal, und es gibt überdurchschnittlich großen – in Relation zum eingesetzten Kapital – Erfolg.

Konzeptfußball ist das Gegenteil von Heldenfußball. Beim Heldenfußball fährt ein Verein Siege durch die Überlegenheit einzelner hervorragender Spieler ein. Beim Konzeptfußball gewinnt das Spielsystem. Die Mannschaft ist stärker als die Summe seiner Einzelspieler. Der SC Freiburg unter Volker Finke ist dafür ein Beispiel. Mit Kurzpassspiel, technisch und taktisch überdurchschnittlich ausgebildeten Spielern überraschte der Verein einige Male in der Bundesliga. Wechselte aber ein Spieler zu einem anderen Verein, bekam er in der Regel große Probleme. Das System, das ihn stark gemacht hatte, fehlte.

Zusätzlichen Charme bekommt die Sache, weil man sich erfolgreichen Fußball dieser Art selbst erarbeitet und nicht durch teure Transfers erkauft hat. Vielleicht ist es sogar im Sinne von César Luis Menotti »linker«, also guter Fußball.

Fans lieben es, wenn Spieler vor ihren Augen wachsen und sich in der Mannschaft entwickeln. Grundvoraussetzung ist aber ein mittel- und langfristiger Plan, verbunden mit Geduld bei Verantwortlichen und Fans, Fachleuten, die die Infrastruktur mit Nachwuchsförderung, Scouting und Trainerteam aufbauen. Und natürlich ein wenig Glück. Denn letztendlich lässt sich Erfolg im Fußball nie hundertprozentig planen.

Beim 1. FC Köln haben vier ausgewiesene Konzeptfußballtrainer gearbeitet. Alle scheiterten.

Der erste war 1993 bis 1995 Morten Olsen. Seine Ideen revolutionierten damals den Fußball. Radikale Raumdeckung, Pressing über den ganzen Platz und schnelles Kurzpassspiel. Das kannte man in dieser Form in der Bundesliga nicht. Aber was bei Brøndby Kopenhagen funktionierte, klappte beim 1. FC nicht einmal in Ansätzen. Morten Olsen machte falsch, was auch die anderen drei Konzepttrainer falsch machten: Er wollte zu viel auf einmal. Aber er musste auch viel ändern, denn die Geißböcke waren in Abstiegsgefahr. Aber die Umstellung auf Viererkette, Pressing und Kurzpassspiel in kürzester Zeit überforderte die Spieler. Keine der Neuerungen war erfolgreich. Schon bald wurde wieder mit Libero gespielt. Pressing stellte sich wegen Erfolglosigkeit von selbst ein und das Kurzpassspiel landete zu oft beim Gegner. Schnell waren Euphorie und auch der Glaube an Morten Olsens Konzept futsch. Olsens Nachfolger Stephan Engels stoppte das Experiment genauso radikal und ließ wieder konventionell Fußball spielen. Der Traum war ausgeträumt.

Und wurde wieder ausgepackt von Andreas Rettig, dem neuen Manager des 1. FC Köln. Er hatte viele Jahre beim SC Freiburg mit Volker Finke zusammengearbeitet und wollte das dortige Modell auf den FC übertragen. Der erste Trainer seines Vertrauens war der Schweizer Marcel Koller, den er Ende 2003 nach Köln holte. Koller war in der Bundesliga ein völlig Unbekannter, hatte aber in der Schweiz einen hervorragenden Ruf wegen seiner innovativen Trainingsformen und seines modernen Spielsystems. Und man sagte ihm nach, junge Spieler zu Leistungsträgern formen zu können.

Wir Fans waren ganz schön euphorisch. Ich bin mit einem Kumpel gleich zum ersten Training gefahren und war begeistert. Und dann zum ersten Spiel. Auswärts beim VfL Bochum unter Trainer Peter Neururer. Die Ernüchterung war groß. Der 1. FC Köln spielte Viererkette, Raumdeckung und massives Pressing über den ganzen Platz – und bekam 4:0 auf den Sack. Wieder einmal wollte ein Trainer zu viel zu schnell und auf einmal. Wieder einmal hatte ein Trainer die großen Hoffnungen leichtfertig verspielt. Wieder einmal wurde ein hoffnungsvolles Kapitel FC-Geschichte vorzeitig geschlossen. Nach einem halben Jahr war Marcel Koller Geschichte.

Zumindest den Ruf, junge Spieler ausbilden zu können, bestätigte er. Er führte Lukas Podolski und Lukas Sinkiewicz aus den Jugendmannschaften in die Profimannschaft. Sein Nachfolger Huub Stevens hat eine eher prosaische Sicht auf den Fußball – »Null muss stehen!« Das sah nicht gut aus, war aber erfolgreich. Wiederaufstieg in die Bundesliga.

Huub Stevens verabschiedete sich bereits nach einer Saison, um sich seiner kranken Frau zu widmen. Andreas Rettig, dessen Traum eines 1. FC Köln im Stile des SC Freiburgs noch nicht ausgeträumt war, machte sich erneut auf die Suche nach einem Konzepttrainer.

Und so überraschend es klingt, er wurde auf der lit.COLOGNE fündig, einem Literaturfestival, das jährlich in Köln Lesungen, zum Teil mit ungewöhnlichen Themen an ungewöhnlichen Orten, bietet. Eine Veranstaltung am 17. März 2005 hieß »Das Spiel lesen« und fand in der Deutschen Sporthochschule in Köln statt. Moderiert wurde sie von Christoph Biermann, der gemeinsam mit Ralf Rangnick (damals Trainer bei Schalke 04), Jogi Löw (damals Klinsmanns Co bei der Deutschen Nationalmannschaft) und Uwe Rapolder (damals noch Trainer bei Arminia Bielefeld) modernen Fußball ergründen wollte.

Zwei Plätze neben uns saß FC-Manager Andreas Rettig. Es war eine launige Veranstaltung. Rangnick und Rapolder standen voll unter Adrenalin, warfen sich Pointe um Pointe zu, erklärten modernen Konzeptfußball anhand von Spielausschnitten, PowerPoint und selbst nachgespielten Pantomimen auf der Bühne. Es gab ständig Szenenapplaus und die Erkenntnis, dass so moderner Fußball auszusehen habe. Genauso wie Rangnick und Rapolder ihn präsentierten. Genauso war mir klar, dass aus Jogi Löw nichts werden würde. Verklemmt, humorlos und immer etwas hinterher wirkte er. So viel zu meinem Fußballsachverstand.

Blieben für uns also noch Ralf Rangnick, der als Trainer von Schalke 04 natürlich nicht zu einem Aufsteiger 1. FC Köln wechseln würde – und Uwe Rapolder, der nichts dagegen hätte. Rettig war der gleichen Meinung wie wir und verpflichtete schon wenige Tage später Rapolder.

Auch er ein Konzepttrainer, der bei Arminia Bielefeld mit seinem Spielsystem großen Erfolg hatte. Die Folge davon: Er war selbstbewusst genug, in den Medien zu versprechen, dass er jeden Spieler um 15 Prozent verbessern würde. Innerhalb der kurzen Saisonvorbereitung stellte er beim FC wieder alles auf den Kopf. Viererkette, Raumdeckung, Pressing und Automatisierung der Laufwege. Alles auf einmal! Und natürlich scheiterte der Versuch erneut. Nach fünf Monaten war Rapolder wieder weg. Und ebenso Andreas Rettig. Er warf das Handtuch, als ihm klar wurde, dass seine Vorstellung von Fußball in Köln nicht umsetzbar ist.

Rettigs alter Trainer in Freiburg, Volker Finke, war der Nächste, der Konzeptfußball beim 1. FC Köln durchsetzen wollte. Inzwischen Sportdirektor der Geißböcke, hatte er große Pläne.

Es gab da einen Trainer in Dänemark, der den FC Kopenhagen mehrfach zum Meister gemacht und in der Champions League dem CF Barcelona Paroli geboten hatte. Finke fand interessant, dass ein Verein, der ihn selbst mal verpflichten wollte, auch mit Solbakken verhandelt hat. Offenbar ein Seelenverwandter in Sachen Fußball. Der Trainer hieß Ståle Solbakken. Und wieder einmal war die Euphorie groß. Solbakken war ein sympathischer lustiger Vogel mit tragisch-heroischem Background. Noch als Spieler erlitt er bei einem Fußballspiel einen Herzstillstand. Er konnte wiederbelebt werden und trägt seitdem einen Herzschrittmacher.

Wie seine Konzeptfußball-Vorgänger wollte er alles verändern. Wie seine Vorgänger alles auf einmal. Anders als seine Vorgänger hielt er Konditionstraining für überschätzt. Es fiel quasi aus. Wie vieles andere auch. So wenig wie unter Solbakken wurde am Geißbockheim während der Saisonvorbereitung (und auch während der Liga) nie trainiert. Finke wurde nervös. Hatte er etwa den falschen Trainer verpflichtet? Als Solbakken auf den Außenbahnen Zweikämpfe vermeiden und nicht doppeln ließ und als Antwort unzählige gegnerische Flanken in den Kölner Strafraum flogen, von denen logischerweise irgendwann ins Tor verwandelt wurde, war sich Finke sicher. Er intervenierte. Besser: Er versuchte es. Denn die Clubführung entließ nicht Solbakken, sondern Finke. Um dann einige Wochen später auch noch Solbakken zu kicken. Wieder ein Experiment gescheitert. Aber so was von. Vielleicht hat Ståle ja einen Zwillingsbruder wie damals bei den Gebrüdern Čebinac (Grund 104). Und der FC holte wieder mal den Falschen.

Jedenfalls hat der lustige Norweger entscheidend dazu beigetragen, dass der Begriff »Konzeptfußball« in Köln einen ganz ganz bitteren Beigeschmack bekommen hat.

Trotzdem ist eine finanzierbare, erfolgreiche Zukunft des 1. FC Köln einzig und allein mit ebenjenem Konzeptfußball möglich. Um eine Mannschaft mit Topstars zusammenzustellen, fehlt das Geld. Also müssen alle von einer Idee von Fußball überzeugt und in entsprechende Infrastruktur und Personal umgesetzt werden. Vielleicht gelingt es dem neuen Trainer Markus Anfang. In Kiel war er jedenfalls erfolgreich.

7. KAPITEL

# DIE TORHÜTER

## MACHEN SICH DRECKIG, UM DAS TOR SAUBER ZU HALTEN – ODER AUCH NICHT ...

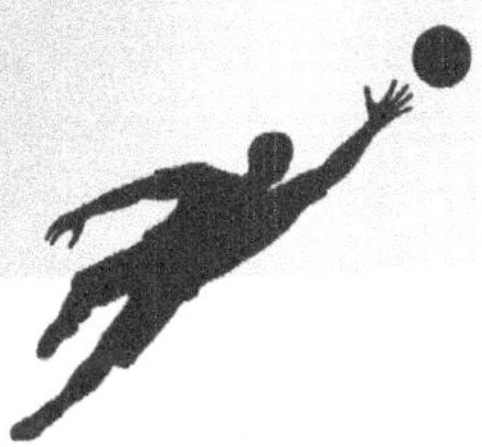

52. GRUND

## Weil wir die beste Torwartschule Deutschlands hatten. Und vielleicht noch haben.

Von 1979 bis 1994 war die Nummer eins der Deutschen Nationalmannschaft immer ein Kölner. Erst war es Harald »Toni« Schumacher, der von 1979 bis 1986 76-mal mit dem Adler auf der Brust das Tor hütete, danach Bodo Illgner. Von 1987 bis 1994 machte er 54 Länderspiele. Mit Gerry Ehrmann (1. FC Kaiserslautern), Andreas Menger (VfB Stuttgart) und Michael Kraft (bis Mai 2013 Werder Bremen) kommen jede Menge aktueller Torwarttrainer der Bundesliga aus der Kölner Schule. Sie alle wurden als Spieler beim FC ausgebildet. Ron-Robert Zieler, aktueller Nationalspieler (Hannover 96), genoss seine Basisschulung beim 1. FC Köln. Timo Horn, der aktuelle Keeper der Geißböcke, gilt als großes Torwarttalent und erhielt 2010 die Fritz-Walter-Medaille als »talentiertester Spieler seines Jahrgangs«.

Diese Erfolgsgeschichte ist kein Zufall, sie trägt einen Namen: Rolf Herings. 1971 fing er bei den Geißböcken an, erst für viele Jahre als Torwarttrainer, dann Konditionstrainer, Co-Trainer und für einige Spiele Interimstrainer. Zuletzt arbeitete er als Konditionstrainer für die U23. 2013 ging er mit 73 Jahren in den Ruhestand.

Herings machte viele Talente zu großen Torhütern, stand aber weder selbst im Tor, noch war er überhaupt Fußballer. Er kam von der Leichtathletik. Der beste deutsche Speerwerfer in den 1960er-Jahren. Sein Deutscher Rekord vom 22. September 1961 lag bei 82,48 Metern. Als man mit Herings einen Fachmann einer anderen Sportdisziplin ins Trainerteam des 1. FC Köln holte, war das ganz schön modern für die 1970er-Jahre. Als Jürgen Klinsmann Anfang der 2000er-Jahre mit Bernhard Peters einen Hockeyexperten in sein Betreuerteam der Nationalmannschaft holen wollte, gab es verbandsintern richtig Zoff. Klinsmann musste auf Peters verzichten. Der FC zum Glück nicht auf Herings. Denn neben seinen Erfahrungen als Athlet verfügte Herings auch über einen umfangreichen sportwissenschaftlichen Fundus. Er war Diplom-Sportlehrer und Dozent an der Sporthochschule Köln. Später unterrichtete er zukünftige Fußballlehrer an der Kölner Trainerakademie.

42 Jahre arbeitete Rolf Herings beim 1. FC Köln. Ambitionen auf den Cheftrainerposten hatte er nicht. Er fühlte sich in der zweiten Reihe der Co-, Torwart- und Konditionstrainer wohl. So konnte er weiterhin nebenher an der Sporthochschule lehren. Zweimal wurde er seinem Credo untreu und übernahm vorübergehend nach Trainerentlassungen den Cheftrainerposten: 1972 und 1980. Er kam auf vier Siege, drei Unentschieden und zwei Niederlagen. Keine schlechte Punktequote.

Für den FC, die Nationalmannschaft und die Kölner Torhüter war Herings »bescheidene Karriere« ein großes Glück.

53. GRUND

## Weil er schon früh frauenaffin war

Hä?, wird der fragen, der nicht weiß, was »frauenaffin« heißt. Hä?, wird genauso der sagen, der es weiß. »Frauenaffin« ist einer der wichtigsten Begriffe im aktuellen Fernsehgeschäft. Er beschreibt, verkürzt ausgedrückt Fernsehformate, die für ein weibliches Publikum gemacht werden. Von diesen Formaten gibt es immer mehr, weil die meisten Fernsehzuschauer nun mal weiblich sind beziehungsweise in den meisten Haushalten die Frauen die Macht über die Fernbedienung übernommen haben. Es gibt Menschen, die behaupten, das sei der Grund, warum es mit dem deutschen Fernsehen ständig bergab gehe. Aber das ist eine andere Diskussion.

Frauen im Fußballstadion waren schon immer ein Problem. Für die einen sind es viel zu viele im Stadion. Ihre spitzen Schreie, wenn der jeweilige Lieblingsfußballer mal am Ball ist, gehen ihnen mächtig auf den Sack. Andere können gar nicht genug Frauen im Stadion haben. Zu ihnen gehören meistens die Vereinsverantwortlichen, denn sie wollen schon früh neue Zielgruppen für den Stadionbesuch interessieren.

Der Hamburger SV unter Manager Dr. Peter Krohn spielte in der Saison 1976/77 in rosafarbenen Trikots, um mehr Frauen ins Stadion zu locken. Kühne Idee, klappte nicht so ganz. Der FC Bayern München verpflichtete 1990 den süßen Lockenkopf Michael Sternkopf vom Karlsruher SC, weil wegen ihm die weibliche BRAVO-Generation ins Münchner Olympiastadion kommen sollte. Dachte jedenfalls Manager Uli Hoeness. Klappte so lala. Natürlich muss man dazu wissen, dass die Bayern nur – wie so oft – ein Erfolgsmodell des 1. FC Köln kopierten. Präsident Franz Kremer hatte tatsächlich schon 40 Jahre zuvor, also 1950, diesen Geistesblitz. Mit Frans de Munck verpflichtete er einen Torhüter aus den Niederlanden, der nicht nur gut hielt, sondern auch klasse aussah.

Als Jahrgang 1966 habe ich ihn nie spielen sehen, aber er galt seinerzeit als bester Torwart Hollands, war Nationalspieler (insgesamt machte er 31 Länderspiele) – bis er erwischt wurde, dass er sich unter der Hand bezahlen ließ und damit gegen die Amateurstatuten verstieß. Ein schwerwiegendes Delikt, das zu einer langjährigen Sperre führte. Die galt aber nur in den Niederlanden.

Präsident Franz Kremer und Trainer Hennes Weisweiler nutzten die Chance und sicherten sich einen hervorragenden Torhüter. Mit ihm ging es bergauf. 1951 Vierter, 1952 Fünfter, 1953 Zweiter, dann 1954 Meister der Regionalliga West und die Qualifikation für die Deutsche Meisterschaft. Einer der Gründe: der »Schwarze Panther« zwischen den Pfosten.

»Schwarzer Panther« – so nannten ihn die Männer, »der schöne Frans« die Frauen. Und die kamen tatsächlich immer zahlreicher ins Stadion. Würde man Frans heute metrosexuell nennen? Jedenfalls heißt es, er habe nach den Spielen mehr Zeit vor dem Spiegel verbracht als die gesamte restliche Mannschaft zusammen. Nach Turnieren soll die Mannschaft im Bus endlos auf ihn gewartet haben, weil die Haare des schönen Frans nicht richtig lagen und er sich beim Friseur schnell ein neues Styling verpassen ließ.

Frans de Munck war der erste Fußballer aus dem Ausland, den der 1. FC Köln verpflichtet hatte, und lange Zeit war er auch der schönste. 1954, nach Ablauf seiner holländischen Sperre, kehrte er in seine Heimat zurück. Bis 1967 spielte er bei verschiedenen Vereinen in den Niederlanden und wurde danach dort und in Belgien Trainer. Weihnachten 2010 starb Frans de Munck mit 88 Jahren. Und mit ihm der Vorreiter des frauenaffinen Fußballs.

54. GRUND

## Weil wir Kölner sehr tolerant sind

Wir lassen sogar Düsseldorfer bei uns mitspielen! Und die sind bei uns Kölnern so beliebt wie massive Akne in der Pubertät, blutige Hämorrhoiden im Darkroom oder Mohammed-Karikaturen im arabischen Raum. Es gibt in ganz Köln kein Hinweisschild, wie man zu dieser unaussprechlichen Stadt kommt, keine Autobahn führt offiziell dahin, und wenn man sich die Fragebögen der theoretischen Führerscheinprüfung ansieht – sie werden übrigens in einer Kölner Druckerei hergestellt –, wird jeder Unfall und jeder Stau von Fahrzeugen mit Düsseldorfer Kennzeichen verursacht.

Sagen wir, wie es ist: Wir Kölner haben eine klare Haltung zu unseren Nachbarn aus der Nähe des Neandertals. Umso erstaunlicher ist die Karriere von Fritz Ewert beim 1. FC Köln. Ein Düsseldorfer! Trotzdem stand er zehn Jahre lang im Tor der Geißböcke. Zehn Jahre! Der Mann muss eine absolute Granate gewesen sein. Ich selbst kann es leider nicht beurteilen. Als Ewert beim FC spielte, kannten sich meine Eltern noch nicht mal.

Auf Fotos sieht er eigentlich nicht aus wie ein Torwartgott. Seine Frisur, zurückweichender Haarkranz, ist heute so gut wie ausgestorben. Entweder man hat Haare, oder man rasiert sich und hat nichts, also Glatze. Ewert dagegen trug seine Resterampe mit Stolz.

Er kam 1957 zum 1. FC Köln. Seit dem Abgang des »Schwarzen Panthers/Schöner Frans«, Frans de Munck, hatte der Verein ein veritables Torwartproblem. Dank Ewert schloss sich diese Lücke für die nächsten neun Jahre. Er war die unangefochtene Nummer eins zwischen den Pfosten. Ähnlich lange schafften es beim FC nur Toni Schumacher und Bodo Illgner.

Im zehnten Jahr bekam Ewert Konkurrenz: Milutin Šoškić. Ewert hielt noch ein Jahr durch und wechselte anschließend nach Holland zum AZ Alkmaar. Insgesamt absolvierte er 129 Oberliga- und 45 Bundesligaspiele für den 1. FC Köln. Viermal stand er in der Deutschen Nationalmannschaft. Mit dem FC wurde er zweimal Deutscher Meister (1962 und 1964), viermal Westdeutscher Meister (1960, 1961, 1962, 1963) und einmal Westdeutscher Pokalsieger (1964). Fritz Ewert starb mit 54 Jahren im März 1990.

55. GRUND

## Weil auch wir unseren Cassius hatten

Durch diesen Grund weht ein Hauch *Aktenzeichen XY* – allerdings gelöst! Den Einspieler für diese Sendung beginne ich im Jahr 1971, mit der legendären Party des Präsidenten der Offenbacher Kickers. Er trug den vielversprechenden Namen: Horst Gregorio Canellas. Damals war ich leider erst fünf Jahre alt, aß am liebsten Gulasch mit Nudeln und wurde deshalb selten, um nicht zu sagen nie, von Gemüsehändlern eingeladen. Schon gar nicht von Gemüsehändlern mit Namen, die wie aus einem Mafiaroman klingen. Schade eigentlich.

Die Stimmung muss so lala gewesen sein. Die Männer auf den Fotos stehen mit ernsten Mienen um einen Gartentisch. Sie haben Gläser in der Hand und eine Zigarette im Mund. Auf dem Gartentisch steht ein Tonband. Es läuft. Was die Männer in dem Moment erfahren, crasht die Party – und es erschüttert die gesamte Bundesliga, um nicht zu sagen die ganze Bundesrepublik.

Horst Gregorio Canellas spielt seinen Partygästen mitgeschnittene Telefonate vor. Aktive Nationalspieler boten für viel Geld an, gegen die abstiegsbedrohten Offenbacher Kickers zu verlieren. Die Summen sollen sich zwischen 100.000 und 200.000 DM belaufen haben. Falls der Offenbacher Präsident nicht zahle, würde man die vom Abstieg bedrohte Konkurrenz gewinnen lassen.

Was für ein Skandal! In Deutschland wurden Spiele geschoben. Das war für die meisten Fans unvorstellbar. Es folgten Prozesse vor dem DFB-Gericht. Arminia Bielefeld musste zwangsabsteigen, Kickers Offenbach verlor die Lizenz und 52 Bundesligaprofis wurden gesperrt. 52! Manche davon lebenslänglich, darunter auch einer der Hauptbeschuldigten: Manfred Manglitz.

Manche Spieler begnadigte man später, 1974 auch Manfred Manglitz. Da hatte er sich schon lange aus dem Profifußball zurückgezogen, war nach Spanien ausgewandert und engagierte sich in der Gastronomie. Der 1. FC Köln verlor mit ihm einen hervorragenden Torhüter, vielleicht sogar den talentiertesten im Umkreis der Domstadt. Allerdings polarisierte Manglitz auch schon vor dem Bestechungsskandal.

Nicht von ungefähr trug er den Spitznamen »Cassius«. Richtig, nach Cassius Clay, der sich später Muhammad Ali nannte und zum Größten des Boxsports seiner Zeit avancierte. Wie Cassius Clay war auch Manglitz mit einer guten Portion Selbstbewusstsein ausgestattet. Manchen gefällt das, anderen nicht. Zu den anderen zählte Franz Kremer, Präsident des 1. FC Köln. Cassius Manglitz war für ihn ein unsäglicher »Schwaadlappen«. So einen wollte Kremer bei den Geißböcken nicht sehen. Talent hin, Talent her. Manglitz konnte erst 1967 nach Kremers Tod unter Vertrag genommen werden. Er spielte von 1967 bis 1971 beim 1. FC Köln und machte 65 Bundesligaspiele. Viermal trug er das Nationaltrikot. Ihm gehörten einige Nachtclubs, später baute er sich an der Costa Blanca eine neue Existenz als Fliesenleger auf.

56. GRUND

## Weil bei uns auch Irre ein Zuhause finden

Ich rede von Harald »Toni« Schumacher. Der Mann ist irre – und das ist gut so. Sonst wäre er niemals ein Toptorhüter geworden. Sonst hätte er niemals das Skandalbuch *Anpfiff* geschrieben beziehungsweise schreiben lassen und damit seine Karriere ruiniert. Sonst hätte er niemals gemeinsam mit einem Spinner und einem Karnevalsjeck den 1. FC Köln in einer seiner schlimmsten Krisen als Vizepräsident übernommen.

Vor vielen Jahren sah ich mal eine Dokumentation über Toni. Seine Eltern erzählten voller Stolz, wie ihr Sohn sich schon in jungen Jahren stundenlang ein Kissen zuwerfen ließ und dieses auf dem Sofa hin und her springend »fing«. Stundenlang! Irre!

Genauso irre ging er bei seinem ersten Verein Schwarz Weiß Düren zur Sache. Er entwickelte einen enormen Kampfgeist, mit dem er sich letztendlich sein Talent erzwang. Das besaß er genau genommen nämlich nicht. Ihm fehlten schlichtweg die körperlichen Voraussetzungen für Leistungssport. Eine Beinfehlstellung, so genannte »X-Beine«, bereitete ihm permanent Knieprobleme. Er musste Sonderschichten im Kraftraum absolvieren, um seinen Körper zu stabilisieren.

Abstöße waren auch nicht seine Stärke. Zum Glück durfte man zu seiner Zeit noch Rückpässe mit der Hand aufnehmen. Mit dem Fuß wäre er schwer in Bedrängnis gekommen. Doch der irre Toni wandelte sein Problem in eine Qualität. Weil er mit dem Fuß schlecht war, perfektionierte er seine Handabwürfe und warf mit zunehmender Präzision. Die schnelle Spieleröffnung mit sicheren Abwürfen zum Mitspieler, was heute als modern gilt, wurde damals bereits – wo wohl, na klar, in Köln – von Harald Schumacher praktiziert.

Ausgestattet mit unbedingtem Willen, einem fast tollkühn zu nennenden Mut und einer Leidenschaft, die alle, FC, Fans und selbst die Nationalmannschaft, mitriss. »Ich bin ein Raubtier, und der Ball ist die Beute« – genauso spielte er. Wie ein wildes Tier, ohne Rücksicht auf Verluste und ohne Rücksicht auf die eigene Gesundheit. Während seiner Laufbahn brach er sich nahezu jeden Finger, das Nasenbein musste zweimal dran glauben, drei Rippenbrüche und fünf Gehirnerschütterungen fehlten nicht und dazu etliche Kreuz- und Außenbandrisse. In der Dokumentation lässt Toni mit großem Spaß sein Knie rotieren. Es sieht aus wie eine Bauchtänzerin auf Speed. Irre!

Und dann gibt es noch die irre Geschichte mit Patrick Battiston bei der WM 1982 in Spanien. Im Halbfinale gegen Frankreich stürmte Schumacher nach einer Flanke weit aus dem Torraum, verletzte dabei den französischen Stürmer Battiston und kehrte ungerührt zu seinem Tor zurück. Irre wie er war, kommentierte er den brutalen Ausflug mit einem »großzügigen« Angebot an Battiston, ihm neue »Jackett-Kronen« spendieren zu wollen. Schumacher war von da ab Fußball-Buhmann in ganz Europa. In ganz Europa? Natürlich nicht! Deutschland liebte ihn für die gehaltenen Elfer im Halbfinale. Und in Köln kannten wir ja unseren irren Tünn längst und liebten ihn genau deswegen.

Bei uns konnte man sich also gut vorstellen, dass der irre Toni bis zum Karriereende bei den Geißböcken blieb, dann vielleicht in den Trainerstab wechselte, um im Anschluss im Management oder auf Vorstandsebene Verantwortung zu übernehmen. Vermutlich hatte der Tünn sogar ganz ähnliche Pläne, bis er auf die irre Idee mit dem Buch kam. *Anpfiff* erschien 1986 und war für Tonis Karriere tatsächlich der Abpfiff. Ein saftiges Enthüllungsbuch über den deutschen Fußball, mit allem Drum und Dran von Sex über Drugs zu Rock 'n' Roll. Dazwischen ein paar Dopingskandale, persönliche Angriffe gegen Mitspieler und DFB-Funktionäre, alles im rustikalen Tonfall, der den Begriff »Political Correctness« noch nicht kannte. Für mich bis heute ein irre tolles Buch.

Für andere ein irre dummes, arrogantes, schlechtes und was auch immer Buch. Und diese anderen hatten mehr zu sagen als wir, die Fans. Schumachers Karriere war schlagartig zu Ende. Sowohl beim FC als auch in der Nationalmannschaft. Wir Fans konnten es nicht glauben. Unseren Tünn durfte man doch nicht rauswerfen. Er war unser Idol. Dass er manchmal verbal einen raushaute, war schließlich allen klar. Aber der FC-Vorstand fürchtete die Konfrontation mit dem DFB. Der Tünn musste gehen. Es dauerte 26 Jahre, bis er endlich wieder eine Rolle bei uns spielte. Im April 2012 übernahm er gemeinsam mit Werner Spinner und Markus Ritterbach die Leitung des FC. Und auch hier bleibt er sich treu, unser irrer Tünn, dem wir immer und jederzeit ein Zuhause geben.

Harald »Toni« Schumacher spielte von 1974 bis 1987 beim 1. FC Köln. 422 Bundesligaspiele gehen auf sein Konto. 76-mal stand er für die Deutsche Nationalmannschaft auf dem Feld. Er wurde mit dem 1. FC Köln 1978 Deutscher Meister, Pokalsieger 1977, 1978 und 1983 und war in Deutschland Fußballer des Jahres 1984 und 1986. 1980 wurde er Europameister. Seit 2012 ist er Vizepräsident des 1. FC Köln mit Schwerpunkt Sport.

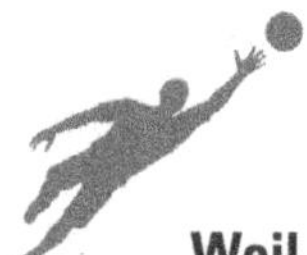

57. GRUND

## Weil er uns lehrte, Bubis nicht zu unterschätzen

Mann, waren wir damals enttäuscht, als Bodo Illgner als Nachfolger Toni Schumachers präsentiert wurde. Schumacher hatte gerade in seinem Enthüllungsbuch offen über Sex- und Alkoholeskapaden sowie Dopingvergehen seiner Mitspieler schwadroniert. Der DFB war sauer. Eskapaden jeglicher Art gab es seiner Meinung nach nicht im deutschen Fußball. Unser Tünn wurde aus der Nationalmannschaft gefeuert. Der 1. FC Köln dackelte devot nach und setzte ihn ebenso vor die Tür.

Statt des wilden Kerls, der bei Spielen keine Verwandten kannte, der lieber eine Verletzung bei sich oder dem Gegner riskierte, als einen Gegentreffer zuzulassen, der in Interviews ohne Nachdenken drauflosbrabbelte und uns mit seinem Bekenntnis zum Verein ohne Ende mitriss, kam nun dieses 20-jährige Jüngelchen. Ihn Milchbart zu nennen, wäre vermessen, nicht einmal der wuchs ihm. Statt des wilden Lockenkopfes Schumacher ein Knabe mit Junge-Union-Standard-Frisur. Statt Testosteron Clearasil. Wir Fans waren nicht nur fassungslos, wir standen unter Schock!

Zu Recht, denn Bodo Illgner konnte nicht in Tonis Fußstapfen treten. Doch was machte er? Etwas Unglaubliches. Er setzte neue Fußstapfen, seine eigenen, und brachte eine neue Torwartkultur in den Verein, statt »Raubtier im Strafraum«, »Fels in der Brandung«, statt »munterer Dampfplauderei« – »kühle eloquente Eigen-PR«, statt »Kölsches Hätz«, »Cosmopolitischer Karriereplan«. Den Tünn liebten wir, Illgner respektierten wir. Ein Fan denkt nun mal mit dem Herzen und fühlt nicht mit dem Kopf. Was Illgner wirklich wert war, bemerkten wir viel zu spät. Und zwar nach seiner Nacht-und-Nebel-Aktion vom 30. August 1996. Da machte sich Illgner vom Kölner Acker und wechselte zu den anderen Königlichen, Real Madrid.

Kaum war er weg, wurde uns klar, was er eigentlich für unseren Verein geleistet hatte. In seiner letzten FC-Saison ließ Illgner gerade mal 35 Gegentreffer zu. Das waren die wenigsten Gegentreffer aller Bundesligatorhüter. Er rettete so quasi im Alleingang den FC vor dem Abstieg. Und natürlich fehlte er in der nächsten Saison. Stärker, als wir uns vorstellen konnten. Die Zahl der Gegentreffer stieg auf 62, in der übernächsten Saison auf 64. Die Folge: Der FC stieg zum ersten Mal aus der Bundesliga ab.

Warum konnte Illgner einfach so gehen? Wir Fans gaben den Vereinsverantwortlichen die Schuld. Hatten sie sich mal wieder über den Tisch ziehen lassen? Von Bianca Illgner, die ihren Mann managte (mehr zum Thema Spielerfrauen im Allgemeinen und Bianca Illgner im Besonderen in Grund 25) – und zwar sehr gut?

2001 beendete Bodo Illgner bei Real Madrid seine Profikarriere. Im Unterschied zu Toni Schumacher, der seine Karriere mit einem Fußball-Enthüllungsbuch beendete, schrieb Bodo dieses Buch erst nach seiner Karriere, gemeinsam mit seiner Frau Bianca. *Alles* heißt dieser »fiktive Roman« und ähnlich wie in Schumachers Buch steckt in ihm jede Menge Sex, Drugs and Rock 'n' Roll. Ich muss mich verbessern: Statt Drugs waren es wohl eher Drops, statt Rock 'n' Roll Modern Talking.

Die Illgners lebten anfangs noch in Spanien, siedelten dann in die USA nach Boca Raton in Florida. Ganz vom Fußball lassen konnte Illgner aber nicht. Er war zeitweise Co-Kommentator bei Fußballübertragungen des Bezahlsenders Sky Deutschland, gerne wenn spanische Mannschaften gegen Deutsche antraten. Außerdem ließ er sich zum Fußballmanager ausbilden.

Als 2012/13 beim 1. FC Köln die Position des Sportdirektors neu zu besetzen war, brachte sich Illgner selbst ins Spiel. Es kam aber zu keiner Verpflichtung, auch nicht bei einem anderen Verein. Möglich, dass es nicht zum Jobanforderungsprofil passte, wenn man als Spieler von der eigenen Frau gemanagt worden war. Möglicherweise spielten aber auch andere Gründe eine Rolle.

8. KAPITEL

# DIE ABWEHRSPIELER

## VON ECHTEN KERLEN UND ECHTEN DRAMEN …

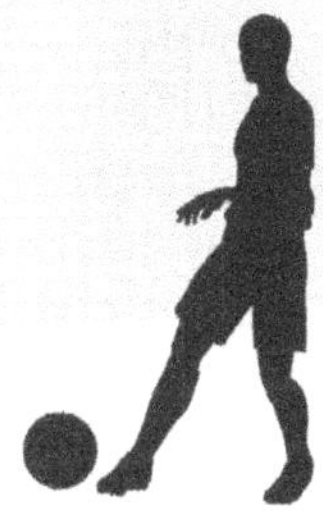

58. GRUND

## Weil in Köln der moderne Verteidiger erfunden wurde!

Ich war 1962 noch nicht auf der Welt und kenne diese Geschichte nur vom Hörensagen. Eigentlich kann man sich gar nicht vorstellen, dass quasi alles, was den Fußball ausmacht, nicht schon immer da war, sondern irgendwann erfunden wurde. In fußballhistorischen Büchern wird berichtet, dass sich die Spieler früher ihren Platz auf dem Spielfeld suchten und sich anschließend so gut wie nicht mehr bewegten. Der Ball wurde zwischen ihnen hin und her gekickt, wie bei diesen Tischfußballspielen, die wohl »Schnippfußball« heißen. Dabei sind die Spielfiguren auf Federn über den Platz verteilt. Diese Federn »schnippt« man in eine Richtung. Die Spieler bewegen sich nicht, nur der Ball.

Es gab im realen Fußball auch eine Zeit, da überquerten Verteidiger die Mittellinie nicht, sondern blieben ausschließlich in der eigenen Hälfte. In der Regel kamen deshalb die Unbeweglichen und eher Unsportlichen in die Abwehr. Also die ab Schulsportnote Drei minus abwärts. Fritz Pott war so ein Abwehrspieler. Groß, stabil gebaut. Da musste man als Stürmer erst mal vorbeikommen. Und weil er beim 1. FC Köln spielte, schafften das nicht viele Gegner. Hatte er mal den Ball, machte er keine Fisimatenten und gab den Ball umgehend an seine Mittelfeldspieler ab. Für Kreativität wurde er schließlich nicht bezahlt. Bis zum legendären Tag, dem 12. Mai 1962, dem Tag, an dem das Endspiel um die deutsche Meisterschaft ausgetragen wurde.

Berliner Olympiastadion. Der 1. FC Köln spielte gegen den 1. FC Nürnberg. 92.000 Zuschauer waren live dabei. Hans Schäfer und Ernst-Günter Habig trafen zur 2:0-Pausenführung. Kurz nach Anpfiff der zweiten Halbzeit, in der 49. Minute, machte Ernst-Günter Habig sein zweites Tor für den FC. Es stand 3:0. Das Spiel war bereits entschieden. Doch dann, in der 71. Minute, passierte etwas

Außergewöhnliches – etwas, was den Fußball revolutionieren und in die Moderne katapultieren sollte.

FC-Torwart Fritz Ewert wirft Verteidiger Pott den Ball zu. Der läuft bis zur Mittellinie. Alle – Freund und Feind – erwarten, dass er zu einem FC-Mittelfeldspieler passt – tut er aber nicht. Stattdessen läuft er weiter in Richtung gegnerisches Tor. Damit hatte keiner gerechnet. So was tat man damals nicht. Es war nicht die feine englische Art. Pott scherte das nicht. Er lief in einem durch bis zum Nürnberger Tor und schoss das 4:0.

Der moderne Verteidiger mit Drang zum gegnerischen Tor war erfunden und permanent von Fritz Pott perfektioniert worden – und zwar bei uns, dem 1. FC Köln. Fritz Pott spielte von 1958 bis 1970 beim 1. FC Köln. 68 Oberliga- und 151 Bundesligaspiele. Er erzielte zehn Treffer. Für die Deutsche Nationalmannschaft trat er dreimal an. Mit dem 1. FC Köln gewann er die Meisterschaften 1962 und 1964 und war beim Pokalsieg 1968 dabei.

59. GRUND

## Weil bei uns Wolfgang Weber gespielt hat

Der Spieler, der den Unterschied macht zwischen Mann und Jüngelchen, der die Zähne zusammenbeißt, wenn es wehtut, und ungerührt weiterkämpft, während das Jüngelchen längst auf der Trage vom Platz gebracht wird. Der Spieler, für den eine Redewendung erweitert werden musste: Ein Indianer kennt keinen Schmerz – Wolfgang Weber lacht ihn aus!

Es war der 24. März 1965, und das Entscheidungsspiel im Viertelfinale des Europapokals der Landesmeister stand an. Der FC Köln hatte gegen den FC Liverpool gespielt. Hin- und Rückspiel endeten jeweils 0:0. Laut damaligem Modus musste ein drittes Spiel entscheiden. Also traten die Mannschaften in Rotterdam noch mal gegeneinander an. Nach 90 Minuten gabs Verlängerung. Nach 120 Minuten stand es noch immer 2:2. Elfmeterschießen kannte man damals noch nicht.

Eine Entscheidung musste her – und sei es mit einer unfairen Methode wie dem Münzwurf. Mehr darüber in Grund 89. Hier nur so viel: Für den 1. FC Köln war es würdelos, auf diese Weise das Halbfinale zu erreichen. Man verlor absichtlich das Münzwerfen – wenn auch hier nach Verlängerung. Jedenfalls würde ich mir das gerne einreden.

Aber die eigentliche Geschichte des Spiels ist die von Wolfgang Weber. Nach einer halben Stunde Spielzeit prallte er heftig mit dem englischen Spieler Gordon Milne zusammen. Wadenbeinbruch! Bitter! Bei so einem wichtigen Spiel! Im Entscheidungsspiel des Viertelfinales. Weber muss vom Platz getragen werden. Ein anderer Spieler würde eingewechselt. So wäre das heute!

Aber wir schreiben das Jahr 1965. Die FIFA-Regeln erlaubten noch keine Spielerauswechslungen. Ein Verletzter hatte ohne Ersatz den Platz zu verlassen. Wadenbeinbruch hieß also, runter vom Platz und mit zehn Spielern weitermachen.

Aber wir reden von Wolfgang Weber! Einem richtigen Kerl! Wadenbeinbruch? Runter vom Platz? Nicht mit ihm! Er ließ seine Mannschaft nicht im Stich, und wie auch immer er es schaffte: Er hielt 90 Minuten reguläre Spielzeit durch und weitere 30 Minuten Verlängerung.

In der Halbzeitpause »testete« Weber selbst, wie einsatzfähig er noch war. Angeblich sei er in der Kabine auf einen Stuhl gestiegen, wieder heruntergesprungen und nur mit dem verletzten Bein auf dem Boden gelandet. Das Bein hielt. Also: weiterspielen! Wolfgang Weber trug auf dem Platz den Spitznamen »Bulle«. Noch Fragen?

Wolfgang Webers Stationen: Beim 1. FC Köln kickte er von 1963 bis 1977, machte 356 Bundesligaspiele und 21 Tore. Er gehörte zum Meisterteam 1964 und gewann 1968 den Deutschen Pokal. Weber wurde 53-mal in die Nationalmannschaft berufen.

60. GRUND

## Weil bei ihm ein Eisenfuß auch lange Flankenläufe kann

Oben herum – also auf dem Kopf – ist es merklich weniger geworden, um die Hüften dagegen etwas mehr. Den Schnauzer behielt er über all die Jahre hinweg. Inzwischen ist der grau geworden. Harald Konopka. Er empfängt uns im FC-Museum – gemeinsam mit einem Mitarbeiter des Sport- und Bäderamtes. Wir, das sind Teilnehmer einer Führung durch das Kölner Stadion. Die Führung heißt: Im Jetzt und in der Vergangenheit. Der Mitarbeiter des Sport- und Bäderamtes steht für das Jetzt, Konopka für die Vergangenheit.

Der Legende nach suchte das Sport- und Bäderamt mit einer Anzeige im *Geißbockecho* neue Stadionführer. Harald Konopka meldete sich. Welch ein Glücksfall. Ein Held des FC Köln höchstpersönlich wollte durch die Vereinsgeschichte führen.

Zwölf Jahre lang, ab 1971, spielte Konopka als rechter Verteidiger der Double-Mannschaft für den Verein. Er wurde in die FC-Elf des Jahrhunderts gewählt. Dieser Mann hat was zu erzählen!

Sieht man sich Fotos aus seiner aktiven Zeit an, Fotos nach Spielen, dann fällt sofort sein immer schmutziges Trikot auf. Voller Dreck, Blut und wer weiß was. Konopka war ein Spieler, der ungestüm jeden Zweikampf annahm, wohl auch, weil er die meisten gewann. Er gehörte zum Kölner Abwehrbollwerk mit Roland Gerber, Gerd Strack und Herbert Zimmermann, das gemeinsam mit Torhüter Toni Schumacher den FC Mitte/Ende der 1970er-Jahre so erfolgreich machte.

Unter Hennes Weisweiler entwickelte sich Konopka weiter. Kämpfen konnte er ja schon, nun trainierte er das Laufen – und im Laufe der Zeit wurde aus dem Abwehrrecken auch ein gewaltiger Flügelläufer – mit Drang zum Tor. Nach einem ordentlichen Sprint entlang der rechten Außenbahn schloss er in der Regel mit einer maßgerechten Flanke auf Dieter Müller ab, und der machte nicht selten das Ding auch rein. Was später Manfred Kaltz beim HSV machte, hatte beim 1. FC Köln, wo auch sonst, Harald Konopka längst vorgemacht.

Heute lässt er es etwas weniger ungestüm angehen, als er uns durch das Stadion führt. Erst sehen wir den Mannschaftstrakt, dann den Wellnessbereich – den es so früher natürlich nicht gab. Dazu Anekdoten über Tschik Čajkovski, Hennes Weisweiler und Konopkas alte Kollegen (die ich natürlich nicht erzählen werde, die Führung sollte nämlich für jeden Fan Pflicht sein).

Am Ende des Tages bleibt nur eine Frage: Wie konnte 1983 ein Harald Konopka, der so mit dem FC verbunden war und noch immer ist, ausgerechnet zum BVB wechseln? Ein Verein, der sich 1978 12:0 von Borussia Mönchengladbach abschlachten ließ und mit seinem unfassbar blamablen Auftritt beinahe noch den Titelgewinn der Geißböcke verhindert hätte. Konopkas Antwort: ein vielsagendes Schmunzeln. Ich interpretiere es so: Er wollte nur ein wenig Entwicklungshilfe leisten.

Harald Konopka spielte von 1971 bis 1983 in Köln. 335 Bundesligaspiele, in denen er 21 Tore schoss. Zwei Länderspiele und zehn so genannte B-Länderspiele kamen hinzu. 1975 wurde er Militär-Weltmeister; mit dem 1. FC Köln 1978 Deutscher Meister; 1977, 1978 und 1983 holte er den DFB-Pokal.

## 61. GRUND

## Weil wir mit ihm echte Dramen erleben

Es gibt Spiele, die man nie vergisst. Zum Beispiel weil sichere Niederlagen wie durch ein Wunder abgewandt wurden (Grund 110), wir FC-Fans es schafften, das Ding noch zu drehen (Grund 107) oder schreckliche Dramen auf dem Platz passierten, die uns zutiefst erschütterten. Ich erinnere mich an Henrik Andersen, der nach seinem Kniescheibenbruch bei der EM 1992 endlich wieder auf die Beine kam und sich direkt danach das Kreuzband riss. Wir haben uns damals eingeredet, wir hätten den Riss auf unseren Plätzen gehört.

Oder auch das Spiel Karlsruher SC gegen den 1. FC Köln am 29. September 2008. Wir waren nach einer zähen Saison wieder in die Bundesliga aufgestiegen und schlecht gestartet. Einer 2:1-Niederlage in Wolfsburg folgte ein maues 1:1 gegen Eintracht Frankfurt zu Hause. Es musste also am dritten Spieltag dringend ein Sieg her. Karlsruhe schien ein gutes Opfer zu sein. Doch es lief nicht, wie es laufen sollte. Der KSC hatte das Spiel im Griff.

Und wir machten lange Gesichter. Meine Fußballkumpels und ich waren damals beim Drei-Punkte-Ali, einer Kneipe, die uns eine Zeit lang Glück brachte (Grund 81). Das Wetter war schön, wir tranken auf der Terrasse Kölsch und sahen das Spiel auf dem Großbildfernseher.

Dann kam die 26. Minute, die alles verändern sollte: das Spiel, unser Verhältnis zur Mannschaft, die bisher noch nicht unsere Herzen gewonnen hatte, einfach alles.

Der KSC war im Vorwärtsgang, die Kölner Abwehr mühte sich um Ordnung, als auf der rechten Außenbahn Ümit Özat zu Boden geht. Was für eine Scheiße, dachten wir. Jetzt rutscht der in so einer brenzligen Situation auch noch aus. Was hat der denn für Stollen unter seinen Fußballschuhen?

Özat berappelt sich, stolpert erneut, bleibt mit gesenktem Kopf stehen. Verdammter Mist, jetzt hat der sich wohl auch noch bei dem blöden Stolpern verletzt! Wegen einer Karlsruher Abseitsstellung unterbricht Schiedsrichter Florian Meyer das Spiel, redet kurz mit Özat und ruft die medizinische Abteilung der Kölner auf den Platz. Die Gemüter sind erhitzt, die Karlsruher sauer, weil sie kein Abseits gesehen haben wollen. Der Schiri wendet sich den Spielern zu, will ihnen die Abseitssituation erklären, als Özat erneut zusammenbricht. Die Kölner Betreuer merken erst nach einigen Sekunden, dass er ohnmächtig ist. Sie holen seine Zunge aus der Luftröhre (das alles vor der Linse der Livekamera) – und plötzlich wird allen der Ernst der Lage klar. Schiri Meyer winkt mit panischen Bewegungen die Sanitäter auf den Platz. Die Karlsruher Spieler wenden sich ab, ahnen wohl das Unglück und wollen sich schützen. Die Kölner Spieler stehen geschockt und fassungslos bei Özat. Soweit ich mich erinnere, läuft auch der Karlsruher Mannschaftsarzt herbei, um seine Kölner Kollegen zu unterstützen. Ein Sanitäter mit Reanimationskit läuft auf den Platz. Schiri Meyer und ein Kölner Betreuer sorgen zum Glück dafür, dass die Wiederbelebungsmaßnahmen außerhalb des Rasens und der Öffentlichkeit vorgenommen werden.

Ümit Özat wird aus dem Stadion getragen. Zurück bleiben aufgelöste Spieler, Schiris, Trainer, Betreuer und Zuschauer. Alle stehen unter Schock, Trainer Christoph Daum und Torwart Faryd Mondragón lassen ihren Tränen freien Lauf. Haben sie gerade einen Kollegen sterben sehen? Bange Minuten vergehen, dann verkündet der Stadionsprecher, dass Ümit Özat wieder bei Bewusstsein und auf dem Weg ins Krankenhaus ist. Das Publikum klatscht – auf beiden Seiten. Was für eine Erleichterung! Daum und Mondragón wischen sich die Tränen weg. Schiri Meyer sucht das Gespräch mit den Spielern. Sind sie in der Lage, das Spiel wieder aufzunehmen? Das sind sie. Es wird wieder angepfiffen.

Die Kölner gewinnen. Sie waren psychologisch im Vorteil. Wer gibt in so einer Situation nicht alles zu Ehren seines Mitspielers?

Auch bei uns flossen Tränen. Gerade hat man noch in der Gruppe Fußball geguckt, über Fehlpässe gemotzt und gemeinsam schwarzgesehen, plötzlich steht man da ganz alleine mit seiner Angst, Trauer und Verlorenheit. Ähnlich schockiert wie die Spieler, starrt man fassungslos zum Bildschirm, befürchtet das Schlimmste, als der Sani mit dem Reanimationskit auf den Platz eilt, und ist endlos erleichtert, als die gute Nachricht kommt.

Der Sieg war uns allen egal. Er kam ja auch eigentlich nicht wirklich regulär zustande. Unter solchen Umständen hat wohl kaum ein Gegner eine Chance. Einige Tage später wurde erklärt, dass die Ursache für Özats Zusammenbruch eine Myokarditis, eine Herzmuskelentzündung, war. Özat musste wochenlang jegliche Anstrengung vermeiden. Aber er glaubte fest an eine Genesung und ein Comeback beim 1. FC Köln. Ein Trugschluss: Am 14. März 2009 gab er unter Tränen das Ende seiner Karriere bekannt – aus gesundheitlichen Gründen.

Jeder, der damals dabei war, kann sich noch an dieses schreckliche Erlebnis erinnern, an den Schock, die Angst und die hemmungslosen Tränen, die vergossen wurden. Und auch an die tiefe Verbundenheit mit der Mannschaft, die damals entstand, weil sie die gleichen Gefühle wie wir empfunden hat.

9. KAPITEL

# DAS MITTELFELD

## DIE MIT DEM FUSS DENKEN …

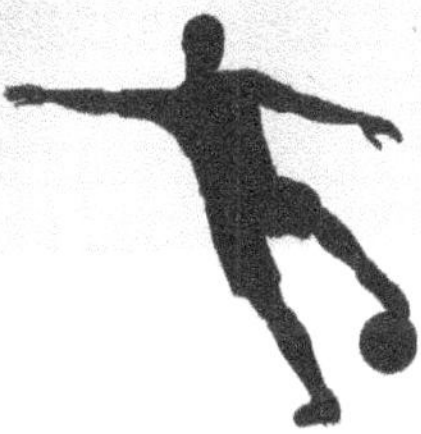

62. GRUND

## Weil der erste Superstar der Geißböcke ein Schäfer war

Er machte insgesamt 711 Spiele für den 1. FC Köln, schoss dabei die unglaubliche Zahl von 501 Toren! Als 1963 die Bundesliga eingeführt wurde, durften alle Spieler höchstens 1.200 DM verdienen. Die Richtlinien des DFB machten nur für zwei Spieler Ausnahmen. Sie bekamen wegen ihrer Verdienste für den deutschen Fußball 2.000 DM Der eine Spieler war der Hamburger Uwe Seeler, der andere spielte beim 1. FC Köln und hieß Hans Schäfer.

1948 kam er zu den Geißböcken, und mit ihm begann die Erfolgsstory. Gleich im ersten Jahr der Aufstieg in die Oberliga West. Mit ihm dominierte der FC die Liga: fünf Westdeutsche Meisterschaften. 1962 die erste Deutsche Meisterschaft, 1964 die zweite.

Schäfer hatte einen unglaublichen Torinstinkt, war dribbelstark und kam meist über den linken Flügel. Für Bundestrainer Sepp Herberger war er der zielstrebigste Stürmer seiner Zeit. Er gehörte zur Weltmeistermannschaft 1954. Unglaublich, dass dieser Superstar während seiner Karriere noch lange Zeit bei Kaufhof in der Parfümabteilung arbeitete und wahrscheinlich mehr Autogramme gab, als er Aftershave oder Parfümflakons verkaufte.

Hans Schäfer spielte von 1948 bis 1966 beim 1. FC Köln. Er machte 223 Tore in 357 Oberligaspielen und 20 Tore während 39 Bundesligaspielen. 39-mal war er in der Nationalmannschaft aktiv, 15-mal traf er dabei ins gegnerische Tor. Schäfer wurde 1954 Weltmeister, 1962 und 1964 Deutscher Meister.

63. GRUND

## Weil ich Heinz Flohe erleben durfte

Sonntag, 28. Juli 2013, 15.29 Uhr. Das erste Heimspiel der Saison. 1. FC Köln gegen Fortuna Düsseldorf. Im Vorfeld gab es zwischen den Fangruppen Handgreiflichkeiten. Beleidigungen fielen, Pflastersteine flogen, doch eine Minute vor Anpfiff klatschte das gesamte Stadion frenetisch Applaus – für einen der ganz Großen des deutschen Fußballs. Standing Ovations für Heinz Flohe! »Flocke«, so nannte man ihn, starb am 15. Juni 2013. Nicht überraschend. Seit den 1990er-Jahren litt er unter Herzrhythmusstörungen. Mehrfache Operationen folgten. 2010 brach Flohe nach einem Schwächeanfall zusammen. Die Ärzte versetzten ihn in ein Wachkoma, aus dem er die nächsten drei Jahre – bis zu seinem Tod – nicht mehr aufwachen sollte.

Man konnte es kaum glauben, Heinz Flohe, ein unglaublich leichtfüßiger Techniker, sein Spiel wurde immer wieder mit dem der Brasilianer verglichen, lag regungslos im Niemandsland zwischen Leben und Tod. Dieser Freund traditioneller Männersportarten, der für einen guten Boxkampf weite Reisen auf sich nahm, sich für Ringen interessierte und in Trainingslagern Armdrückwettkämpfe organisierte, die er übrigens fast immer gewann, lag kraftlos im Krankenbett. Ein Mann, der den FC mit seiner Übersicht, seinen Toren und seinen Pässen zum Double 1978 geführt hatte, war am Ende seiner Kräfte. Unfassbar traurig.

Heinz Flohe war eine Ikone des 1. FC Köln. Er war immer und überall – selbst während seines Komas – präsent. Die Medien berichteten fortlaufend über seinen Gesundheitszustand. Präsident Wolfgang Overath besuchte ihn regelmäßig im Pflegeheim. Wer einen lieb gewonnenen Menschen in einer ähnlichen Situation erlebt hat, weiß, wie schwer dieser Weg fällt. Der weiß, wie schlimm es ist, bei jedem Besuch die Hoffnung auf Genesung mehr und mehr zu verlieren. Der FC veranstaltete ein Benefizspiel. 2013 benannte er seine Fußballschule für junge Talente nach Heinz Flohe und ehrte damit nicht nur einen der besten Fußballer, die das Geißbock-Trikot hatten, sondern demonstrierte damit auch die Hoffnung, dass noch mal ein solches Talent wie Heinz Flohe entdeckt werden würde.

Flohe war 13 Jahre beim 1. FC Köln, machte 329 Spiele für die Geißböcke und schoss 77 Tore. 39 Länderspiele gehen auf sein Konto, dabei traf er achtmal ins gegnerische Tor. Vermutlich verbindet jeder ein anderes Spiel mit ihm. Mir bleibt das Halbfinale der Europameisterschaft 1976 mit Heinz Flohe am meisten in Erinnerung. Deutschland war 1974 in der Heimat Weltmeister geworden. Vielleicht nicht mit der besten Mannschaft des Turniers (als beste Mannschaft galt die aus den Niederlanden), aber sie war die Mannschaft mit dem größten Willen und der größten Kampfkraft. Nach dem WM-Titel beendeten einige der Weltmeister ihre Nationalmannschaftskarriere – unter anderem Wolfgang Overath und Gerd Müller. Gerade für Gerd Müller fand Trainer Helmut Schön nicht so leicht einen Ersatz.

Die Qualifikation für die Endrunde der EM 1976 im damaligen Jugoslawien schaffte die BRD mit viel Gerumpel. Das war nichts Neues. Fürs Schönspielen waren ja andere Mannschaften zuständig. Wir Deutschen holten die Titel. 1976 wurde der EM-Titel zwischen vier Mannschaften im K.-o.-Prinzip ausgespielt. Die Deutschen traten in ihrem Halbfinale gegen Gastgeber Jugoslawien an. Die zeigten den Deutschen sofort, wo der Hammer hängt. Angefeuert vom euphorischen Publikum, stand es zügig 2:0 für Jugoslawien. Das Spiel war praktisch gelaufen – zu stark der Gegner, zu pomadig die Deutschen.

Dass Helmut Schön die beiden Kölner, Dieter Müller und Heinz Flohe, nicht von Anfang an brachte, war für mich kaum zu glauben. Beide waren in der Form ihres Lebens. Aber wer nicht hören will, muss eben leiden. 2:0! Helmut Schöns Gesicht sah gar nicht mehr schön aus …

Auch bei uns zu Hause vor dem Fernseher war die Stimmung im Eimer. Meine Mutter wollte auf ein anderes Programm schalten. Das Spiel sei doch gelaufen. Uns fehlten die Argumente, dennoch setzte sich die Mehrheit (Vater und Sohn) durch. Fußball. Zweite Halbzeit. Und endlich schlug die Stunde der Kölner. Sie retteten den deutschen Fußball – jedenfalls habe ich das so in Erinnerung.

Zur zweiten Halbzeit kam erst Heinz Flohe auf den Platz. In der 61. Minute wurde sein Schuss von einem Jugoslawen abgefälscht und ging unhaltbar ins Tor. Was für ein Jubel – auch bei uns im Wohnzimmer. Die gegnerische Mannschaft spielte nun sichtlich verunsichert, was in der ersten Halbzeit wie eine Sensation aussah – 2:0 gegen den amtierenden Weltmeister –, brach von jetzt auf gleich zusammen. Heinz Flohe hatte das entscheidende Ventil geöffnet und ließ den Jugoslawen die Luft heraus.

In der 80. Minute wurde Müller eingewechselt. Dieter Müller (auch er lag später im Koma, konnte aber zum Glück genesen). Direkt mit der ersten Ballberührung erzielte er den Ausgleich. 2:2. Und mit zwei weiteren Toren machte er den Einzug ins Finale perfekt. Ein Wahnsinns-Kölner-Abend, mit dem Kölner Heinz Flohe, der die Wende einleitete und umgehend zu einem meiner größten Helden avancierte.

Die Mannschaft damals: Sepp Maier – Franz Beckenbauer – Berti Vogts, Bernard Dietz, Georg Schwarzenbeck – Rainer Bonhof, Herbert Wimmer (79. Dieter Müller), Dietmar Danner (46. Heinz Flohe), Erich Beer – Uli Hoeness, Bernd Hölzenbein, Trainer: Helmut Schön. 1:0 Danilo Povivoda (19.), 2:0 Dragan Džajić (30.), 2:1 Heinz Flohe (64.), 2:2 Dieter Müller, 2:3 Dieter Müller, 2:4 Dieter Müller. Heinz Flohe, geboren am 28. Januar 1948 in Euskirchen, gestorben am15. Juni 2013 in Düren.

Bundesliga: 343 Spiele, 81 Tore
DFB-Pokal: 65 Spiele, 26 Tore
Europacup: 56 Spiele, 15 Tore

Länderspiele: 39 Spiele, acht Tore
Größte Erfolge: Weltmeister (1974)
Vize-Europameister (1976)
Deutscher Meister (1978)
DFB-Pokalsieger (1968, 1977, 1978)

Spielerstationen:
1952–1966 TSV Euskirchen (Jugend)
1966–1979 1. FC Köln
1979–1980 TSV 1860 München

Trainerstationen:
TuS Olympia Ülpenich
1981–1991 TSC Euskirchen
Co-Trainer 1. FC Köln (U-Mannschaften)[33]

64. GRUND

## Weil er mich gelehrt hat zu verzeihen

Heute ist der 29. September 2013. Ein besonderer Tag, denn Wolfgang Overath hat Geburtstag. Er wird 70 Jahre. Gratulation! Zur Feier des Tages werde ich nur Gutes über ihn schreiben!

Also werde ich keine groß angekündigten Fünfjahrespläne erwähnen, die unpünktlicher eintrafen als jeder ICE der Bundesbahn. Ich will mich auch gar nicht über seine Personalpolitik äußern. Sie war erfolgloser als die der FDP. Natürlich spreche ich auch nicht seinen Umgang mit Geld an, der fast den RTL-Schuldenberater Peter Zwegart ins Geißbockheim gebracht hätte.

Über alles werfe ich den großen Mantel des Vergessens, schließlich habe ich Wolfgang Overath selbst an die Spitze des Vereins gewählt, habe an seine Fünfjahrespläne geglaubt, war glücklich, als

Michael Meier Manager, Christoph Daum Trainer und der verlorene Sohn Lukas Podolski zurück an den Rhein geholt wurden. Ich habe jede dieser Entscheidungen begeistert aufgenommen. Doch mehr und mehr wurde allen klar, dass ein Verein mit dem Umsatz eines mittelständischen Unternehmens nicht mehr wie eine Fußballmannschaft der 1970er-Jahre geführt werden konnte.

Als Spieler war Wolfgang Overath ein ganz Großer. In den 1960er- und 1970er-Jahren leistete er Fantastisches auf dem Platz. Hätte er es dabei belassen, alles super. Aber er musste ja unbedingt FC-Präsident werden wollen. Und wir wollten ihn unbedingt als Präsident haben. So wurde er es dann auch – von 2004 bis 2012.

Aber kommen wir zu den glorreichen Anfängen. 1963 wechselte er aus Siegburg zum 1. FC Köln. Die Legende sagt, dass Overath lukrative Angebote von Borussia Dortmund, Viktoria Köln, Kickers Offenbach und Bayer Leverkusen abgelehnt habe, weil er nur für einen einzigen Verein spielen wollte. Natürlich die Geißböcke! Gleich in seiner ersten Saison wurde der 1. FC Köln deutscher Meister. Und wer war die spielbestimmende Persönlichkeit – auch für die nächsten 14 (!!!) Jahre: Klar, Wolfgang Overath. Er sammelte Mitspieler um sich, mit denen er »konnte« und denen er vertraute. Sie akzeptierten ihn als Alphatier ohne Wenn und Aber. Das ist eine perfekte Konstellation – für eine Mannschaft der Heldenfußballzeit in den 1960er- und 1970er-Jahren.

Mit Overath avancierte der 1. FC Köln zur Spitzenadresse im nationalen und internationalen Fußball. Kaum ein Jahr, in dem die Geißböcke nicht im oberen Drittel der Meisterschaft mitspielten. Kaum ein Jahr, in dem sie nicht die europäischen Wettbewerbe erreichten. Die Vorstellung eines Abstiegs war geradezu absurd.

Overaths Führungsqualitäten alleine hätten ihn aber noch lange nicht zu einem der besten Spielgestalter seiner Zeit, zu einem Weltstar gemacht. Hinzu kamen sein unbremsbarer Ehrgeiz, sein unglaublicher Wille und sein Charakterzug des Schlecht-Verlieren-Könnens. Das alles begleitet Wolfgang Overath noch heute.

Jeden Donnerstag spielt er mit seinen Alten Herren in der Halle am Geißbockheim Fußball. Manchmal dürfen auch ein paar Talente aus der Jugend mitmachen. Sollte einer dieser vorpubertierenden Mitkicker mal unglücklich passen, einen Gegner nicht stellen oder gar am Tor vorbeischießen, bekommt der ordentlich was von Overath zu hören. So geht jedenfalls das Gerücht.

Ein Spieler mit solchen Eigenschaften ist natürlich ein Gewinn für jedes Team. Wen wundert es, dass Helmut Schön, damals Trainer der Deutschen Nationalmannschaft, den Kölner Overath dem Mönchengladbacher Günter Netzer vorzog. Netzer ließ schon mal die Schultern hängen, wenn das Spiel irgendwie an ihm vorbeilief. Nicht so Overath. Der holte sich die Bälle – notfalls mit Gewalt, im Fußball also einem Foul. Netzer war Salonkommunismus, Wolfgang Overath Straßenkampf. Das waren Overaths goldene Zeiten.

2004 ließ er sich dann zum Präsidenten des 1. FC Köln wählen. Damit war er Nachfolger des Wirtschaftsfachmanns Albert Caspers. In dessen Amtszeit fällt der erste Abstieg der Geißböcke in ihrer Vereinsgeschichte. Overath wollte uns wieder ganz an die Spitze des deutschen Fußballs führen. Wir alle glaubten ihm. Wir kannten unseren ehrgeizigen Straßenkämpfer mit dem unbedingten Willen zum Sieg ja! Dass aber genau diese Eigenschaften ihn auch zum Vorsitzenden ohne Fortune machten, hätten wir damals für reinen Unfug gehalten.

Overath agierte wie als Fußballer. Das alte Alphatier, das seine alten Weggefährten wie Jürgen Glowacz, Stephan Engels und andere um sich scharte. Als sich der so erhoffte Erfolg nicht einstellte, ging er finanziell ins Risiko. Er wollte den Erfolg erzwingen, aber das funktioniert nie. Jedenfalls nicht bei uns. Damit umzugehen war nicht leicht, erst recht nicht für einen Siegertypen wie Overath. Er wurde immer dünnhäutiger, von Kritik wollte er nichts hören. Es kam, wie es kommen musste. Die Situation eskalierte. Overath trat zurück. Leider genau in dem Moment, in dem der Verein einen fähigen Entscheidungsträger mehr als dringend brauchte. Viele

FC-Anhänger nahmen ihm das sehr übel. Aber zu seinem Ehrentag: Schwamm drüber. Man muss auch verzeihen können. Deshalb plädiere ich an Wolfgang Overaths Geburtstag, dass wir uns alle ausschließlich an den grandiosen Fußballer Overath erinnern mögen. Ich jedenfalls wünsche ihm weiterhin alles Gute, Gesundheit, und dass er noch mit 90 Jahren irgendwelchen grünschnabeligen Talenten im Geißbockheim Knoten in die Beine spielt!

Wolfgang Overath machte in der Zeit von 1963 bis 1977 409 Bundesligaspiele für den 1. FC Köln. 83-mal traf er ins gegnerische Tor. 81-mal spielte er in der Nationalmannschaft, dabei schoss er 17 Tore. Overath wurde 1974 Weltmeister, Deutscher Meister 1964 und Deutscher Pokalsieger 1968 und 1977.

65. GRUND

## Weil einem im Kölner Stadion Engel begegnen können

Es gibt Orte, die sind für ihre Marienerscheinungen berühmt. Lourdes, Fátima oder Guadalupe. Es gibt Orte, die sind für ihre Engel berühmt, das Müngersdorfer Stadion zum Beispiel.

1978 wurde dieses Phänomen zum ersten Mal urkundlich bestätigt. Genau am 21. Oktober um 16.30 Uhr erschien ein blonder Engel auf dem Rasen. Es war zweite Halbzeit im Spiel gegen Eintracht Frankfurt. Das Spiel ging zwar 0:2 verloren, aber das war uns allen völlig egal. Wir hatten einen Engel gesehen, einen Fußballengel. Und dieser Engel sollte sich uns in den nächsten Spielzeiten noch 60-mal zeigen.

Jesus konnte über Wasser gehen, Kranke heilen und Wasser in Wein verwandeln. Ob er Fußball spielen konnte, ist nicht überliefert. Der Engel konnte es. Er schoss zauberhafte Bälle 40, 50 Meter weit über den Platz, die punktgenau ihre Mitspieler fanden. Er erkannte aus weiter Ferne einen frei stehenden Kollegen, bevor der es selbst wusste. Mit leichter Hand lenkte er Spiele seiner Mannschaft, andere mussten sich das hart erarbeiten. Hier geht es natürlich um Bernd Schuster.

Engel-Entdecker Hennes Weisweiler nannte ihn den besten Spieler, den er jemals im Training hatte. Spielerkollege Diego Maradona sah in ihm den besten Spieler, gegen den er je antreten musste.

Als Spieler war unser Engel eine Sensation, als Kollege aber sollen Engel nicht so einfach sein. Alkohol, Nikotin, saftige Herrenwitze? Bitte nicht! Stattdessen vertraute er ganz der Frau an seiner Seite, Gaby, die ihn managte (siehe Grund 25, die Spielerfrauen). Und für einen Engel völlig natürlich, suchte er sich eine passende Glaubensgemeinschaft, die christliche Wissenschaft.

Mir alles egal. Ich wollte einen Engel sehen. Er erschien mir im Müngersdorfer Stadion viele Male. Was will man mehr im Leben?

66. GRUND

## Weil Spieler dem Verein sogar Geld geben, damit sie bei ihm kicken dürfen

Pierre Littbarski hat in seiner Karriere viel angestellt, was ihm der FC-Fan richtig übel nimmt. Er war Co-Trainer von Berti Vogts bei Bayer Leverkusen! Da hätte er genauso gut im Kölner Dom ins Weihwasser pinkeln und dabei satanische Verse murmeln können! Er war Co-Trainer beim VfL Wolfsburg, der nächsten unnötigen kickenden Werbemaßnahme in der Liga. Warum tut er so was? Und er lief bei Borussia Mönchengladbach als Maskottchen im Pferdekostüm mit der Mannschaft aufs Feld. Nein, das war gelogen!!! Aber sein Beliebtheitswert in Köln entspricht dem von Politikern nach dem fünften gebrochenen Wahlversprechen, von Freundinnen nach einer wirklich schmutzigen Trennung, von sauer gewordener Milch, von der man arglos einen Schluck getrunken hat …

Dabei hatte er wirklich das Potenzial, eine Geißbock-Ikone zu werden. Eher klein, extreme O-Beine und dieser merkwürdige Berliner Dialekt, bei dem man immer denkt, einen kleinen Jungen vor sich stehen zu haben. Fußball spielen konnte er auch. Mit seinen Dribblings begeisterte er zunächst Kölns Manager Karl-Heinz Thielen, der ihn nach einem A-Jugendspiel von Hertha Zehlendorf 1978 ans Geißbockheim holte. Dann die FC-Fans im Stadion. Und am 14. Oktober 1981 machte er sein erstes Länderspiel für Deutschland und traf dabei gleich zweimal (Endstand 3:1 gegen Österreich). Unter General Rinus Michels und seiner rigiden Defensivtaktik verlor er den Spaß am Fußball in Köln und wechselte 1986 zu Racing Paris, wo er aber auch nicht glücklich wurde.

In Köln hatte das Militär längst abgedankt und der Nachfolger-Nachfolger-Nachfolger saß auf der Trainerbank: Christoph Daum. Littbarski hatte Heimweh und wollte zurück zum FC. Der FC wollte ihn auch zurück, hatte aber kein Geld, um Litti aus seinem Pariser Vertrag zu lösen. Was tat Litti? Er streckte dem Verein den fehlenden Teil der Ablöse vor. Wir Fans machten auch mit. Wir zahlten seit der Saison 1987/88 eine Mark mehr pro Karte, damit der FC seine Schulden bei Littbarski abtragen konnte. Und machen es noch heute. Die Litti-Mark wurde nie abgeschafft. Klasse Aktion! Von allen! Ein Spieler, der Geld dafür zahlt, das Trikot mit dem Geißbock tragen zu dürfen, muss doch ein Held sein! Wenn er bloß nicht doch irgendwann bei Borussia Mönchengladbach als Maskottchen im Pferdekostüm mit der Mannschaft aufs Feld aufläuft.

67. GRUND

## Weil er die Geduld bei seinen großen Talenten nie verliert

Samstag, 5. Mai 1990. Es muss ein ganz schrecklicher Tag gewesen sein. Es muss wie Bolle geregnet haben. Warum sonst waren unsere Gesichter wohl so nass? Der 1. FC Köln muss im letzten Saison-Heimspiel schwer einen auf den Sack bekommen haben. Oder warum war unsere Laune derart gedrückt? Es muss ein schlimmer Tag gewesen sein, denn es gab rund um das Stadion Freibier …

Natürlich war am 5. Mai 1990 von Regen keine Spur. Der ganze Mai war in dem Jahr deutlich zu warm. Unsere nassen Gesichter kamen von den Tränen, die uns über die Wangen rannen, und wirklich keiner von uns schämte sich dafür. Es gab auch keine Klatsche bei dem letzten Heimspiel der Saison 1989/90. Der HSV wurde sicher 2:0 abgefertigt. Was aber stimmt, unsere Laune war sehr gedrückt und das Kölsch floss ohne Unterlass, weil wir einen geliebten Menschen verloren. Thomas Häßler!

Er ging zu Juventus Turin. Der FC wurde mit einer ordentlichen Stange Geld entschädigt. Die genaue Summe gehört immer noch zu den großen Mysterien der Menschheit. Man munkelt, dass irgendwas zwischen zwölf und 19 Millionen DM den Besitzer gewechselt haben soll. Wobei das Geld völlig unerheblich ist, denn letztendlich konnte der 1. FC Köln damit nicht wirklich was anfangen.

Am 5. Mai 1990 wurde Thomas Häßler verabschiedet. Es riss uns das Herz aus dem Leib, denn »Icke«, wie er gerne kumpelhaft genannt wurde, wirkte so, als wolle er gar nicht weg, als wolle er für immer bei uns bleiben. Böse Mächte, das Kapital, seine Frau … Wer weiß es genau, oder will es überhaupt einer wissen. Es war furchtbar. Für ihn, für uns alle. Die erneut gewonnene Vizemeisterschaft konnte uns nicht trösten.

Und noch niemand ahnte, wie turbulent die Sommerpause ablaufen würde. Die Deutschen wurden Weltmeister in Italien, der Vorstand des 1. FC Köln entließ aus nie wirklich geklärten Gründen seinen Erfolgstrainer Christoph Daum.

Wir lebten damals im Hier und Jetzt – und das hieß Trennungsschmerz. Von dem Spieler, der wie kein anderer die Ära Christoph Daum und dessen Ruf, ein Magier und Talenttrüffelschwein zu sein, begründete.

Damals war Christoph Daum noch Jugendtrainer beim FC. Bei einem Jugendspiel in Duisburg sah er den Berliner Thomas Häßler und holte ihn nach Köln. Ein Jahr lang spielte Häßler für die A-Jugend der Geißböcke und wechselte 1984 in den Profikader. Keine leichte Zeit für ein Talent. Beim FC lief es nicht. Ein Trainer setzt in solchen Phasen lieber auf alte Hasen, statt Risiken mit jungen Talenten einzugehen. Und ehrlich gesagt, drängte sich Häßler wohl auch nicht auf. Er verdiente ganz ordentlich – und in Köln gab es auch damals schon viele Verlockungen, mit Geld Sinnvolles oder leider auch Sinnloses anzustellen.

Eigentlich blieb aus dieser Zeit nur ein Spiel in Erinnerung: Trainer Löhr wechselte Häßler im Rückspiel des UEFA-Pokals ein. Das Spiel musste unbedingt mit zwei Toren Unterschied gewonnen werden – und tatsächlich gelang es. Dank zwei unglaublicher Vorlagen von Thomas Häßler. Unser Icke schien erwachsen geworden zu sein! Danach wurde es lange still. Häßler kannte die Diskotheken und Spielhallen besser als die Rasenfläche im Kölner Stadion. Da soll es zu einem entscheidenden Gespräch zwischen Häßler und dem damaligen Sportdirektor Udo Lattek gekommen sein. Lattek steht nicht im Verdacht, für den diplomatischen Dienst geeignet zu sein, und so wird er auch in diesem Gespräch deutliche Worte gefunden haben. Angeblich hat er Häßler ein Ultimatum gestellt und ihm deutlich gemacht, wenn er beim FC rausfliege, könne er sich darauf einstellen, als Taxifahrer zu arbeiten. Die Geduld des Vereins mit Icke war zu Ende.

Thomas Häßler nahm sich die Worte sehr zu Herzen und änderte einiges in seinem Leben. Unter anderem lernte er seine spätere Frau Angela kennen (siehe Grund 25, die Spielerfrauen). Sie half ihm, sein Leben und seine Karriere in den Griff zu bekommen.

Thomas Häßler, der gerade mal 1,66 Meter große Mittelfeldspieler, wuchs zu einem Weltklassespieler, zum Nationalspieler Deutschlands, der die deutsche Elf entscheidend zum Weltmeistertitel 1990 führte, denn sein wichtigstes Tor erzielte er am 15. November 1989 im Müngersdorfer Stadion. Aber nicht für den 1. FC Köln, sondern für die Deutsche Nationalmannschaft. Im Qualifikationsspiel zur WM 1990 gegen Wales traf er zum 2:1. Damit war Deutschland für die Endrunde in Italien qualifiziert und konnte den Titel holen.

Nach vielen Jahren in Turin, Rom, Karlsruhe, Dortmund und München kehrte er als Techniktrainer zum 1. FC Köln zurück. Da hat der FC im richtigen Augenblick viel Geduld bewiesen und ein großes Talent auf den richtigen Weg gebracht. Thomas Häßler spielte von 1984 bis 1990 beim 1. FC Köln, machte 149 Bundesligaspiele und dabei 17 Tore. In der Nationalmannschaft spielte er 97-mal und traf 11-mal das gegnerische Tor. Häßler wurde Weltmeister 1990 und Europameister 1996. Er war Fußballer des Jahres 1989 und 1992.

68. GRUND

## Weil Dirk Lottner bewies, dass man gleichzeitig feiern und Leistungssport treiben kann

9. September 2001, 19.18 Uhr, Müngersdorfer Stadion. Das Sonntagabendspiel: 1. FC Köln gegen den Hamburger SV. Wir sitzen Oberrang Nordkurve, die Blockbezeichnung weiß ich nicht mehr. Es war dort, wo in der Regel keine Toiletten genutzt wurden, sondern man sich einfach an die Reling stellte und sich in den Gästeblock erleichterte – die etwas Schamhafteren stellten sich in eine Ecke, machten den Bierbecher voll und leerten den dann in den Gästeblock.

Es lief bereits die Nachspielzeit. Ein Kölner Spieler wird halb rechts vor dem Hamburger Strafraum gefoult. Schiedsrichter Herbert Fandel pfiff und deutete an, dass dieser Freistoß die letzte Aktion des Spiels sein würde. Freistöße wurden damals bei uns von Dirk Lottner geschossen, und so schnappte er sich den Ball. Während Fandel die Hamburger Mauer platzierte, legte sich Lottner den Ball zurecht, ging ein paar Schritte zurück und nahm Maß. Diesen »Feldherrenblick« kannten wir. Vollste Konzentration. Gleich war es so weit. Gleich würde er schießen … Aber Lottner geht noch mal zum Ball. Will er ihn besser positionieren? Stört ihn eine herausgerissene Grasnarbe? Nein, Lottner hebt den Ball hoch – und küsst ihn. Ein ungläubiges Raunen geht durch das Stadion. Die Härchen stellten sich kollektiv auf. Fandel wurde ungeduldig, drängelte auf schnelle Ausführung des Freistoßes. Lottner bekam davon nichts mehr mit. Er hatte bereits den Tunnelblick, lief an und … traf!!! In der letzten Spielsekunde. Abpfiff. Der 1. FC gewann 2:1 gegen den HSV. Dirk Lottner machte wahrscheinlich das Spiel seines Lebens, zumindest das Tor seines Lebens. Und wir Zuschauer hatten mal wieder einen magischen Fußballmoment im Müngersdorfer Stadion erlebt.

Dabei war das gesamte Spiel denkwürdig. Nach der 0:2-Heimniederlage gegen Mönchengladbach hatte Trainer Ewald Lienen die Mannschaft auf fünf Positionen verändert. Auch Lottner war betroffen. Ich weiß nicht mehr, ob nur die Niederlage ausschlaggebend war oder Lottner mal wieder gegen eins der vielen Gesundheitsgesetze verstieß und dabei erwischt wurde. Damals war der 1. FC Köln sehr streng: Rauchen, Alkohol, Witze – alles verboten. Lottner saß jedenfalls auf der Bank und konnte genüsslich zusehen, dass ohne ihn gar nichts lief. Wenn man heute die Aufstellung liest, wundert man sich nicht: Bade – Reeb, Dziwior, Cullmann, Voigt – Balitsch – Springer, Kreuz, Scherz – Donkov, Baranek. Auf der Bank saßen: Pröll (Tor), Cichon, Sichone, Reich, Lottner, Keller, Kurth.

In der 21. Minute brachte ein Eigentor von Cullmann, dem Jüngeren, die Hamburger in Führung. Bis zur 53. Minute sah es nicht so aus, als ob die Niederlage verhindert werden könnte. Dann kam Lottner! In der 67. Minute machte er den Ausgleich und in der Nachspielzeit dann, wie geschrieben, den Führungstreffer.

Dabei war›s zwischen Dirk Lottner und mir keineswegs Liebe auf den ersten Blick. Er spielte bei der Fortuna und war da der große Star. Na ja, dachte ich, bei der Fortuna ist man schnell der große Star.

Dann wechselte er zu Bayer Leverkusen. Das machte ihn nicht sympathischer. Erst dann kam er zu uns und alles änderte sich. Sofort war er der Chef auf dem Platz. Seine Ecken und Freistöße veränderten das Spiel. Und er hat wie kein anderer Spieler seit Langem das Kölsche in die Mannschaft gebracht – im Guten wie im Schlechten.

Immer wieder gab es sensationelle Momente auf dem Platz. Unglaubliche Pässe, super Standards – aber null Defensivarbeit. Böse Zungen nannten ihn Mittelfeldimmobilie. Andere wussten zu berichten, dass es in der Kölner Südstadt keine Kneipe gibt, in der keine unterschriebene Autogrammkarte von Dirk Lottner an der Wand hängt – und die Rückseite ist voll mit Strichen für die getrunkenen Kölsch. Dafür haben wir ihn geliebt. Ein Superfußballer, der privat so lebt wie wir: Gerne ein Bierchen trinkt, raucht und Trennkost so versteht – Salat vom Rest trennen und liegen lassen.

Nur einer sah das anders: Trainer Ewald Lienen. Dirk Lottner war in seinen Augen der Rädelsführer des geballten Ungehorsams in der Mannschaft. Er war der Grund für die mangelnde Disziplin, die Ursache für jeden Punktverlust. Lienen ließ sich das nicht bieten. Jeder Spieler musste Verträge unterschreiben, in denen er sich verpflichtet, weder zu rauchen, noch zu trinken, und sich an die ausgefeilten Trennkostpläne zu halten. Erinnert ein bisschen an die Beichte in der katholischen Kirche. Man bereut die Sünden, gelobt Besserung und bei der nächsten Versuchung …

Jedenfalls hätte damals niemals gedacht, dass Dirk Lottner irgendwann einmal als Trainer arbeiten würde. Die Vorstellung war so absurd wie Käsebrot mit Marmelade oder Bratwurst mit Nutella. Aber ich habe mich geirrt. Als Co-Trainer von Frank Schaefer rettete er die Profis 2011 vor dem Abstieg, danach betreute er alleinverantwortlich die U21. Lachen muss ich, wenn einer seiner Spieler wegen fehlender Disziplin suspendiert wird – Lottner kennt sicherlich alle Tricks, schnell einen frischen Atem zu bekommen, seine Fahne zu verlieren … Am 22. April 2013 wurde er leider beurlaubt.

10. KAPITEL

# DER STURM

## JÄGER DER ENTSCHEIDENDEN TORE

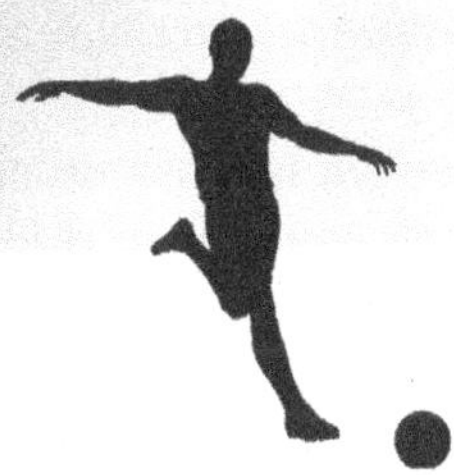

69. GRUND

## Weil er eine Monarchie ist

Was ich damit meine: Der 1. FC Köln hatte ein paar Torschützenkönige. Genauer gesagt: in der Bundesliga fünf.

- 1968 Hannes Löhr 27 Tore
- 1977 Dieter Müller 34 Tore
- 1978 Dieter Müller 24 Tore
- 1985 Klaus Allofs 26 Tore
- 1989 Thomas Allofs 17 Tore

In Liga 2 hatten wir zwei Toptorschützen:

- 2005 Lukas Podolski 24 Tore
- 2008 Milivoje Novakovič 20 Tore

Hm, wird da der ein oder andere sagen. Fünf Torschützenkönige in 50 Jahren Bundesliga. So dolle ist das aber nicht. Das sehe ich anders. Wir hatten mehr Könige als Großbritannien in der gleichen Zeit. Spanien hatte auch nicht mehr. Dänemark nicht, Schweden ebenso und Belgien oder die Niederlande auch nicht. Ich bin zufrieden damit!

70. GRUND

## Weil wir auch unsere »Müllers« hatten

Fällt schon auf, wie viele Spitzenfußballer in Deutschland den Nachnamen »Müller« tragen. Stimmt, »Müller« ist einer der geläufigsten Namen hierzulande. Wir sind ein Volk, das gerne Brot aß und noch immer isst, also brauchten wir auch viele Müller, die das Korn mahlten und schroteten. Auffallend allerdings ist, dass die bekanntesten Müllers im deutschen Fußball zu den Offensivspielern, wenn nicht Stürmern gehörten – und noch gehören.

Bayern München hatte seinen unglaublichen Gerd Müller und hat aktuell Thomas Müller, beide Offensivspieler. Gerd Müller ist sozusagen der Archetyp Mittelstürmer bis Ende des 20. Jahrhunderts gewesen, und Thomas Müller lebt von seinem wahnsinnigen Instinkt und Tor-Drang.

Zwei andere Müllers der deutschen Fußballgeschichte trugen das Trikot der Geißböcke. Einmal der Dieter, dem ich einen extra Grund (Grund 73) widme. Zum anderen Christian Müller, den heute leider kaum noch einer kennt. In den 1960er-Jahren war er aber der Kölner Torjäger.

In den Jahren 1959 bis 1963 wurden die Geißböcke viermal hintereinander Meister in der Oberliga West, qualifizierten sich für die Endrunde der deutschen Meisterschaften und erreichten dreimal das Finale. Einmal, 1962, holten sie auch den Titel. Den größten Anteil an dieser Erfolgsgeschichte hatte Christian Müller dank der Tore, die er schoss! Es heißt, er sei einer der schnellsten und schussgewaltigsten Stürmer seiner Zeit gewesen, einer, der wie ein Rammbock ohne Rücksicht auf Verluste in Zweikämpfe ging.

In seiner Debütsaison bei den Geißböcken schoss er in 28 Spielen 28 Tore. Insgesamt machte er 113 Oberligaspiele und dabei 82 Tore, in der Bundesliga waren es 46 Tore in 69 Spielen. Was für eine Torquote! Auf so einen kann kein Bundestrainer verzichten. Oder doch? Weder Sepp Herberger noch Helmut Schön berücksichtigten Christian Müller, sondern setzten lieber auf den kickenden Ohnsorgmimen aus Hamburg, Uwe Seeler. Der konnte höher springen als Hans Rosenthal in *Dalli Dalli* und trauriger gucken als Heinz Rühmann in seinen Filmen.

Christian Müller war eher eine Art Burt Lancaster der Bundesliga. *Der Rote Kosar* gehört zu meinen Lieblingsfilmen!

71. GRUND

## Weil er die deutsch-belgische Völkerverständigung gefördert hat

Meine Kumpels sagen, ich verkaufe diesen Grund schlecht. Eigentlich müsste er heißen: »Ich liebe den 1. FC Köln, weil er 1976 Roger van Gool verpflichtet hat«. Mein Vater sieht es grundsätzlich genauso. Er achtet seit eh und je auf die Groschen, jetzt die Cents und schlägt alternativ vor: »Ich liebe den 1. FC Köln, weil er als Erster eine Million für einen Spieler bezahlt hat.« Okay, eigentlich hat er »Weil er so bekloppt war, als Erster so viel Geld für einen Spieler auszugeben« vorgeschlagen. Meine Freundin dagegen war gleich begeistert, als sie den Namen van Gool hörte. Gool wird in Köln wie das englische goal ausgesprochen, was ja Tor bedeutet. Sie plädiert für »Ich liebe den 1. FC Köln, weil bei manchen Spielern ›Nomen est Omen‹ gilt.« Van Gools Aufgabe: Torschießen!

Und sie haben natürlich alle recht. Roger van Gool ist für sich genommen ein Thema, über das man viele Seiten schreiben kann. Er kam vom FC Brügge. Der war zur damaligen Zeit – wie der FC – eine große Nummer im europäischen Fußball. Die Belgier waren gerade bis in die Endspiele um den UEFA-Cup gekommen, hatten aber da gegen den FC Liverpool verloren. Für den 1. FC Köln war in der Saison bereits in der zweiten Runde Schluss. Sie verloren gegen Spartak Moskau mit 2:0 und 1:0.

Van Gool spielte Rechtsaußen und trug beim FC deshalb die 7 auf dem Trikot. Setzte er zu seinen legendären Dribblings an, ging bereits ein Raunen durch das Publikum. 96 Bundesligaspiele machte er für den 1. FC Köln. 28 Tore schoss er. Unzählige bereitete er vor. 1978 wurde er mit dem FC deutscher Meister, 1977 und 1978 holte er mit den DFB-Pokal. Van Gool gehörte zum Team, das unter Hennes Weisweiler unglaublich erfolgreichen Fußball gespielt hat. 1980 verließ er den Verein und wechselte nach England zu Coventry City. Und ja, er hat eine Million DM gekostet. Der teuerste Spieler seiner Zeit in der Bundesliga. Und der 1. FC Köln konnte ihn sich leisten. Kaum zu glauben, aber damals gehörten wir zu den Krösussen der Liga. Mir war das Geld egal. Ich habe mir damals ausgerechnet, wie lange ich mein Taschengeld sparen müsste, um mir einen Roger van Gool leisten zu können … Und verlor das Interesse an diesem Thema.

Sein Name ist natürlich bestechend. Heute könnte man Unmengen Trikots mit dieser Beflockung verkaufen. Er ist sozusagen das ökonomische Gegenteil des Spielers Bekim Kastrati. Seine Trikots in den Fanshops von Düsseldorf oder Dresden waren schlimme Ladenhüter. Aber auch darüber will ich nicht schreiben. Mich interessiert was anderes: Das Verhältnis von Kölnern und Belgiern in der damaligen Zeit.

Um es schnell auf den Punkt zu bringen: Das Verhältnis war schlecht! Belgien war Besatzungsmacht. In Köln gab es gleich mehrere belgische Kasernen. Eine davon ganz in der Nähe meines Elternhauses. Ich weiß nicht, ob und was damals, als die Soldaten nach dem Krieg nach Köln kamen, passiert ist. Vielleicht war es auch einfach nur das Gefühl des verlorenen Krieges. Jedenfalls wuchs ich in einem latent belgierfeindlichen Klima auf. Dabei wohnten in unserer Nähe viele belgische Kinder in meinem Alter. Soldaten, die ihre Familien mit nach Deutschland gebracht hatten, lebten ja nicht in der Kaserne, sondern in Wohnungen oder Häusern wie wir. Dennoch hatte ich damals keinen einzigen belgischen Freund.

Wir Kinder spielten Fußball auf der Straße oder im Park. Kein Belgier war dabei. Wir gingen gemeinsam zur Schule. Kein Belgier war unter uns. Man kann die Liste ewig weiterführen. Dabei war es keine generelle Ausländerfeindlichkeit. Wir hatten türkische Freunde – seit dem ersten Schuljahr. Die meisten von ihnen waren gerade frisch nach Deutschland gekommen und sprachen kaum ein Wort Deutsch. Fremder konnte uns kaum was sein. Trotzdem spielten wir selbstverständlich zusammen. Nicht mit Belgiern! Es hieß bei uns im Ort, sie seien dreckig und ihre Häuser und Wohnungen verwahrlost. Es hieß, wenn man als deutsches Kind auf dem Sportplatz der Kaserne erwischt wurde, weil man zum Beispiel Fußball oder Rollhockey spielen wollte, müsste man für die ganze Kaserne das Geschirr spülen. Wir schlichen uns natürlich trotzdem auf das Gelände. Es war nun mal der beste Platz zum Bolzen. Aber sobald sich ein Jeep näherte, nahmen wir panisch Reißaus.

Durch die Kaserne gab es in Dellbrück auch so eine Art Rotlichtviertel. Im Mittelpunkt ein Stripteaseladen mit Namen Del Mondo Bar. Ständig von belgischen Soldaten frequentiert. Die Stripteasebar lag ungefähr auf unserem Weg zur Grundschule und beschäftigte wild unsere Fantasien. Wenn wir zur Schule gingen, wurde meist gerade in der Bar geputzt. Wenn wir uns trauten (oder uns nicht trauten, vor den anderen zuzugeben, dass wir uns nicht trauten), machten wir einen kleinen Schlenker zur Bar. Die Tür war offen, man konnte im Schaukasten Fotos sehen. Fotos, die uns sehr irritierten. Bizarr aufgemachte Frauen, exotische Wesen mit Perücken, knappen Slips und Sternen auf den Bürsten, zogen Federboas durch den Schritt oder leckten Metallstangen ab. Manche rissen ihre Augen unnatürlich weit auf. Mit sieben, acht, neun Jahren verwirrte uns das schon sehr.

Dazu der Geruch, der aus der Bar strömte. Vermutlich eine Mischung aus Zigarettenrauch, Alkoholdunst und Sex. Der zog uns magisch an. So riecht es also, wenn Erwachsene tun, was Erwachsene tun, wenn die Kinder nicht dabei sind … Und diese merkwürdigen exotischen Frauen haben auch was damit zu tun … Nur was? Das sollten wir erst ein paar Jahre später herausfinden.

Köln war (und ist) eine tolerante Stadt – nur mit den Belgiern tat sie sich schwer. Bis er kam: Roger van Gool! Er brachte im Nu die belgisch-deutsche Völkerverständigung voran. Es brauchte nur wenig dafür. Seine Tore, sein Spielwitz und diese lustige Sprachmelodie – schon liebte ihn die Kurve.

72. GRUND

## Weil ein Spieler die Sonne aufgehen ließ

Da habe ich aber einen rausgehauen, was? Ich meine natürlich, dass der 1. FC Köln als erster Verein der Bundesliga einen Spieler aus dem Land der aufgehenden Sonne, aus Japan, verpflichtete: Yasuhiko Okudera. Und Japan galt damals nicht gerade als Hotspot der Fußballkultur. Die meisten wussten wahrscheinlich nicht einmal, dass man dort überhaupt Fußball spielte. Bei Weltmeisterschaften sah man die Japaner ja auch so gut wie nie. Und in ganz Köln kannte vermutlich niemand einen japanischen Fußballverein mit Namen. Die Vorstellung, dass ein Japaner ordentlich kicken könnte, war damals so abwegig wie der Gedanke, rohen Fisch mit Stäbchen zu essen oder warmen Wein zu trinken.

Das änderte sich schlagartig 1977. Yasuhiko Okudera kam zur Saison 1977/78. Man belächelte ihn anfangs wohlwollend, wie ein Geschenk, das kleine Kinder selbst gebastelt hatten. Jaja, der FC will wohl mal wieder originell sein, munkelte man sicher. Und tatsächlich war man originell, aber auch erfolgreich. Okudera überraschte alle. Lässig spielte er sich in die Mannschaft, damals immerhin mit Spielern wie Heinz Flohe, Bernd Cullmann, Dieter Müller oder Roger van Gool, und landete schon bald als Stammkraft auf dem linken Flügel.

Unsterblich aber wurde er für uns FC-Fans an den letzten beiden Spieltagen der Saison 1977/78. Am vorletzten Spieltag spielte der 1. FC gegen den VfB Stuttgart. Okudera schoss in der 80. Spielminute den 2:1-Siegtreffer. Vor dem 34. und damit letzten Spieltag standen die Geißböcke auf Platz eins der Tabelle. Punktgleich mit Borussia Mönchengladbach, aber Köln lag mit zehn Treffern vor den Borussen. Eigentlich eine klare Sache, sollte man meinen. Wie wollen die Borussen zehn Tore aufholen? Unmöglich! So naiv waren wir damals (darüber mehr in Grund 31).

Im letzten Spiel musste der FC auswärts bei St. Pauli ran. St. Pauli stand bereits als Absteiger fest. Schnell lagen die Geißböcke in Führung. Weisweiler aber wollte sich mit dem 0:1 (Flohe, 28.) nicht zufrieden geben und spornte die Mannschaft mit wilden Gesten an. Okudera gab alles und erzielte in der 60. Minute das 0:2. Trotzdem drehte Weisweiler am Spielfeldrand weiter am Rad. Das 0:3 fiel wieder durch Flohe nur neun Minuten später. In der 83. Minute schoss Cullmann das 0:4. Jetzt sollte es aber wirklich gut sein. Von wegen. Die 86. Minute – und die machte Yasuhiku Okudera in Köln unsterblich:

Eine Flanke von der rechten Seite in den Strafraum von St. Pauli, Okudera fliegt auf dem linken Flügel auf den Ball zu, erwischt ihn lehrbuchmäßig mit dem Kopf und bugsiert die Kugel ins gegnerische Tor. 0:5! Nach diesem denkwürdigen Finale war der 1. FC Köln deutscher Meister. Der Treffer wurde Tor des Jahres 1978. Yasuhiko Okudera spielte von 1977 bis 1981 beim 1. FC Köln. In 75 Bundesligaspielen machte er 15 Tore.

73. GRUND

## Weil er mehr als einen Müller hatte

Für uns gab es früher vor jeder Saison ein Ritual. Wir kauften uns das *kicker Sonderheft Bundesliga* und jeder stellte seinen »eigenen« Kader zusammen. Der bestand aus Spielern, die im gleichen Monat geboren waren wie man selbst. Also bei mir im April. Ich hatte immer Dieter Müller bei mir im Team. Meine Kumpels waren ganz schön neidisch.

Wenn man heute über Dieter Müller recherchiert, liest man Dinge, die mir damals gar nicht aufgefallen waren. Angeblich kämpfte er häufiger mit Übergewicht, sei recht verletzungsanfällig und zu sensibel gewesen – für seinen großen Ehrgeiz.

»Mein« Dieter Müller ist ein anderer. Einer, der im Heimspiel gegen Werder Bremen sechs Tore beim 7:2 schoss. Einer, der die Deutsche Nationalmannschaft bei der Europameisterschaft 1976 quasi alleine ins Finale ballerte. Gegen Jugoslawien drehte er mit seinen drei Toren einen 1:2-Rückstand um.

Und einer, den etwas Dandyhaftes umgab: Dieter Müller war von einem Millionär adoptiert worden. Er hatte finanziell ausgesorgt. Ein Hauch Gunter Sachs, Côte d'Azur und Jetset wehte durch das Müngersdorfer Stadion. Und so einer spielte in meiner Kicker-Mannschaft! Großartig!

Dieter Müller war von 1973 bis 1981 beim 1. FC Köln. 159 Tore machte er in 248 Bundesligaspielen, neun in zwölf Länderspielen. Er war Torschützenkönig der Liga in den Jahren 1977 und 1978 und wurde 1978 Deutscher Meister und 1977 und 1978 Deutscher Pokalsieger.

74. GRUND

## Weil das »Mutterland des Fußballs« zum Geißbockheim kam

Naja, in Wahrheit kam nicht das ganze Mutterland, sondern nur ein Vertreter zu uns: Tony Woodcock. Falls sich einer der Jüngeren wundert: England ist das Mutterland des Fußballs – auch wenn man das bei den heutigen Leistungen der Nationalmannschaft kaum noch glauben mag.

Tony Woodcock spielte zuvor bei Nottingham Forest. Da kommen Erinnerungen auf – an Robin Hood, den verbrecherischen Sheriff, Prinz Johann Ohneland, Lady Mary und, und, und. Der Verein wurde 1978 englischer Meister und 1979 Europapokalsieger der Landesmeister. Welcher Depp verlässt so eine Mannschaft? Nach solchen Erfolgen? Die Antwort liegt auf der Hand: Natürlich jeder – wenn ihm der 1. FC Köln ein Angebot macht! Und der FC machte. Denn Tony Woodcock hatte gehörigen Anteil an Kölns Rauswurf aus dem Europapokal der Landesmeister im Halbfinale. Trotz eines großartigen 3:3 im Hinspiel in England schieden die Kölner nach einem 0:1 im Rückspiel in Müngersdorf aus.

Im November 1979, nach monatelangen Verhandlungen, war der Transfer endlich perfekt. Für eine damals unglaubliche Transferentschädigung in Höhe von 2,5 Millionen DM wechselte Tony Woodcock nach Köln. Am 24. November nahm er – zusammen mit über 4.000 Zuschauern – am Mannschaftstraining teil.

Im Spiel stürmte er neben Dieter Müller. Woodcock war der schnellere Mann, Müller der torgefährlichere. Auf dem Platz fand sich Woodcock schnell zurecht. Im Alltagsleben aber fremdelte er. Die neue Sprache, der merkwürdige Rechtsverkehr … Und der enorme Druck, unter dem er stand. Schließlich musste er seine Rekordablöse rechtfertigen.

Nach erfolgreichen, aber nicht sensationellen drei Jahren kehrte er zurück nach England, heuerte beim FC Arsenal London an und beendete seine Zeit dort quasi in »kölscher Manier«. Er schrieb ein Enthüllungsbuch (*Inside Soccer*) und verscherzte es sich mit allen. Ebenfalls in »kölscher Manier« kehrte er zum 1. FC Köln zurück, dieses Mal für vier Jahre. Viele, ob Manager, Trainer oder Spieler, hatten es ihm vorgemacht, zum Beispiel Meier, Daum, Podolski, Littbarski, Häßler und Helmes. Nach seiner aktiven Zeit beim 1. FC Köln wurde Woodcock Trainer bei Vereinen in der Kölner Umgebung (Fortuna Köln, SC Brück). Tony Woodcock machte 131 Bundesligaspiele für den 1. FC Köln und dabei 39 Tore.

75. GRUND

## Weil wir gemeinsam einen tollen Spieler verloren haben

17. November 1991. Es gab noch kein Internet. Es gab keine Handys. Das Leben verlief analog. Deshalb dauerte es Stunden, bis ich es erfuhr. Ein FC-Kumpel rief mich an, und der war wiederum von einem anderen Freund angerufen worden, und der hatte es zufällig im Radio gehört: Maurice Banach war tot! Ich war fassungslos!

Banach starb bei einem Unfall auf der A1 in Richtung Köln in der Nähe der Ausfahrt Remscheid. Aus bis heute ungeklärten Umständen hatte er die Gewalt über sein Auto verloren. Der Wagen prallte gegen einen Brückenpfeiler und geriet in Brand.

Maurice Banach hatte es in den Monaten vorher nicht leicht gehabt, meine Sympathie zu gewinnen. Es hatte Wochen und Monate gedauert, bis ich ihn zum ersten Mal »Mucki« genannt habe. Mit seiner unbeholfen wirkenden Art, sich anzubieten, wirkte er lange Zeit wie ein Fremdkörper in der Mannschaft, in der er Flemming Povlsen ersetzen sollte. Aber anders als wir, die ihn längst aufgegeben haben, tat er es nicht und zwang uns mit seinen Toren dazu, unser vorschnelles Urteil zu revidieren.

Kaum hatten wir ihn in unser Herz geschlossen – auch Bundestrainer Berti Vogts fand Gefallen an dem FC-Spieler und wollte ihn in der Deutschen Nationalmannschaft bald debütieren lassen –, passierte das Unglück. In den letzten Jahren fuhr ich oft an der Unglücksstelle vorbei. Jedes Mal musste ich an unseren Mucki denken, und ich bin sicher, vielen anderen FC-Fans und Verantwortlichen geht es genauso. Maurice Banach machte in den Jahren 1990 bis 1991 49 Spiele für den 1. FC Köln und schoss 24 Tore.

76. GRUND

## Weil bei ihm auch »Unsportliche« zu sportlichen Idolen werden können

Sagen wir, wie es ist: Als Toni Polster 1993 zum ersten Mal für den 1. FC Köln den Platz betrat und sich auf seine eigentümliche Art warm machte (er trabte gemächlich los und schlug dann und wann mal die Hände über dem Kopf zusammen wie ein Hampelmann), waren wir auf den Tribünen fassungslos: So ein Spacko war wirklich Torschützenkönig in Spanien? Und das gleich zweimal? Und in Österreich sogar dreimal? Hatten wir etwa schon wieder auf den »falschen Zwilling« gesetzt? Die nächsten Spiele, das gleiche Bild. Ein sichtlich unaustrainierter, hüftsteifer, tapsiger Bär schlurfte über den Platz. Langsam, ohne Dynamik und natürlich auch ohne Torgefahr. Dieser Polster schien uns nicht bundesligareif, er sah eher nach Sonderturnen aus …

Aber dann änderte sich einiges. Polster war zwar noch immer hüftsteif, nicht der Fitteste und weiterhin tapsig wie Pu der Bär, aber er war da, wo der Ball hinkam. Sein linker Fuß konnte unglaubliche Dinge. Ein kollektives Aufatmen ging über die Tribünen: Kein falscher Zwilling. Ganz im Gegenteil. Weil Polster mit großer Regelmäßigkeit nicht nur ein, sondern gleich zwei Tore machte, verlieh ihm der Kölner Boulevard den Spitznamen »Toni Doppelpack«. »Toni Doppelpack« machte in den Jahren 1993 bis 1998 in 150 Bundesligaspielen unglaubliche 79 Tore, trainierte allerdings weiterhin wie ein Turnbeutelvergesser, präsentierte sich weiterhin gerne privat mit Zigarette und einem Glas Wein. Jeder FC-Fan kannte Tonis Lieblingsitaliener, jeder bekam ein Autogramm und eine Portion Wiener Schmäh von ihm. Wir alle liebten unseren Fußballer, der eigentlich ein Nichtfußballer war. Mein Kumpel nannte sogar seinen Sohn nach Toni Polster. Und wir liebten unseren Verein, bei dem selbst die Unsportlichen ihre Chance bekamen.

77. GRUND

## Weil er immer wieder einen verlorenen Sohn nach Hause holt

Es ist gerade Ende August/Anfang September 2013. Es sind Tage, die für einen FC-Fan im Nachhinein ungefähr die Bedeutung haben wie Marienerscheinungen für die katholische Kirche. Tage, an denen die Gänsehaut gar nicht mehr verschwinden will. Tage, an denen man so intensiv wie selten spürt, warum man Woche für Woche ins Stadion tigert, obwohl der FC so ist, wie er ist. Es sind Tage, an denen man genau weiß, warum man den FC Köln so liebt.

Am Donnerstag, den 29. August 2013 sitze ich spätabends am Schreibtisch. Morgen ist schließlich meine Deadline für den zweiten Block dieses Buches, meine zweiten 37 Gründe müssen fertig sein. Das sind sie, meine Freundin hat sie gegengelesen, mich auf den größten Unsinn hingewiesen, wie inhaltliche Unstimmigkeiten oder Textpassagen, bei denen ich dachte, komischer zu sein, als ich bin. Na ja. Dennoch liege ich gut in der Zeit. Noch zwei, drei Gründe, dann wollte ich für den Tag Schluss machen, da erreicht mich die SMS eines Kumpels: *Effzeh. Transfer. Sofort! Hammer!!!.*

»Effzeh« ist übrigens eins von drei stark frequentierten Internetforen rund um den FC (siehe Grund 24). »Transfer« ist der dortige Transferthread. Der Rest dürfte klar sein.

Ich stand direkt unter Strom. Die Transferperiode lief nur noch wenige Tage bis zum 2. September. Der FC war nicht gerade berauschend in die Saison gestartet, musste (und muss) sich auf das neue System von Trainer Peter Stöger einstellen. Es gab einige Baustellen, die nicht mit bloßem Training zu beheben waren. Neue Spieler mussten die Lösung sein. Wir Fans waren der Meinung, dass wir einen Taktgeber für das zentrale Mittelfeld brauchten. Jemand, der defensiv die Lücke zwischen Abwehr und Mittelfeld schloss. Und jemand, der die Offensivspieler so einsetzte, dass sich Torchancen ergaben. Na ja, und viel kosten durfte er auch nicht. Es war quasi eine unlösbare Aufgabe.

Gerüchte, Wünsche und Mutmaßungen machten schon länger die Runde. Konnte Sportdirektor Schmadtke seine Kontakte zu seinem Exclub Hannover nutzen und Schlaudraff nach Köln locken? Ich gebe zu, wir in Köln leiden mitunter an Fußball-Demenz und vergessen einfach, dass wir in der 2. Liga spielen. Für einen Exnationalspieler mit Ambitionen sicher nicht die reizvollste Aufgabe. Dann deutete Schmadtke an, vielleicht lieber einen Führungsspieler für die Defensive zu holen. Hm, Defensive? Welche Spiele sah sich Schmadtke denn an? Defensiv stehen wir ordentlich. Aber Schmadtke ist Sportdirektor, ich Fan … Irgendwas muss ihn ja qualifizieren für den Job …

Die Transferseite des Effzeh-Forums öffnet sich im Zeitlupentempo. Klares Zeichen, dass spektakuläre Neuigkeiten anstanden. Der Traffic auf dem Server verursachte Staus. Die kannte ich schon aus den Zeiten der Daum-Verpflichtung oder als Poldi zurückkehrte. Da ging gar nichts mehr. Endlich! Die Seite steht. Ein User verkündet, dass Patrick Helmes wieder zu den Geißböcken zurückkehren wird. Ungläubiges Staunen. Der User ist seriös. Er hat Kontakte zum Verein, er weiß immer so allerhand, zum Beispiel über vereinsinterne Abläufe, Finanzen und so. In den Foren vegetieren ja leider auch jede Menge Trolls. User, die auf dicke Hose machen und bewusst Falschinformationen setzen. Details erspare ich mir hier.

Nicht so der User mit der Helmes-Nachricht. Patrick Helmes verließ den Verein damals unter merkwürdigen Umständen. Schon in der Weihnachtspause kündigte er seinen Wechsel zu Bayer Leverkusen an. Zu Bayer Leverkusen!!! Ein Pakt mit dem Teufel! Angeblich soll der FC Helmes ein lächerliches Angebot gemacht haben, angeblich soll Bayer Leverkusen Helmes und seine Familie mit Geld zugeschüttet haben. Angeblich, angeblich, angeblich …

Wenn ein FC-Spieler zur Werbemaßnahme des Chemiekonzerns wechselt, fließen Tränen der Wut. Freundschaften zerbrechen, und tiefe Risse ziehen sich durch Familienbande. Patrick Helmes spielte noch ein halbes Jahr beim FC. Für ihn ein einziges Spießrutenlaufen. Die Wilde Horde skandierte zur Melodie des 80er-Jahre-Hits *Hands Up, Baby Hands Up – Helmes, du Zigeuner.* So verhasst war er, der Verräter. Vielleicht habe ich mitgesungen. Ich weiß es nicht. Ob es Helmes verletzte, weiß ich ebenfalls nicht. Jedenfalls zeigte er sich unbeeindruckt und schoss den FC mit insgesamt 17 Toren aus der 2. in die Bundesliga. In der nächsten Saison lief er für den Erzfeind auf. Unerträglich für jeden FC-Fan, denn Helmes traf in 34 Bundesligaspielen 21-mal für den Antichristen!

In der folgenden Sommerpause 2009/10 passierte etwas Typisches für Patrick Helmes. Er spielt gerne Fußball, immer, überall und mit jedem. Statt sich vorher richtig warm zu machen, legte er sofort los, was angeblich bei seinen Vereinsphysiotherapeuten für schlaflose Nächte sorgte. Im Urlaub kickte Helmes mit Kumpels eine Runde. Dabei riss sein Kreuzband. Eine schlimme Verletzung, die monatelang Pause bedeutet und anschließendes mühsames Heran-trainieren an die Mannschaft. In Helmes Fall kam eine fassungslose Wut von Mannschaft, Trainer und Management über sein unprofessionelles Verhalten hinzu. Angeblich sollen weder Mitspieler noch Trainer oder Management Helmes im Krankenhaus besucht haben – dafür aber Vertreter des 1. FC Köln! Vielleicht empfand Helmes da die erste Sehnsucht nach seiner alten Heimat. Jedenfalls soll er, kaum genesen, nach Bayer-Spielen unter der Dusche die FC-Hymne gesungen und damit seine Mitspieler ordentlich irritiert haben.

Wahrscheinlich brauchte Helmes auch das Kapitel Wolfsburg, ehe seine Entscheidung klar war: Für ihn gibt es nur einen Ort, an dem er leben und kicken will: Köln! Das schreibt zumindest der seriöse User im Effzeh-Forum. Die Diskussion brodelt. Angeblich verdient Helmes bei VW vier Millionen, der FC kann ihm ja nicht einmal ein Viertel bezahlen. Ein anderer kontert, dass Helmes nur vier Millionen verdient, wenn er alle Bundesligaspiele macht, der VfL ständig gewinnt und Helmes dabei viele Tore erzielt. Das Gehalt der Bundesligaspieler ist in der Regel gedrittelt. Nur ein Drittel bekommt er als Grundhonorar. Da man Helmes aus dem Bundesligakader geschmissen habe, er nur noch für die VfL-Regionalligamannschaft spiele, bekäme er auch »nur« noch knapp 1,3 Millionen. In der Größenordnung (eher etwas drunter) könne der FC auch aufbringen. So ging es hin und her …

Ich aber war überzeugt, oder überzeugte mich selbst, dass Patrick Helmes zu uns zurückkommt, zurückkommen musste. Derart in Euphorie versetzt, überarbeitete ich in der Nacht – statt wie geplant zwei, drei Gründe – sagenhafte 13. Natürlich immer im Blick der neueste Stand der Helmes-Diskussion. Wir alle wussten ja, dass Helmes FC-Fan ist, dass er sich oft im Stadion Spiele der Kölner ansah, dass er sich am Geißbockheim herumtrieb – so wie Poldi. Aber war das aussagekräftig? Würde er wirklich zu einem Zweitligisten wechseln?

Am nächsten Morgen der Dämpfer: Helmes' Manager Gerd vom Bruch dementierte den Wechsel. Klar, GvB ist alter Mönchengladbacher, das wussten wir. Und ein Mönchengladbacher gönnt den Geißböcken allenfalls eitrigen Hodenkrebs. Gleichzeitig kursierten Gerüchte, dass Helmes' alter Verein, Bayer Leverkusen, um ihn buhlte. Ich redete mir schön, dass ich immerhin eine euphorische, kreative 13-Gründe-Nacht verbracht hatte.

News vom seriösen Effzeh-User! Helmes habe Wolfsburg und seinem Manager gesagt, er werde nur zum FC wechseln. Ich zwang mich, keinem Gerücht mehr auf den Leim zu gehen. Dann: Helmes sei sich mit dem Verein einig. Nur noch Wolfsburg müsse zustimmen. Ich zwang mich weiterhin, den Gerüchten keinen Glauben zu schenken, auch wenn mir die ersten Schauer über den Rücken liefen! Dann: Schmadtke bestätigte die Gespräche mit Helmes. Die Schauer verwandelten sich in permanente Gänsehaut. Aber noch blieb ein Rest gesunder Skepsis. Bis Sonntag nach dem Spiel: Der FC hatte Erzgebirge Aue mit 4:1 geputzt, Marcel Risse hatte zwei Hütten gemacht und redete und redete und redete und verplapperte sich im Überschwang der Gefühle … Es war amtlich. Am Montag wurde Helmes vorgestellt. Und! Er hatte keinen halbschwulen Halbjahres- , Einjahres- oder Zweijahresvertrag unterschrieben, nein, er kommt für drei Jahre! Der verlorene Sohn war wieder zu Hause. Leider musste er schon bald seine Karriere beenden.

78. GRUND

## Weil wir Prinz Poldi haben

Moment mal, wird der ein oder andere Naseweis sagen. Poldi spielt ja gar nicht mehr für die Geißböcke. Der ist doch bei Kobe. Vorübergehend! Kann ich darauf nur antworten! Vorübergehend! Ich bin mir ganz sicher, dass er über kurz oder lang wieder für den FC spielen wird. Bis dahin lebe ich von den vielen magischen Momenten, die ich dank ihm im Stadion erleben durfte. Die vielen entscheidenden Tore, oft in den letzten Spielminuten, die uns auf der Tribüne wie die wilden Tiere haben brüllen lassen. Sein unglaublicher Instinkt, der ihn in den allermeisten Momenten genau das Richtige tun ließ. Seine kraftvolle Art, sich durch die gegnerische Abwehr zu tanken. Und die unbändige Wut, wenn er von einem Gegenspieler übel gefoult wurde und wir alle im Stadion wussten, jetzt dreht er auf, jetzt gibt er richtig Gas. Wie oft habe ich wegen ihm Gänsehaut gehabt? Wie oft hatten wir vor Glück Tränen in den Augen, weil unser Poldi Fan des 1. FC Köln ist wie wir? Ich kann es echt nicht zählen.

Jeder verbindet wahrscheinlich wieder andere Situationen mit Lukas Podolski. Für mich ist es das Auswärtsspiel in Frankfurt am 7. Mai 2011. Vorletzter Spieltag. Köln hatte eine Wahnsinnsrückrunde hinter sich. Noch in der Winterpause galten wir als sicherer Absteiger. Dank der Trainer Frank Schaefer und am Ende Volker Finke war der FC so gut wie gerettet. Aber noch nicht ganz! Für

Frankfurt unter Trainer Christoph Daum sah es noch ein bisschen düsterer aus.

Ein Frankfurter Kollege weigerte sich, einem Kumpel und mir Karten zu besorgen, weigerte sich ebenfalls, mit uns gemeinsam das Spiel zu sehen. Wahrscheinlich hatte er die Schmach vorausgesehen, die er an diesem Nachmittag erleben musste. Wir bekamen die Karten auch so und saßen auf der Gästetribüne. Wie erwartet hatte der FC das Spiel sofort im Griff und gewann hoch verdient mit 2:0. Frankfurt war danach tot, der BVB musste am letzten Spieltag nur noch die Leiche in die 2. Liga schieben. Das 1:0 erzielte Chihi in der 24. Minute. In der zweiten Halbzeit, dritte Minute in der Nachspielzeit gab es einen Elfmeter für die Geißböcke. Poldi schnappt sich den Ball und verwandelt sicher!

Wir Kölner jubeln. Wir sind gerettet. Die Eintracht liegt am Boden und mein Frankfurter Kollege längst zu Hause. Er will uns unter keinen Umständen mehr begegnen. Will mit keinem reden.

Während die Kölner Mannschaft vor der Kölner Tribüne feiert, stürmen wütende Frankfurter Fans den Platz. Sie sind sauer auf ihre Elf – und die muss nun um ihr Leben rennen. Ein paar Kölner Spieler traben ebenfalls gemächlich zum Ausgang. Poldi sitzt noch bei uns auf dem Zaun und singt. Selbst als sich die Frankfurter nähern, versteckt er sich nicht. Ganz im Gegenteil, die Kölner Fans steigen selbst auf den Zaun, um ihren Poldi im Fall der Fälle zu verteidigen. Ja, ich weiß, das ist primitiv, doof und noch vieles mehr, trotzdem ein Moment, den ich nie vergessen werde. Er erinnerte ein bisschen an den Film *300* von Zack Snyder.

Poldi ist unser Prinz, egal, wo auf der Welt er spielt. Wir sind sein Volk, und ein Volk tut, was ein Volk tun muss: seinen Prinzen beschützen und feiern. Er lebe hoch, hoch, hoch!!!

11. KAPITEL

# IM STADION

## VOR, WÄHREND UND NACH DEM ANPFIFF

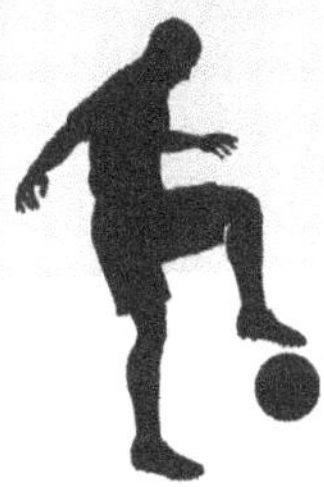

79. GRUND

## Weil es im Stadion alkoholfreies Kölsch gibt

Ein Glas Kölsch ist doch was Wunderbares. Helles, gefiltertes Vollbier, gepflegt gezapft mit einer stabilen Haube von feinporigem Schaum, mit ungefähr acht Grad Celsius serviert in einem dünnwandigen zylinderförmigen Glas mit 0,2 Litern Inhalt, der so genannten »Kölschstange« – lecker!!! 11,3 Prozent Stammwürze, 4,8 Prozent Alkoholgehalt. Und nur was in Köln oder der unmittelbaren Umgebung gebraut wird, darf sich Kölsch nennen. Das wird von der Kölsch-Konvention von 1985 streng geregelt. Aber das Allerbeste ist: So eine Kölschstange ist mit wenigen Schlucken geleert. Da wird nix schal. Man hat immer ein frisches, leckeres Kölsch vor sich stehen. Und selbst schüchterne Menschen finden deshalb schnell Kontakt zum Köbes (so werden die Kellner in Kölner Brauhäusern genannt). Der tauscht ungefragt das leere Kölsch-Glas gegen ein neues volles aus, es sei denn, man hat den Deckel auf sein leeres Glas gelegt, als Zeichen einer Trinkpause. Niemand muss also in Köln verdursten. Kölsch trinken ist damit also nicht nur eine angenehm wohlschmeckende Art, Alkohol zu sich zu nehmen, sondern gleichzeitig Ausdruck höchster Trinkhochkultur und Kölner Gastfreundlichkeit.

Kölner Gastfreundlichkeit wird natürlich überall in der Stadt gepflegt. Überall? Moment, nein. In der Justizvollzugsanstalt Ossendorf nicht, in Kölner Kindergärten nicht und auch nicht im Müngersdorfer Stadion! Waaasss? Bei den beiden Erstgenannten fallen einem sofort gute Gründe ein, warum dort kein vernünftiges Kölsch ausgeschenkt werden sollte. Aber im Müngersdorfer Stadion? Wo der 1. FC Köln spielt? Der genauso zur kölschen Kultur gehört?

Ja, man muss es leider zugeben. Mit kölscher Trinkkultur ist es bei Kölner Heimspielen nicht weit her. Es fehlt den Servicekräften an den Bierständen nicht nur die grantige Mauligkeit der Köbeses in den Brauhäusern, ihnen fehlt schlichtweg auch das Wissen, dass Fans in der Pause Durst haben. Deshalb fangen sie in aller Seelenruhe erst das Zapfen an, wenn sich elf Meter lange Schlangen gebildet haben. Reden wir erst gar nicht über die Plastikbecher, in denen stillos das Kölsch serviert wird, nicht über die Temperatur des Gerstensafts oder die Einstellungen der Zapfanlagen. Reden wir über den eigentlichen Skandal. Reden wir darüber, warum das Zeug, das im Stadion ausgeschenkt wird, eigentlich nix mit Kölsch zu tun hat. Reden wir über Alkohol beziehungsweise sein Fehlen im Stadionbier.

Kein Alkohol im Kölsch? Das ist wirklich bitter. Nicht, weil wir Kölner überdurchschnittlich viel trinken, sondern weil sich Kölsch nicht besonders gut zum Entalkoholisieren eignet. Es schmeckt wässrig und fad. Wer jetzt denkt, der Verein hätte das Alkoholverbot erlassen, um Gewalt zu verhindern, irrt. Auf der Südtribüne sind nur FC-Fans. Warum sollten wir uns kloppen? Der Verein denkt eher fürsorglich. Weil es im Stadion immer öfter keinen Alkohol gibt, konnten wir Fans uns die vielen Niederlagen unserer Fahrstuhlmannschaft auch nicht schöntrinken. Wir haben uns mit dem Schmerz, der Schmach und der Schande auseinandergesetzt. Echt? Dafür müssten wir uns doch beim Verein bedanken, oder?

### 80. GRUND

## Weil wir eine VIP-Tribüne haben

Wer kennt sie nicht? Die »Fans«, die bei jedem Spiel erst nach Anpfiff ihre Plätze einnehmen, sie weit vor der Halbzeitpause wieder verlassen, um als Erste am Würstchenstand zu sein, und die dann selbstverständlich wieder erst weit nach Anpfiff zu ihren Plätzen zurückehren. »Fans«, die das gesamte Spiel auf ihre Smartphones starren, hektisch Nachrichten tippen, dabei mit ihren Nachbarn, nicht über das Spiel, sondern überwiegend über Geschäfte reden … Wir alle kennen sie!!! Wir alle hassen sie!!! Ich finde, der 1. FC Köln hat für dieses »Fan-Problem« eine sehr charmante Lösung gefunden: die VIP-Tribüne! Abgetrennt vom wahren Fußballfan können sich da alle treffen, die sich eigentlich gar nicht wirklich für das Spiel interessieren. Die lieber quatschen und/oder Geschäfte abschließen. Die sich nicht am Support beteiligen. Die kommen und gehen, wann sie Lust haben. Kurz gesagt: für alle Nichtfans unter den Fans! Und ich finde auch, der FC gibt sich alle Mühe, ihnen diesen Ort schmackhaft zu machen: Sie bekommen einen Parkplatz direkt unter der Tribüne. Der Aufzug bringt sie hoch zu ihren Plätzen. Wir Normalos dürfen zum Stadion wandern und dann zu unseren Plätzen im Oberrang hochkraxeln. Sie bekommen Freibier! Und zwar *mit* Alkohol! Der ein oder andere Leser wird sich jetzt überlegen, ob er nicht auch ständig zu spät kommen und Faxen mit seinem Smartphone machen soll.

Es gibt ein abwechslungsreicheres Catering. Nicht immer nur Wurst, Wurst und vielleicht mal eine Frikadelle, sondern Buffets, die sich am Gegner orientieren. Kommt Borussia Mönchengladbach als Gast, gibt es Sauerbraten vom Pferd, bei der Hertha Buletten und Maultaschen, wenn Stuttgart da ist. Da sich die VIPs nicht so für Fußball interessieren, sind Altinternationale des 1. FC Köln da, die versuchen, ihnen den Sport erklären. Eine geradezu rührende pädagogische Maßnahme. Manche zitieren in diesem Zusammenhang die kleine Redensart: Perlen vor die Säue.

Der perfideste Trick des 1. FC Köln in diesem Zusammenhang aber ist, die Preise für die Tickets im VIP-Bereich so hochzuschrauben, dass die Nichtfans unter den Fans glauben, sie würden sich was ganz Besonderes leisten. Sie zahlen selbst saftige Preise, damit wir sie im Rest des Stadion nicht ertragen müssen. Eine grandiose Idee des 1. FC Köln. Deshalb möchte ich mich an dieser Stelle ausdrücklich bei der Marketingabteilung meines Vereins bedanken. Die VIP-Tribünenidee war groß, um nicht zu sagen grandios!!!

81. GRUND

## Weil ich durch ihn gelernt habe, dass es Dinge zwischen Himmel und Erde gibt, die man nicht erklären kann

Es gibt Fußballer, die immer mit dem linken Fuß das Spielfeld betreten. Andere, die sich vorher zigfach bekreuzigen. Oder welche, die sich während eines Turniers nicht mehr rasieren. Fußballer sind abergläubisch. Nicht alle, aber mehr als genug. Trainer sind genauso. Nur schlimmer.

Wir in Köln erinnern uns alle an Udo Latteks blauen Erfolgspullover. Der sollte erst bei einer Niederlage wieder gewaschen werden … Gerüchte kursieren, dass viele, selbst eingefleischte Fans, eine FC-Niederlage herbeisehnten, um endlich wieder entspannt durch die Nase atmen zu können. Oder das hellblaue Hemd von Ewald Lienen. Egal, welche Temperaturen im Stadion herrschten, Lienen trug keine Jacke über ebenjenem hellblauen Hemd. Das war gelebte Solidarität mit den Jungs auf dem Platz – und Glücksbringer. Man munkelte allerdings, er habe im Winter Thermounterwäsche darunter getragen. Dennoch, das muss gesagt sein: Die schlimmsten Esoteriker sind die Fans. Ich zum Beispiel sehe mir viele FC-Auswärtsspiele mit Freunden in einer Kneipe an (außer wir fahren zum Auswärtsspiel). Gewinnt der FC oder holt wenigstens ein Unentschieden, ist klar, dass die Kneipe Glück gebracht hat. Beim nächsten Auswärtsspiel sitzen wir in der gleichen Lokalität, wenn möglich auf dem gleichen Platz.

Nach einer Niederlage wird alles anders. Wochenlang gingen wir zum Drei-Punkte-Ali. Eine gutbürgerliche Kneipe (die natürlich anders heißt) mit Sieggarantie. Bis die erste Niederlage kam und die nächste … Der Abstieg. Wir betraten die Kneipe seitdem nie wieder. Geradezu tragisch ist der Zwölfte Mann im Müngersdorfer Stadion. Bei jedem FC-Tor gibt es eine Lokalrunde Kölsch. Aber der Laden bringt einfach kein Glück. Keine Ahnung, ob ich da schon mal in den Genuss von Freibier gekommen bin. Wir sind nicht die Einzigen, die das so sehen. Inzwischen hat der Laden kaum noch auf. Und ja, in der Abstiegssaison 2011/12 wechselten wir ständig die Örtlichkeiten und scheuten uns nicht, in die allerletzten Kaschemmen zu gehen. Schlecht gezapftes Bier, lieb- und geschmackloses Essen. Manchmal waren wir sogar mit Abstand die jüngsten Gäste. Und weil wir Fans des FC sind und nicht von Bayern München, lernen wir über die Jahre alle Kneipen von Köln kennen. Irgendwann werde ich vielleicht einen Kneipenführer schreiben …

Aber wir geben auch bei Heimspielen alles! Zum Beispiel mit dem »Glückseis«. Bei irgendeinem Spiel lag der FC zurück. Es war so um die 60. Spielminute. Wir hatten die Hoffnung auf einen Ausgleich, geschweige denn Sieg, verloren. Zum Trost kauften wir dem Eismann eine Runde Eis ab … – und das Wunder geschah. Der FC drehte in den nächsten Minuten das Spiel – und gewann. Das konnte kein Zufall sein. Und tatsächlich, auch bei der nächsten drohenden Niederlage funktionierte es. Irgendwann hatten wir den Eindruck, dass der Fußballgott uns durchschaut hatte und er wusste, dass Glückseisschlecken für uns kein Opfer darstellte. Er ließ uns und den FC dann und wann im Stich. Mist.

Konsequent sind wir auch, wenn wir merken, dass eine Person dem FC Pech bringt. Die Exlebensgefährtin eines meiner Kumpel ist so ein tragischer Fall. Wenn sie im Stadion ist, verlieren die Geißböcke. Liegt die Mannschaft zurück und wir bitten sie zu gehen, holt der FC in der Regel mindestens noch ein Unentschieden. Beim letzten Mal war sie sauer und kündigte an, nie mehr das Stadion zu betreten. Der FC startete unter Trainer Stanislawski eine Serie von 16 Spielen ohne Niederlage. Ich habe daraufhin meine Haltung zum Thema Stadionverbot überdacht.

82. GRUND

## Weil wir die besten Cheerleader haben und wir Fans die Cheerleader überflüssig machen

Damit wir uns richtig verstehen: Ich habe nichts gegen Cheerleader, schon gar nicht gegen unsere. Soweit ich das beurteilen kann, sind sie gut! Die Truppe tritt erfolgreich bei Cheerleader-Wettbewerben an und wird regelmäßig für ihre Auftritte im Kölner Karneval ausgezeichnet. Und nicht zu vergessen: Die Mädels haben uns gleich bei ihrem ersten Auftritt im Kölner Stadion Glück gebracht. Am 13. Dezember 1997 feierten sie Premiere. Es war ein Spiel gegen Borussia Dortmund. Die Borussen wurden in Anwesenheit der Cheerleader mit 4:2 vom Platz gefegt. Seitdem begleitet die Truppe jedes Heimspiel im Müngersdorfer Stadion.

Diese Leistung darf niemals vergessen werden. Seitdem sind viele Jahre, sogar Jahrzehnte ins Land gegangen. Trotzdem muss die Frage gestattet sein: Was ist die eigentliche Funktion dieser Cheerleader? »Cheerleading« kommt aus dem amerikanischen Universitätssport, ursprünglich vom American Football. »Cheer« heißt »Beifall«, »Leading« »führen«, also »Beifall führen« oder ein wenig eleganter ausgedrückt, das Publikum dazu bringen, die eigene Mannschaft anzufeuern. Interessanterweise waren die ersten Cheerleader laut Wikipedia Männer. Am 2. November 1898 wurden die Mannschaften der University Minnesota und der Northwestern University zum ersten Mal organisiert angefeuert. Und zwar von Männern! Im Laufe der Geschichte übernahmen Frauen die Aufgabe, was ich grundsätzlich begrüße.[34]

Da wir gerade bei Männerfantasien sind: Da spielten Cheerleader schon immer eine Rolle. Kino und Fernsehen machten sie zu verfügbaren Objekten der Begierde. Der Star der Mannschaft und die schönste Cheerleaderin sind das geborene Traumpaar. Die Schöne will jeder Spieler erobern und zwar mit Leistung, Höchstleistung.

Der ehemalige Tennisstar Brad Gilbert beschreibt in seinem Buch *Winning Ugly*, wie er sich bei jedem Match eine attraktive Frau im Publikum auswählte, um ihr zu imponieren. Mit diesem Trick schlug er unter anderem Boris Becker … So läuft das bei uns Männern! Der eine oder andere Leser mag sich fragen: Was hat das bitte schön mit dem 1. FC Köln zu tun? Und genau darum geht es! Nichts! Cheerleading hat nichts mit dem 1. FC zu tun! Anders als der American Football hat unser Fußball keine regelmäßigen Spielunterbrechungen, in der eine Cheerleader-Truppe das Publikum animieren könnte. In der Halbzeitpause rennen alle raus zum Klo, zum Wurst- und Bierstand und hoffen, vor Anpfiff wieder auf ihren Plätzen zu sein.

Im Müngersdorfer Stadion sind die Tribünen außerdem viel zu nah am Platz. Es gibt gar keinen Raum für Cheerleader-Aktionen während des Spiels. Und brauchen wir Mädels, die uns zum Anfeuern animieren müssen? Nicht, dass ich wüsste. Wir geben auch ohne ordentlich Gas.

Und so bleibt den Mädels nur das Programm vor dem Spiel, irgendwo zwischen Werbung für Internet, Banken und billigem Handy und dem Einlaufen der Mannschaften.

Da setzten sie brav einen Fuß nach vorne und wedeln ein bisschen mit den Puscheln. Das, was man so machen kann in solchen Momenten. Perlen vor die Säue? Vermutlich. Wir Fußballfans sind einfach Cheerleaderbanausen – und das habt ihr nicht verdient! Denn ihr seid die besten Cheerleader, die wir kennen! Aber wirklich brauchen tun wir euch nicht.

83. GRUND

## Weil ich mal selbst im Müngersdorfer Stadion gespielt habe

Es gab eine Zeit, da war der Fußball noch nicht durchkommerzialisiert. Damals ging es nur um Fußball, Fußball und noch mal Fußball. Keine Präsentationen neuer Automodelle vor dem Spiel, keine vorlauten Werbefilmchen auf der Videoleinwand und keine Permanentbeschallung mit Musik vom Band …

War das nicht furchtbar langweilig?, fragt da sicher so mancher. Nein, war es nicht, denn es gab das legendäre Vorspiel der Jugendmannschaften! Zugegeben: Legendär waren die Spiele wohl nur bei denen. Sie durften ins Stadion einlaufen und auf dem heiligen Rasen vor Zehntausenden Zuschauern kicken. Ja, ja, ja, die Vorspiele fanden schon am frühen Nachmittag statt. Und damals kamen eh kaum Zuschauer ins Kölner Stadion. Wenn nicht gerade Bayern München zu Gast war, wurde das Stadion selten mehr als halb voll. Trotzdem war es ein Erlebnis.

Am 1. März 1979 spielte der 1. FC gegen Bayer Leverkusen, und ich war dabei – auf dem Platz. Klar, nicht beim FC. Ich gehörte zur C1 von SV Adler Dellbrück. Wir spielten gegen die C1-Jugend der Geißböcke und waren damals richtig gut drauf. Seit Monaten ungeschlagen, viele Gegner zweistellig nach Hause geschickt, wir fühlten uns unbesiegbar.

Mit so großen Eiern, wie man sie als 13-Jähriger nur haben kann, liefen wir ins Stadion ein – und waren enttäuscht: Wo waren die Massen, die uns zujubelten? Nur ein paar Hundert Zuschauer verstreut und weit weg schauten uns zu. Erst die Laufbahn, dann der Graben …. Mindestens 25 Meter lagen zwischen uns und den ersten Fans. Und die interessierten sich für alles, nur nicht für uns.

Der Schiri pfiff das Spiel an, und es gab richtig auf den Sack. Alles, was sonst super klappte, funktionierte nicht. Kein Pass kam an, kein Kopfballduell wurde gewonnen, und in den Zweikämpfen waren wir die Loser. Machen wir es kurz: 12:1 wurden wir verprügelt. Und wir waren plötzlich verdammt froh, dass nur so wenige Zuschauer im Stadion waren und dass sie so weit vom Spielfeld standen und saßen und sie sich überhaupt nicht für uns interessierten. So mussten wir wenigstens nicht befürchten, auf der Straße ausgelacht zu werden.

Übrigens hat der 1. FC damals gegen Leverkusen 4:0 gewonnen. Wir, von Adler Dellbrück, schauten dem Spiel mit gesenktem Kopf zu und sinnierten über unsere Zukunft. Fußballprofis? Das konnten wir vergessen. Bei dem ein oder anderen wurden in den nächsten Monaten die Schulnoten merklich besser …

84. GRUND

## Weil die Halbzeitspiele uns Fans wieder auf den Boden zurückholen

Ich habe mich immer gefragt, was dieser Stuss eigentlich soll. Die erste Halbzeit ist abgepfiffen, wir regen uns über die Leistung unserer Mannschaft auf, schimpfen über einzelne FC-Spieler, den Schiri, die gegnerischen Arschlöcher und … werden gestört.

Die Vuvuzela von Radio Köln meldet sich zu Wort und kündigt das sogenannte Halbzeitspiel an. Halbzeitspiel? Es ist Pause! Da trinkt man ein Bier oder zwei und geht die Gläser wieder wegbringen … Oder man freut sich auf die zweite Halbzeit. Wer braucht da Halbzeitspiele?

Wir jedenfalls nicht! Ganz egal, ob die Kandidaten vom Anstoßpunkt das Tor treffen sollen – ohne dass der Ball vorher den Boden berührt, ein Ball minutenlang in der Luft jongliert werden oder vom Elfmeterpunkt nicht das Tor, sondern die Latte getroffen werden soll. Niemand will das sehen. Niemand!

Warum gibt es sie dann? Uns Fans gehen die Spiele auf den Sack. Richtig Kohle für den Verein kann es auch nicht geben. Oft genug gibt es nicht einmal einen Sponsor, und es gibt »nur« Fanartikel des 1. FC Köln zu gewinnen. Bis es mir eines Tages klar wurde. Es geht nicht um Einnahmen für den Verein oder um Fanbespaßung – ganz im Gegenteil! Den Fans soll ein fußballerischer Spiegel vorgehalten werden. Alle können sehen, was für Pfeifen sie selbst am Ball sind. Eine ganze Saison lang ist es nur einem einzigen Fan gelungen, den Ball vom Anstoßpunkt ins Tor ohne Bodenberührung zu schießen. Kaum einer traf die Latte aus elf Metern, das Jonglieren will ich lieber gar nicht erst erwähnen. Die Message heißt: Seid demütig. Haltet euch mit Kritik an den FC-Spielern zurück.

Offenbar wurde diese Idee vom Deeskalationsbeauftragten des 1. FC Köln erfunden. Pädagogisch wertvoll. Nach der Pause ist der Fan ein besserer Mensch als vorher. Ich werde mich beim Verein bei Gelegenheit bedanken.

85. GRUND

## Weil er sich um die psychische Gesundheit seiner automobilen Fans sorgt

Anders kann ich mir das Parkkonzept des 1. FC Köln nicht erklären. Seit dem Neubau des Stadions ist es eine Katastrophe, mit dem Auto zum Stadion zu kommen – lediglich von der Fahrt zurück nach Hause getoppt. Bei mir sind es knappe 7,5 Kilometer. Der Routenplaner meint, dass man die Strecke in 17 Minuten schafft. Die Wahrheit: Eine gute Stunde sollte man rechnen. Wohlgemerkt: für die Hinfahrt. Zurück brauchte ich schon mal drei Stunden. Also, lieber nichts mehr vornehmen im Anschluss.

Ich höre schon die ersten Einsprüche. Wer fährt denn auch mit dem Auto zum FC? Weiß doch jeder, dass das eine Schnapsidee ist. Warum nimmt der Tünnes nicht die Bahn? Die fährt direkt vor seiner Haustür ab. Und mit seiner Dauerkarte muss er nicht einmal ein Ticket lösen.

Ja, warum wohl? Ich beschränke mich auf die wichtigsten Gründe: Vor dem Spiel habe ich gerne ein bisschen Ruhe – nach dem Spiel erst recht. Und wo sonst sollte ich die finden, wenn nicht allein in meinem Auto? Außerdem kann ich nicht gegen Massentierhaltung sein, mich für tiergerechte Transporte zum Schlachthof einsetzen und dann mit der KVB zum Stadion fahren!!! Jede KZ-Henne hat mehr Platz als der einfache 1.-FC-Köln-Fan in der Stadionbahn, jedes Schwein mehr Auslauf bei seinem letzten Weg. Die Fans dagegen lassen sich, zusammengepfercht wie in der Tokioter U-Bahn, Heimspiel für Heimspiel ins Stadion transportieren. Und ja, ich weiß, wovon ich rede. Ich habe selbst solche Fahrten mitgemacht – und wurde traumatisiert!!!

Es war ein Spiel gegen Mönchengladbach. Vor meiner Tür fand parallel das Radrennen »Rund um den Eigelstein« statt, und ich hatte vergessen, meinen Wagen rechtzeitig aus der gesperrten Zone zu schaffen. Also ging es mit der Bahn zum Stadion. Die Hinfahrt war okay. Das Spiel eine Katastrophe. Es setzte, wie so oft gegen Mönchengladbach, eine ordentliche Packung. Ich hatte keine Lust auf Frustbier und verabschiedete mich von meinen Kumpels. An der Haltestelle dränge ich mich also in einen Wagon und merke erst viel zu spät, dass außer mir nur Gladbacher mitfahren. Vollkontakt mit dem Feind – super!

Aber es wird noch schlimmer: Die Bahn steht plötzlich im Stau fest. In Höhe Melaten. Die Wagen sind völlig überfüllt und rühren sich nicht vom Fleck. Überall um mich herum hackedichte Borussia-Fans. Einer gleich in meiner Nähe lässt unglaublich einen fahren. Zwei junge Frauen (ebenfalls Mönchengladbach-Fans) verlieren daraufhin ihr Bewusstsein. Sie werden aufgefangen, ich betätige den Notschalter der Tür, und gemeinsam tragen wir die Frauen an die frische Luft.

Draußen werden sie schnell wieder wach. Da kommt der KVB-Fahrer wutschnaubend dazu und raunzt uns an, weil wir die Tür geöffnet haben, weil wir die Bahn auf freier Strecke verlassen haben, weil wir uns nicht wie Schlachtvieh verhalten haben. Das war das letzte Mal, dass ich die Stadionbahn genutzt habe.

Ich stehe lieber in meinem Wagen im Stau. Ich verharre gern stundenlang auf P(arkplatz) sechs und warte, bis sich der Stau aufgelöst hat. Wenn einer pupst, dann bin ich es. Und Mönchengladbacher lasse ich erst gar nicht in mein Auto. Der 1. FC Köln tut so, als könne er nichts für das Stauproblem. Das Stadion gehört der Stadt, und die entwickelte schließlich das Verkehrskonzept, damit die anliegenden Nachbarn nicht juristisch gegen den Neubau des Stadions vorgehen. Damit wurde nämlich gedroht.

Ich glaube inzwischen, dass der 1. FC bei diesem Konzept doch seine Finger im Spiel hatte, denn mir und auch den anderen Fans tut das Warten auf dem Parkplatz richtig gut. Nehmen wir die Solbakken-Saison. Mann, Mann, Mann, war ich da manchmal nach dem Spiel geladen. Wegen der schlappen Kondition, wegen der die Mannschaft regelmäßig in der Schlussphase einbrach. Wegen der unsinnigen Defensivtaktik, weder zu doppeln auf den Außen, noch Flanken in den 16er zu verhindern oder ganz einfach wegen der ständigen Niederlagen. Und dann sitzt man dann da im Auto auf P6. Stundenlang. Und der Puls geht langsam runter, der Blutdruck sinkt auf Normalmaß. Die Laune wird von Minute zu Minute besser. Man fährt wieder aufgeräumter Dinge nach Hause. Die Partnerin freut sich …

Das kann doch alles kein Zufall sein. Da steckt Kalkül hinter. Kalkül des 1. FC Köln. Der weiß genau, was er tut. Er sorgt sich um die psychische Gesundheit seiner Fans. Ohne Parkplatz und Stau wäre ich doch längst Single und ein körperliches Wrack … Danke, FC. Auch für deine Fürsorge.

86. GRUND

## Weil wir wunderbare Stadien in Köln hatten und haben

Die alte Hauptkampfbahn kenne ich als Jahrgang 1966 nicht. Sie wurde im Sportpark Müngersdorf erbaut, für den sich damals Kölns ewiger Oberbürgermeister Konrad Adenauer eingesetzt hatte. 60.000 Zuschauer fanden dort Platz. Das größte Stadion in Deutschland seinerzeit. Wenn man sich alte Bilder ansieht, erkennt man ein schmales Oval mit nur einem Rang. Offenbar musste ein Großteil der Zuschauer stehen, sonst kommt man kaum auf die Kapazität. Es gab eine Laufbahn und auf den Stirnseiten Leichtathletiktechnik. Der Abstand zum Geschehen war sehr groß. Vermutlich hatten die Fans damals bessere Augen als wir heute. Hier spielte der 1. FC Köln – als er seinem Namen gerecht wurde – als erster und damit erfolgreichster Fußballverein Kölns.

Als die alte Hauptkampfbahn für die WM 1974 umgebaut werden sollte (Was nicht termingerecht gelang. Deshalb wurde Köln damals keine WM-Stadt. Jaja, auch wir haben unseren Hauptstadtflughafen oder unsere Elbphilharmonie), zog der 1. FC Köln in die Radrennbahn gleich nebenan um. Ich war dort bei einem Spiel. Aber so sehr ich mich auch bemühe, ich kann mich leider an nichts mehr erinnern. Angeblich habe ich nichts sehen können, weil ich noch zu klein war. Aber selbst daran kann ich mich nicht erinnern.

Das neue Müngersdorfer Stadion erlebte ich bewusst. Bei den Bundesligaspielen des 1. FC Köln und beim jährlichen Leichtathletikfest des ASV Köln. Für Letzteres gab es bei uns in der Schule Freikarten. Sogar ziemlich gute. Meist saßen wir Oberrang Ost – und hatten eine prima Sicht auf das Geschehen.

Bei den Fußballspielen des 1. FC Köln war das am Anfang anders. Wir standen in der Südkurve. Da war es billig. Da war Stimmung. Aber: Da sah man fast nichts. Über 60 Meter stand man vom Geschehen entfernt. Der Nachteil eines Fußball-und-Leichtathletik-Stadions.

Architektonisch hatte das alte Müngersdorfer Stadion bemerkenswerte Momente: Es war das erste komplett überdachte Stadion in Deutschland. Die Unart, im Regen auf den billigen Plätzen nass zu werden, gab es in Köln nicht. Wenn es regnete und gleichzeitig stürmte, wurde man überall auf dem Unterrang nass. Unabhängig, was die Karte gekostet hat. Das Zuschaueroval machte einen weiten Bogen um das Spielfeld. So konnte der Wind besonders gut im Stadion wüten.

Dank des sich selbsttragenden Daches störten auch keine Säulen die Sicht der Zuschauer. Das übernahmen dafür die Plexiglaswände, die die Blöcke voneinander trennten. Und man stand und saß aus heutiger Sicht unglaublich weit entfernt vom Spielfeld. Neben dem Rasen kam erst die Tartanbahn der Leichtathleten, dann der ominöse Graben, um die Fans zu hindern, den Platz zu stürmen. Das waren auf den Geraden gut und gern 25 Meter bis zum ersten Platz im Block, in der Kurve wie schon geschrieben um die 60 Meter.

Damals war das Stadion nur dann ausverkauft, wenn es gegen die Bayern ging, manchmal auch gegen Borussia Mönchengladbach. Sonst kamen im Schnitt weniger als 20.000 Zuschauer zu den Spielen. Hieß der Gegner Bayer Uerdingen, FC Homburg oder Waldhof-Mannheim, konnten es auch nur 7.000 oder 8.000 sein.

Die Stimmung war im Vergleich zu heute »schüchtern«. Es gibt Taubstumme, die machen mehr Krach, und das, obwohl der FC zu der Zeit wirklich sehr erfolgreich war. Die Geißböcke spielten regelmäßig im Europapokal – vor gut 10.000 Zuschauern! Man konnte sich selbst in den Stehplatzblöcken locker verabreden. Auf den Rängen war es so übersichtlich, dass man sich immer direkt fand. Es gab also auch Vorteile damals …

Zu denen gehörte auch das Catering. Es war besser oder, sagen wir, zumindest abwechslungsreicher. Im Winter gab es einen Stand mit heißer Erbsensuppe. Permanent im Angebot: Reibekuchen,

Pommes und Pizza. Okay, vom Blech – aber besser als die obskuren Fertigformpizzen, die heute verkauft werden. Unvergesslich ist sicherlich auch die männliche Wurstfachverkaufskraft mit dem schlecht sitzenden Toupet auf der Ostseite des Stadions.

Heute dagegen: Systemgastronomie. Sicher ist es nicht leicht, gutes Personal zu finden, aber der Service sollte doch irgendwann mal auf einer Party gesehen haben, wie ein gepflegt gezapftes Kölsch auszusehen hat, oder wann eine Wurst gut, noch roh oder schon verbrannt ist. Und nur, weil man ständig schlechte Laune wie ein Köbes in einem Kölner Brauhaus hat, ist man noch lange nicht für die Gastronomie geeignet. Vielleicht ist das aber auch alles Absicht. Vielleicht sorgt der 1. FC Köln dafür, dass wir kulinarisch nicht allzu sehr verwöhnt werden, damit wir das Spiel umso mehr genießen. Vielleicht sollen wir uns im Stadion auf das Wesentliche konzentrieren …

Nebenbei gesagt, habe ich keine Ahnung, wie es dem Verein gelang, der Stadt Köln das finanzielle Risiko für den Stadionneubau aufzuschwatzen. Einige Vereine, die da nicht so erfolgreich waren, wie Alemannia Aachen zum Beispiel, sind heute pleite oder entkamen wie 1860 München nur knapp der Insolvenz. Der FC konnte sogar die Miete vom sportlichen Erfolg der Mannschaft abhängig machen. Wenn ich kein FC-Fan wäre und nur Steuerzahler, wäre ich stinksauer. Aktuell lässt sich die Sportstätten GmbH sogar auf eine weitere Reduzierung ein, wenn sie im Gegenzug von einem möglichen Aufstieg profitiert.

Aber ansonsten ist das Stadion einfach klasse. Eine reine Fußballarena. Etwas klein. Knappe 50.000 Zuschauer passen rein. Aber das hat ja auch was Gemütliches, und statt gute 25 Meter auf der Geraden und mindestens 60 Meter in den Kurven haben die Blöcke nur noch gut sechs Meter Abstand vom Spielfeld. So nah war man in Köln noch nie beim Fußball dabei. Das erzeugt Stimmung – und die hat schon so manches Mal ein bereits verloren geglaubtes Spiel gekippt. Jetzt gibt es neue Stadionpläne. (Bonusgrund 9)

87. GRUND

## Weil ich durch den FC die Frauen besser verstehe

Frauen sind klasse! Aber im Stadion so eine Sache. Schaffen Frauen es, 90 oder manchmal sogar 120 Minuten nicht im Mittelpunkt zu stehen, ohne gleich an der Liebe des Partners zu zweifeln? Wir Männer kennen die Situation, wenn wir sie beim Shoppen begleiten und offenbar nur zum Tragen der Taschen zu gebrauchen sind.

Sind sie in der Lage, den Partner, den sie im Stadion erleben, der dem Gegner, dem Schiri schlimme eitrige Krankheiten an den Leib wünscht, von ihrem Partner im »normalen« Leben zu unterscheiden? Verstehen sie, warum man gegen jede Vernunft die eine Mannschaft anfeuert und die andere nicht?

Schwierige Fragen, die das Mann-Frau-Geschlechterverhältnis sehr belasten können. Meine Erfahrung aus fast 40 Jahren Stadionbesuch ist: Frauen sind alle verschieden. Es gibt Frauen, die sich nach einem Stadionbesuch weigern, jemals wieder die Tribüne zu betreten. Sie versuchen gerne, auch ihren Partner auf mehr oder weniger subtile Art davon abzubringen. Diese Beziehungen halten selten lange. Zu viel weiblicher Narzissmus. Wir haben mal bei einem Kumpel gemeinsam die *Sportschau* angesehen. Seine Frau konnte einfach nicht ertragen, dass wir Spaß ohne sie hatten. Mit den Mitteln subtil weiblich passiver Aggressivität brachte sie unseren Kumpel tatsächlich dazu, noch während der *Sportschau* die Spülmaschine zu leeren. War ein lustiger Abend für uns. Für ihn nicht …

Andere Frauen wiederum versuchen mitzuhalten. Die Exgattin eines Kumpels saß mit ihrer Dauerkarte bei uns. Nette Frau, keine Frage, immer tipptopp auf jedes Spiel vorbereitet, kannte jeden Gegenspieler inklusive persönlicher Daten, Anzahl seiner Spiele, starker Fuß, Verhältnis zum Trainer, privates Umfeld und so weiter. Die wusste alles! Und hat uns damit wahnsinnig gemacht. Heute sitzt sie als Abgeordnete in einem norddeutschen Stadtparlament. Sicher in jeder Sitzung perfekt vorbereitet.

Dann gibt es noch Frauen, die sich tatsächlich für Fußball interessieren – aber irgendwie anders. Meine Freundin zum Beispiel. Sie findet Fußball toll, war sogar bei der WM in Japan/Südkorea dabei. In Tipprunden liegt sie am Ende immer vor mir, ganz einfach, weil sie ihren Fußballsachverstand beim Tippen ausschaltet und zu der Mannschaft mit den hübscheren Spielern hält. Das macht mich fassungslos. Wenigstens ist sie ein unglaublicher Glücksbringer. Der 1. FC Köln verliert nie, wenn Monika mit im Stadion ist. Bisher jedenfalls. Eine großartige Frau, bisher jedenfalls.

88. GRUND

## Weil er uns das Gefühl gibt, schlauer zu sein als Spieler, Trainer und Schiri

Meine Kumpels und ich sitzen – seit das neue Stadion fertig ist – auf der Südtribüne, Oberrang S12, also recht weit oben. Nur ein paar Meter unter dem Dach, trotzdem nur ein paar Meter von der Spielfläche entfernt. Weil es aber keine Laufbahnen mehr gibt und die Tribünen sich steil aufrichten, sind wir sehr nah am Platz, schweben quasi hoch über dem Geschehen. Das ist gefährlich! Nicht körperlich, eher für die Fanseele …

Wir haben einen besseren, um nicht zu sagen den besten Überblick über das Spielgeschehen. Wir sehen also mehr als die Spieler selbst, der Trainer und vor allem – der Schiri. Wir sehen, wenn sich ein FC-Stürmer auf dem Flügel freiläuft – der FC-Mittelfeldspieler sieht es nicht. Wir verzweifeln, fluchen, schreien, drehen am Rad, wenn wir sehen, dass sich ein Gegner unbemerkt im Rücken des FC-Verteidigers freistiehlt. Wir brüllen uns die Kehle aus dem Leib, wenn der FC-Torwart mit einem Abschlag das Spiel schnell machen muss oder wenn er es verzögern sollte. Er sieht es nicht! Wir sehen früher als der Trainer, wenn ein Spieler auf dem Platz nix auf die Reihe bringt. Wir fragen uns, warum er ihn überhaupt aufgestellt hat. Der spielt doch schon seit Wochen nur Käse. Und warum sitzt der andere immer auf der Bank? Jeder im Stadion weiß, dass er viel mehr draufhat. Nur der Trainer scheint das nicht zu wissen! Und was ist heute nur mit dem Schiri los? Kann der nicht besser oder will er nicht? Jeder Zweikampf wird gegen den FC entschieden. Das kann nicht wahr sein. Warum hat der Kerl eigentlich Assistenten, wenn sie ihm nicht sagen, dass er irrt?

Wir haben da oben zu jeder Situation eine Meinung – natürlich die einzig wahre. Bis wir später die Zusammenfassung im Fernsehen sehen ... Schlagartig wechselt unsere Gesichtsfarbe in ein knallendes Rot. Scham glüht aus jeder Pore ... Noch versuchen wir uns reinzuwaschen: Abseits auf der Nordseite ist von Süd ja auch nur sehr schwer zu beurteilen. Vielleicht hat der Schiri auch ein früheres Foul geahndet, von dem wir nichts mitbekommen hatten. Man kann die Augen ja nicht überall haben. Der Verteidiger hatte sich sicher etwas Richtiges gedacht, als er sich im Raum gut platzierte. Das konnten wir nicht wissen. Wie auch? Wir können ja nicht in sein Hirn sehen. Aber den Stürmer hätte der Doof im Mittelfeld sehen müssen. Na ja, dafür hat er den Treffer mit Fernschuss selbst gemacht ... Im Geheimen beschließt jeder von uns, nächsten Samstag beim nächsten Spiel Ruhe zu bewahren, demütig zu sein ... Den Akteuren auf dem Platz und daneben zu vertrauen. Die wissen schon, was sie tun ... Aber dann ist wieder Wochenende. Südtribüne, Oberrang S12 ... Es steht schlecht um die Mannschaft. 0:1 im Rückstand.

Hey Schiri, das war Abseits! Mensch, wieso stürmt unser Stürmer nicht dem Ball nach? Das ist dein Job, du trübe Tasse, beweg dich, du lahme Nuss. Da, die Abwehr, oh Mannomann, da könnte man genauso gut ohne spielen ... Mach die Augen auf! Torwart, jetzt komm endlich raus, du feige Null! Jetzt aber Angriff! Was schnaufen die da so lahm über den Platz? Wie wär's mal mit Training, ihr faulen Säcke … Was sucht diese Flasche eigentlich noch aufm Platz …

89. GRUND

## Weil wir ein FC-Museum haben

Seien wir doch mal ehrlich: Museen können ganz schön anstrengend sein. Die einen sind so groß, dass man immer das Gefühl hat, nie alles gesehen zu haben – egal, wie oft man da war. Die anderen bieten eine thematische Vielfalt, deren Beliebigkeit schnell langweilt. Nicht das FC-Museum. Man findet es unter der Nordtribüne des Stadions, und es hat nur ein Thema: den 1. FC Köln. Es konzentriert sich auf das Wesentliche: 1. FC Köln! So geht Museum!

Im Museum gibt es so eine Art Adventskalender. Lauter Kästen mit Türen. Vielleicht Schließfächern in einer Umkleidekabine nachgebildet. Darauf die Fotos der FC-Helden seit Gründung des Vereins. Öffnet man eine Tür, findet man eine Devotionalie vom abgebildeten Spieler oder etwas, was man mit ihm verbindet. Hans Schäfer, Karl-Heinz Schnellinger, Jupp Röhrig, Wolfgang Overath, Wolfgang Weber, Bernd Cullmann, Heinz Flohe, Hannes Löhr, Pierre Littbarski, Dieter Müller, Harald Schumacher (der mit 542 Spielen übrigens die meisten Pflichtspiele für den Kölner Club absolvierte), Bodo Illgner, Thomas Häßler oder Dirk Lottner … Alle sind sie da!

Viele Spieler hat man selbst gesehen, andere kennt man nur aus den Erzählungen des Vaters. Unzählige Exponate erinnern an ihre großen sowie kleinen Triumphe. Eine Kopie der Meisterschale ist zu sehen, natürlich auch der DFB-Pokal, nachgebildet selbstverständlich. FC-Trikots …

Und dann steht man vor einer Vitrine, in der eine Plastikmünze aufrecht in einem Stück Rasen steckt. Die Erinnerung an eine der größten Ungerechtigkeiten des Weltfußballs: Europapokal der

Landesmeister 1965. Viertelfinale. 1. FC Köln gegen FC Liverpool. Hin- und Rückspiel endeten jeweils 0:0. Die Folge war nach den damaligen FIFA-Regeln weder Verlängerung noch Elfmeterschießen, sondern ein Entscheidungsspiel auf neutralem Platz. Einen Monat später trafen die beiden Mannschaften also wieder aufeinander, in Rotterdam. Es fielen Tore, einige wurden gegeben, andere nicht. Am Ende stand es nach Verlängerung 2:2. Das Reglement sah für diesen Fall eine Entscheidung durch Münzwurf vor. Ein Münzwurf! Wenigstens wurde kein Hütchenspieler zu Hilfe gerufen.

Der Schiri wirft also die Münze, sie fliegt durch die Luft, segelt gen Boden und bleibt senkrecht im nassen Boden stecken. Schicksal! Oder ein kleiner Spaß vom Fußballgott. Die FIFA könnte darüber nicht lachen. Der Münzwurf musste wiederholt werden.

Ich glaube, dem Fußballgott war das zu blöd, er ging schlafen. Und die Münze entschied für Liverpool. Ein tragisches Ende. Fair Play war noch ein völlig unbekanntes Fremdwort. Wie gut, dass ich das nicht erleben musste. Erst im Folgejahr kam ich zur Welt.

90. GRUND

## Weil wir die schönsten Lieder im Stadion singen

11. Oktober 2013. Wir kommen gerade aus dem Müngersdorfer Stadion. WM-Qualifikation. Deutschland schlug Irland 3:0 und ist bei der Endrunde in Brasilien mit dabei.

Das Spiel war langweilig, Irland überfordert, und wenn das Spiel der Deutschen, ohne echten Stürmer, das Konzept der Zukunft sein soll, dann kann ich gar nicht so müde sein, wie ich gähnen will.

Wenn man sich langweilt, sucht man nach Ablenkung. Man schaut sich im Stadion um und sieht … Unsägliche La-Ola-Gymnastik! Gibt es ein deutlicheres Zeichen, dass sich alle langweilen und nach Zerstreuung suchen? Oder noch schlimmer: dass man sich eigentlich gar nicht für Fußball interessiert und lieber selbst im Mittelpunkt stehen möchte? Vielleicht könnte man die nächste Million mit T-Shirts verdienen mit der Aufschrift »La-Ola-Verweigerer«?

Und dann die Fangesänge! Zwei Lieder hatten sie drauf. *Deutschland, Deutschland* und noch eins, was ich gleich wieder vergessen habe. Okay, als Kölner ist man, was Gesang angeht, verwöhnt. In keinem anderen Stadion werden so viele unterschiedliche Lieder gesungen. Anders als zum Beispiel bei den Bayern, die eigentlich auch nur eins draufhaben: *So ein Tag, so wunderschön wie heute*. Wir Kölner sind text-, takt und rhythmussicher. Anders als die BVBler, die gerne *BVB 09* singen, obwohl der Schmähgesang darauf *BVB – Hurensöhne* rhythmisch, von der Zahl der Silben, viel besser passt.

Nein, wir sind tatsächlich verwöhnt. Die FC-Hymne von den Höhnern. *E Jeföhl, dat verbingk FC Kölle!*. Wenn wir das laut singen, laufen die Mannschaften ein. Wir wissen, es geht gleich los. Das Stadion bebt. Fantastisch. Ich bekomme ja auch jedes Mal eine Gänsehaut, wenn ich ein Spiel der englischen N11 sehe und die Fans singen in der 66. Minute ihre Nationalhymne im Gedenken an den WM-Sieg 1966. Wir FC-Fans sollten in der 62., 64. und 78. Minute mit der FC-Hymne loslegen. Natürlich stammen einige unserer Fanlieder aus dem Kölner Karneval. Na und? Das ist halt unser Lebensgefühl. Außerdem hat es den angenehmen Nebeneffekt, dass wir alle textsicher sind. *Denn wenn et Trömmelchen jeht* von den Räubern oder *Denn wir sind kölsche Jungen …* vom Fussich Julchen sind unsere Klassiker im Müngersdorfer Stadion. Wenn es einen Gesangswettbewerb der Stadionchöre geben würde, eine Art DSDS der Kurven, wären wir Abonnementsgewinner bei unserem breiten Spektrum von Triumph bis Melancholie. *In unserem Veedel* von den Bläck Föös verbindet wie kein anderes Lied Trost und Hoffnung auf eine bessere Zukunft. Wer das nach einer schlimmen Niederlage hört, kann wieder befreit in die Zukunft sehen. So, jetzt habe ich ein bisschen Lust bekommen zu singen. Mal sehen, was noch so auf meiner Festplatte ist …

91. GRUND

## Weil er um unsere Gesundheit besorgt ist

Denn jeder Stadionbesuch ist gleichzeitig auch ein Gesundheitscheck. Schon auf dem Weg zum Sitzplatz im Stadion wird die Fitness getestet. Ich habe eine Dauerkarte für die Südtribüne, Oberrang, S12, fast unter dem Dach. Es geht schön steil die Treppen hoch. Ist man außer Atem, wenn man seinen Platz erreicht, gibt es keine Ausrede mehr: Die Fitness ist im Arsch.

Schafft man es dann nicht, 90 Minuten plus Halbzeitpause ohne Pinkelpause durchzuhalten, deuten sich entweder Probleme der Prostata an oder man hat vor dem Spiel deutlich zu viel gesoffen. Rauchen ist, wie mittlerweile überall, auch im Stadion verboten. Eine ernsthafte Herausforderung für jeden Raucher. Die meisten scheitern. Nikotinpflaster in Geißbockform könnten helfen. Wer es nicht schafft, 105 Minuten lang auf seinem Smartphone keine SMS zu schreiben, keinen Facebook-Eintrag zu posten und nichts zu twittern, sollte sich ernsthaft Sorgen machen und sich nach ADHS-Therapien umsehen.

Bedenklich wird es auch, wenn einem Songtexte nicht mehr einfallen. Möglicherweise Anzeichen einer beginnenden Demenz. Kommt man bei *Come on, FC* nur noch bis »Come«, ist die Demenz schon ziemlich ausgeprägt! Bei mir waren es die Augen. Irgendwann konnte ich die Namen der Spieler nicht mehr auf den Trikots lesen. Da war klar: Ich brauche eine Brille! Und über die Fitness sollte ich auch mal nachdenken. Vielleicht könnte ich aber auch früher zum Stadion fahren, dann müsste ich mich nicht so beeilen, zu meinem Platz zu kommen. Jedenfalls danke ich dem 1. FC Köln für seine Fürsorge. Dank ihm werde ich wahrscheinlich 100 Jahre alt.

92. GRUND

## Weil wir den besten Stadionsprecher der Liga haben (und schon immer hatten)

Stadionsprecher ist ein Beruf, der nicht geschützt ist, ähnlich wie Präsident, Manager oder Mittelstürmer. Als Stadionsprecher muss man keinen Gesellenbrief vorlegen, keine Dissertation schreiben, in Mathematik kann man eine Niete sein, man muss nur eins: die Spielernamen fehlerfrei über die Lippen bringen.

Nun ja, ein bisschen mehr sollte man doch mitbringen. Zum Beispiel in einem angenehmen Tonfall sprechen und nicht so tun, als sei man bei Josef Goebbels persönlich in die Schule gegangen. Das schrille Gebrüll, das einen in so manchen Stadien empfängt, lässt einen direkt ängstlich umschauen, wo die Panzer stehen. Und bitte nicht dieses blöde Danke-Bitte-Spiel anfangen. Dialog zwischen Stadionsprecher und Publikum, beendet wird es mit einem devoten Danke. Schlimm! So was kann eigentlich auch nur einer AG-Stimmung wie bei der Werbemaßnahme des Chemiekonzerns einfallen. Trotzdem ist auf der Aufwachstation jedes beliebigen Krankenhauses mehr los als bei denen im Stadion.

In Köln haben wir so einen Unsinn nicht nötig. Bei uns ist Stimmung! Dafür brauchen wir keinen Stadionsprecher. Wir legen Wert auf Seriosität. Und so ist unser Stadionsprecher die Seriosität in Person. Und zwar, seit ich zu den Geißböcken gehe. Wir haben Kontinuität auf diesem Posten. Wir lieben unseren Stadionsprecher – und er liebt uns. Warum sollte er von uns gehen? Wie zum Beispiel die Stadionsprecher anderer Vereine. Da gibt es ein stetiges Bäumchen-wechsel-dich.

Wenn man an die FC-Stadionsprecher denkt, dann denkt man als Erstes an Hans-Gerhard König. Er hatte viele Posten bei den Geißböcken. Von 1959 bis 1960 war er Clubsekretär, zwischen 1965 und 1972 Geschäftsführer, anschließend kümmerte er sich um die

Vereinszeitschriften *Clubnachrichten* und *Geißbockecho* und war von 1959 bis 1986 und von 1991 bis 1999 Stadionsprecher. Einer, der sich auf das Wesentliche beschränkte. Mit sonorer Stimme informierte er nach Art eines Nachrichtensprechers über Zwischenstände, Torschützen und Zuschauerzahlen. Er galt als »Stimme von Köln«. Dabei war er eigentlich gebürtiger Niedersachse und sprach selbstverständlich astreines Hochdeutsch.

Nur ein einziges Mal in seiner Stadionsprecher-Karriere passierte ihm ein Fauxpas: Bei einem Spiel in der Radrennbahn vergaß er, den Lautstärkeregler seines Mikrofons herunterzupegeln. Das ganze Stadion bekam mit, wie er sich über die Geißböcke mokierte: »Die spielen heute wieder einen Scheiß!« Es wurde ihm nicht übel genommen. Die Zuschauer sahen ja selbst auf dem Platz, dass er recht hatte. 1991 trat Hans-Gerhard König aus Altersgründen zurück.

Michael Trippel übernahm seinen Job. Während König ein Vertrauter von Franz Kremer und viele Jahre in verschiedenen Funktionen des Vereins tätig war, kam Trippel aus der Kölner Fan-Szene. 1984 wurde er der erste Fanbeauftragte des 1. FC Köln. Gemeinsam mit seinem Nachfolger Rainer Mendel gründete er am 1. Oktober 1991 das Fan-Projekt des Vereins. Gleichzeitig wurde er auch Stadionsprecher. Ein Stadionsprecher, wie wir ihn lieben. Ohne Fisimatenten, ohne Chichi und erst recht kein Josef Goebbels für Arme. Unser Stadionsprecher ist und war immer so, wie ich mir einen Stadionsprecher wünsche! Klasse!

12. KAPITEL

# FASHION

## PERFEKTER STYLE – BEI SIEG UND NIEDERLAGE

93. GRUND

## Weil er die schönsten Trikots aller Zeiten getragen hat

Ich fühle mich mehr als kompetent in Sachen Trikotdesign. Wir hatten früher bei uns zu Hause einen Kicker. Kein Profiteil aus der Kneipe, aber einen sehr guten Heimkicker. Eine Mannschaft trug gelbe Trikots und schwarze Hosen, die andere rote Trikots mit schwarzen Hosen – wie bei den allermeisten Heimkickern. Wieso eigentlich? Gelb-Schwarz und Rot-Schwarz gingen jedenfalls gar nicht. Gelb-Schwarz waren die Ursprungsfarben von Fortuna, Rot-Schwarz von Viktoria Köln. Natürlich wollte ich die Farben des 1. FC – Rot-Weiß – oder die von meinem Heimatverein SV Adler (Köln-)Dellbrück, also Blau-Weiß. Die gab's aber nicht.

Also musste ich selbst ran. Zugeschnitten aus Papier. Kurze Ärmel, lange Ärmel, eine Öffnung für den Kopf. Akribisch wurde das Design vorgezeichnet, dann »großflächig« ausgemalt, selbstverständlich gab es Aussparungen für Werbung, Rückennummer und Vereinsname. Die »Trikots« habe ich an den Spielerfiguren mit Klebepunkten von tesa festgepappt. Aufbewahrt wurden die aktuellen Sätze in Plastikschachteln meines Fahrradflickzeugs. Die nicht aktuellen Trikots lagerten mit Gummibändern zusammengebunden in einem großen Schuhkarton.

Zugegeben, die Trikots saßen etwas unvorteilhaft, flatterten herum und die Ärmel standen merkwürdig ab. Aber das waren nur die Anfänge. Die Leibchen wurden immer besser. Ich gab mich nur mit dem Besten zufrieden. Das richtige Papier. Unzählige Papiersorten verbrauchte ich. Schreibpapier. Geschenkpapier. Butterbrotpapier. Am Ende fand ich es, das perfekte Papier: sehr feinfaserig, sodass die Farbe nicht verlief. Die richtigen Filzstifte: feine für die Konturen und dicke zum Ausmalen. Unterschiedliche Farbnuancen: Meine Filzstift-Sammlung war beachtlich. Mit dem richtigen Arbeitsgerät wurde ich mutiger in Design und Ausführung. Stundenlang malte ich tief in mich versunken. Am Ende hatte ich 167 »Trikotsätze«. Meine Eltern machten sich ernsthaft Sorgen und schenkten mir ein Luftgewehr. Ich durfte sogar auf Vögel schießen – wenn keiner im Garten war. Meine Trikotdesignerkarriere geriet ins Straucheln …

Viele Jahre später um die Jahrtausendwende, nach meinem ersten Fußballbuch, bot ich einigen Verlagen eine *Enzyklopädie deutscher Fußballtrikots* an. Im Format des *kicker*-Sonderheftes. Pro Saison, pro Mannschaft eine Seite Fotos der Trikots und Ersatztrikots. Dazu Anekdoten rund um das Thema, zum Beispiel der HSV spielt in rosafarbenen Leibchen, um mehr Frauen ins Stadion zu locken … sowie Interviews mit Trikotdesignern, Psychologen … Zwei Verlage zeigten sich interessiert, winkten aber dann ab, als sie die Sache mal durchgerechnet hatten. Schien sich wohl nicht zu lohnen … Ich sah und sehe das anders.

Jedenfalls traue ich mir als Designer von 167 Sätzen »Trikots« ein kompetentes Urteil zur FC-Spielkleidung zu.

Auf Platz eins der FC-Trikot-Wertung steht das schlichte weiße Trikot ohne jede rote Applikation, wie es die Mannschaft bis Mitte der 1990er-Jahre trug. Weiße Trikots, weiße Hosen und dazu weiße Stutzen – gibt es etwas Souveräneres? Etwas Siegessicheres? Weiße Trikots sagen, dass man den Gegner besiegen wird, ohne sich dreckig zu machen. Ohne zu schwitzen! Ohne sich anzustrengen. Komplett in Weiß – so sehen Sieger aus!

Platz zwei würden sich das »Monaco-Trikot« aus den Sechzigern: diagonal geteilt Rot-Weiß vorne und hinten und das Pullunder-Trikot von Le Coq Sportif aus den Siebzigern – roter Pullunder, weiße Ärmel – teilen. Letzteres drückt mit seiner Eleganz Ähnliches aus wie das weiße Trikot: Einen Pullunder trug man sonntags bei Tante Margot und Onkel Willi zu Kaffee und Kuchen. Und sonntags machte man sich auch nicht schmutzig.

Mein Trainer bei Adler Dellbrück kaufte uns diese Pullundertrikots in den FC-Farben. Wir trugen sie mit schwarzen Hosen und waren damit lange Zeit ungeschlagen.

Das Monaco-Trikot wurde 1997/98 als Jubiläumstrikot von Puma neu aufgelegt, auch mit den glänzenden Kunststofffasern war es ein schöner Dress. Doch er brachte kein Glück. Der FC stieg darin zum ersten Mal aus der Bundesliga ab. Seitdem ist der gute Ruf des Trikots dahin.

Auf Platz drei: das weiße adidas-Trikot von 2005 bis 2007 mit der schlichten Gerling-Aufschrift.

Ja, es gab auch jede Menge Modesünden. Darunter fällt alles, was Bodo Illgner jemals beim 1. FC Köln im Tor getragen hat, das Papageientrikot von 2000/01, die Straßenreinigerkleidung von 1997/98 und letztendlich auch das rote Barcode-Trikot von 2009/10. Damit sahen die Spieler so aus, als ob sie sich schnell eine Tragetasche von REWE übergeschmissen haben.

94. GRUND

## Wegen der wunderbaren Dior-Legende

Dior? Etwa Christian Dior? Der französische Modedesigner? Der berühmte Schauspielerinnen wie Marlene Dietrich oder Rita Hayworth einkleidete? Von dem ich mal ein Aftershave geschenkt bekommen habe? Das allerdings ordentlich nach Puff roch, wie meine Freundin meinte. Und der hat was mit dem 1. FC Köln zu tun?

Nun, mit einer sehr schönen Legende, die vermutlich nicht ohne Wissen des damaligen FC-Präsidenten Franz Kremer in die Welt gesetzt wurde. Und die mal wieder unterstrich, dass die Geißböcke ein ganz besonderer Verein waren (und natürlich immer noch sind). Bis in die 1970er-Jahre wurden Fußballtrikots aus widerstandsfähigen Baumwollstoffen geschneidert. Angenehm auf der Haut zu tragen, strapazierfähig, überlebten jedes Trikotzupfen. Doch zumindest einen entscheidenden Nachteil hatten sie: Mit jeder Wäsche wurden sie unförmiger. Abhängig davon, wie man sie auf die Wäscheleine hängte, zogen sie sich mal in die Länge oder in die Breite. Oder beides zusammen. Dann hatte man ein in sich verzogenes Trikot. Der Super-GAU war natürlich, wenn beim Waschen aus dem weißen Trikot mit rotem Kragen ein rosafarbenes Trikot wurde. Und wenn das nicht nur mit dem eigenen Leibchen passierte, sondern mit dem ganzen Mannschaftssatz, gab es ganz schön Ärger.

Lange Rede, kurzer Sinn: Modetechnisch hatte die Bundesliga bis in die 1970er-Jahre hinein viel Luft nach oben. Die ganze Bundesliga? Aber nein! Es gab eine große Ausnahme: der 1. FC Köln! Der war allen Vereinen schon damals in Sachen Stil und Kleidung um Längen voraus. Zum Saisonbeginn 1965/66 stellte der Verein sein neues Trikot vor. Rot-Weiß diagonal geteilt. Weißer Kragen mit Knöpfen. Doch die Sensation war: Das Trikot war nicht aus Baumwolle, sondern aus Seide!!! Noch mehr staunten die Journalisten, als durchsickerte, dass diese Trikots direkt aus der Stadt der Haute Couture kamen. Aus Paris! Und sie waren vom damals angesagtesten Modedesigner gestaltet worden: Von Christian Dior. Dem Mann, dem die Modewelt zu Füßen lag. Und der hatte für den 1. FC Köln tatsächlich Trikots designt? Quasi Arbeitskleidung, mit der sich erwachsene Männer teilweise im Matsch wälzten? Irre!

Und leider auch nicht so richtig wahr. Menschen, die der Legende nachgingen, wollen herausgefunden haben, dass das tolle Trikot tatsächlich aus Seide gefertigt, tatsächlich in Paris designt und genäht wurde – aber nicht im Hause Christian Dior, sondern bei Jacques Fath. Jacques wer? Kauf ich bei dem nicht manchmal Wein? Nee, der heißt mit Nachnamen Weindepot und nicht Fath. Also der Jacques Fath, der war ebenfalls Modedesigner, hatte genauso wie der große Dior viele Hollywoodstars ausgestattet und war bereits seit 1954 tot. Aber seine Firma existierte damals noch – und sie war für unsere Seidentrikots verantwortlich.

Vermutlich befürchtete Franz Kremer – völlig zu Recht –, dass kaum jemand Jacques Fath kannte, und hat die Geschichte etwas

»aufgewertet«. Was bleibt, sind grandiose Trikots, gestaltet in Paris. Ob jetzt Jacques Fath oder Christian Dior – wer von uns würde den Unterschied erkennen? Hauptsache, der FC hat den Rest der Bundesliga modetechnisch blamiert. Denn während die anderen Mannschaften noch aussahen, als müssten sie die Leibchen ihrer Großväter auftragen, verströmte der FC bereits den Glamour der Haute Couture. Während die Farben der Baumwolltrikots im Flutlicht trist versumpften, strahlten die Seidentrikots des FC. Während die anderen Mannschaften kollektiv bei der Fernsehshow *Die Schöne und der Freak* mitmachen könnten, hätte der FC auf jedem roten Teppich der Welt eine gute Figur abgegeben.

Der 1. FC Köln war also nicht nur der erste Fußballclub Kölns, der Verein mit den lange Zeit modernsten Strukturen, er war auch die bestangezogene Mannschaft der Liga. Eine wunderschöne Geschichte aus der Frühzeit der Bundesliga, die sich heute leider nicht mehr wiederholen lässt, da weniger der Verein als der zahlende Ausrüster entscheidet, was auf dem Platz getragen wird. Eigentlich schade.

95. GRUND

## Weil mir meine Mutter meinen ersten FC-Schal gestrickt hat

Ich glaube, dass die Bundesligavereine vor allem deshalb gegen Bengalos im Stadion sind, weil sie eine gewaltige Klagewelle befürchten. Die Fanartikel in den vereinseigenen Shops sind größtenteils aus billigen, aber leicht entflammbaren Kunstfasern. Trikots, Schals, Mützen kosten in der Herstellung so gut wie nichts – im Fanshop dagegen ein kleines Vermögen.

Probleme mit entflammbaren Fanartikeln hatten wir in den 1970er-, 1980er-Jahren nicht. Die Stadien waren leerer, es gab kaum

Bengalos, und niemand kaufte sich Fanartikel im Laden. Schals waren selbst gestrickt und aus Wolle, und Wolle entzündete sich viel schwerer als Kunstfasern.

Wir hatten damals ganz andere Probleme: Man musste jemanden finden, der stricken konnte. In meinem Fall war das einfach. Meine Mutter hatte Spaß daran. Der Schal musste sehr gewissenhaft und vorsichtig gewaschen werden, sonst drohte aus dem rot-weiß gestreiften Schal ein rot-rosa gestreifter zu werden, und damit konnte man sich nicht im Stadion blicken lassen. Aber auch da gab es bei mir keine Probleme. Meine Mutter hatte die Wäsche vorzüglich im Griff. Man musste aufpassen, dass einem der Schal im Stadion nicht geklaut wurde. Das war wegen Punkt eins ein ernstes Thema. Nicht jeder kannte jemanden, der stricken konnte. Und als Kind aus einem eher bürgerlichen Vorort von Köln war man da ein dankbares Opfer. Aber auch dafür hatte meine Mutter – wahrscheinlich mehr intuitiv als bewusst – eine Lösung.

Statt des richtigen FC-Rots wählte sie einen Tacken zu hellen Rotton. Ehrlich gesagt, waren es mindestens fünf Tacken. Ein Rot, das man vielleicht gerade noch Rot nennen konnte. Unter den Indianern wäre er das Halbblut, unter den Motorrädern das Mofa und unter mehreren Gläsern Kölsch das ohne Alkohol. Ich war stinksauer! Ich wollte einen richtigen Schal, mit richtigen rot-weißen Blockstreifen. So wie meine Kumpels.

Nach dem Stadionbesuch sah ich das anders. Der Einzige, der mit Schal nach Hause kam, war ich. Meine Kumpels, ehemals stolze Besitzer von Schals mit dem richtigen Rot, waren jetzt um den Hals herum nackig. Abgezogen von irgendwelchen Assis. Und so schnell war kein neuer gestrickt. Ich war der Einzige von uns, der in der nächsten Woche Schal tragend seine Mannschaft anfeuerte. Ein Tag, an dem die Temperaturen übrigens unter null fielen. Es war arschkalt. Ich wickelte mir meinen Schal dick um den Hals, neben mir bibberten meine Kumpels. Zumindest ihre Nasen hatten das richtige Rot …

96. GRUND

## Weil er am längsten der hässlichen Trikotwerbung widerstehen konnte

Es gibt Dresscodes, an die man sich halten kann oder nicht. Es gibt Traditionen und kulturelle Besonderheiten. Und es gibt Modeaxiome, die man als Mann einfach nicht brechen darf. Zum Beispiel: Ab dem Tag, an dem ein Junge nicht mehr von seiner Mama angezogen wird – also irgendwann im Alter zwischen acht und 32 Jahren –, darf man keine Klamotten mehr mit Aufdruck tragen – ausnahmslos.

Ganz egal, ob Super- oder Pillermann, Wochenendresidenz des amerikanischen Präsidenten oder das Logo irgendeiner Modefirma – im Grund genommen steht immer »Daumenlutscher« oder hipper »Thumbsucker« auf der Brust. Wer beschriftete Oberteile trägt, outet sich als Muttersöhnchen.

Schon wird das ganze Dilemma mit der Trikotwerbung deutlich. Es gibt Ligen wie die Österreichische, in denen nicht nur die Brust, sondern auch Front der Hosen und die Pobacken beschriftet sind. Aber das sind Österreicher – und modisch eben … ein Alpenland.

Der 1. FC Köln wehrte sich lange tapfer gegen seine Infantilisierung durch blöden Werbeaufdruck. Der erste Verein in Deutschland, der 1973 damit anfing, war Eintracht Braunschweig. Aber ein Verein mit den Farben Gelb-Blau hat sicher eine niedrigere Hemmschwelle. Gelb-blaue Trikots sehen – egal, wie man es dreht und wendet – nun mal immer nach Kinderschlafanzug aus. Ob was vorne draufsteht oder nicht, macht den Braten auch nicht fetter. Oder doch? In dem Fall war es irgendein Bambi oder so. Was mit Geweih.

Die letzten Vereine, die um ihr Mannsein kämpften, waren Schalke und der 1. FC. Jahrelang verweigerte sie sich standhaft der Trikotwerbung. Dann brach Schalke ein. Und so sehr es mir im Herzen wehtut, auch dem 1. FC Köln wurden 1979 die Eier geköpft: Fortan prangte auf ihren Leibchen: »Daumenlutscher«.

Die Trikotsponsoren des 1. FC Köln waren:

- 1979–1982 Pioneer (Elektronikgeräte)
- 1982–1985 Doppeldusch (Hautpflege)
- 1985–1987 Daimon (Batterien)
- 1987–1991 Samsung (Unterhaltungsindustrie)
- 1991–1993 Citibank (Kreditinstitut)
- 1993–1994 Pepsi (Erfrischungsgetränke)
- 1994–1999 Ford (Automobilindustrie)
- 1999–2003 VPV (Versicherungen)
- 2003–2005 funny-frisch (Knabbergebäck)
- 2005–2007 Gerling (Versicherungen)
- seit 2007 REWE (Handel/Touristik)[35]

97. GRUND

## Weil mein erster Fußballschuh das adidas-Modell »Wolfgang Overath« war

1974 wurde Deutschland im eigenen Land Weltmeister. Meine Eltern besaßen damals nur einen alten Schwarz-Weiß-Röhrenfernseher. Nach dem Einschalten brauchte er ganze fünf Minuten, bis ein erstes Bild aufflackerte. So ein Fußballfernsehabend musste da gut geplant werden. Es war quasi meine erste WM. Ich schaute mir jedes Spiel an und war sofort angefixt. Von den Brasilianern, die Fußball spielten, wie ich es noch nie gesehen hatte, den Argentiniern, den unfassbar brutalen Uruguayern (spielten die in der heimischen Liga ohne Schiri?), den Holländern, die einen lustigen dicken Torwart hatten und mit unterschiedlichen Trikots (weil einige Spieler nicht bei adidas unter Vertrag standen) spielten. Und natürlich den Deutschen, die nach mauer Vorrunde (in der man gegen ein Land verlor, das es offiziell in Deutschland gar nicht gab!) sich steigerten. Jugoslawien wurde 2:0 besiegt, Schweden 4:2 und in einem Wasserballspiel letztendlich auch die Polen. Im Finale warteten die bis dahin unbesiegbar erscheinenden Niederländer – und wurden weggeputzt.

Nach diesem einschneidenden Ereignis festigte sich mein Berufswunsch: Fußballer! Natürlich Weltmeister oder zumindest deutscher Meister. Mein Vater freute sich wie Bolle. Ich wurde umgehend im Verein angemeldet, in dem er selbst viele Jahre gekickt hatte: SV Adler Dellbrück. Meine Mutter fuhr mit mir zum führenden Sportgeschäft in unserer Nähe. Dort bekam ich ein blaues Trikot aus Baumwolle mit weißem Rundhals, eine weiße Baumwollhose und weiße Stutzen. So weit, so super.

Bei den Fußballschuhen kam es zum Eklat. Es gab zwei Marken, die das Geschäft führte: adidas und Puma. Puma trug man nicht, weil die Firma Borussia Mönchengladbach ausstattete. Darauf konnte ich mich mit meiner Mutter verständigen.

Bei den adidas-Modellen bestand sie auf das Modell »Franz Beckenbauer«. Nicht weil sie Fan der Lichtgestalt war, nein. Es waren einfach die billigsten. Ich war zwar damals erst acht Jahre, meine Füße wuchsen noch, gute Argumente, aber Modell »Franz Beckenbauer« …? Indiskutabel! Die Schuhe waren aus hellblauem Leder und hatten gelbe Streifen. Wenn ich die zum Spiel trug, hätte ich auch gleich mit Röckchen auflaufen können.

Fußballschuhe mussten schwarz sein – und müssen es heute immer noch. Es gab auch genug schwarze Modelle. Ich erinnere mich an »Paul Breitner« – wollte ich auch nicht. Der machte mir damals mit seinem Wuschelkopf Angst. »Uwe Seeler«, den kannte ich nicht wirklich. Mit seiner hohen Stirn war das einfach nur ein alter Mann für mich. Ich wollte nur ein Modell: »Wolfgang Overath«! Der Schuh war schwarz, hatte weiße Streifen und Schraubstollen. So geht Fußballschuh! Adler Dellbrück spielt, wie fast alle Vereine in Köln, auf einem Ascheplatz. Schraubstollen waren dafür zwar nicht unbedingt erste Wahl, aber sie besaßen unter uns Jungs den Ruf von Gefahr und Schmerz. Schraubstollen waren wie zwei glänzende, gut geölte Revolver im Western oder heimlich verbotene Coca Cola trinken. Wer sich dann auch noch Aluminiumstollen unter die Sohle schraubte, war gefühlt quasi schon Mitglied der RAF. Das wollten meine Eltern verhindern.

Es gab Tränen, Zornesausbrüche und zu Hause ernste Diskussionen. Mein Vater war keine Unterstützung. Er mochte Wolfgang Overath noch nie. Für ihn kein Teamplayer, sondern einer, der die Leute vertrocknen lässt, nur weil er deren Nase nicht leiden kann. Mit anderen Worten: ein arroganter Kerl, dessen Schuhe man nicht tragen sollte. Jahre später musste ich schweren Herzens erkennen, dass mein Vater mit seinen Urteilen nicht so falsch lag. Aber damals habe ich für meinen Fußballschuh erbittert gekämpft und mich letztendlich durchgesetzt. »Wolfgang Overath« – ohne Alustollen. Das war der Kompromiss.

Zwar wurde nicht jeder Kicker, der den Fußballschuh »Wolfgang Overath« trug, ein großer Spielmacher, aber es gab auch andere wichtige Aufgaben auf dem Platz. Ich wurde zum Zerstörer, zur Blaupause des späteren Guido Buchwald. Zum Maynor Suazo der Kölner Vororte.

13. KAPITEL

# DIE BÖSEN

## SCHMORT IRGENDWANN IN DER FUSSBALLHÖLLE!

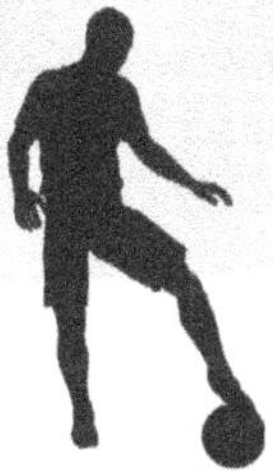

98. GRUND

## Weil in Köln die Männer immer noch erfolgreicher Fußball spielen als unsere Frauen

Was soll der Machoscheiß denn jetzt? Wir sind im Jahr 2013! Genderdiskussionsmäßig etwa nichts dazugelernt? Doch, habe ich! Trotzdem muss man der Wahrheit ins Gesicht sehen: Frauenfußball hat mit Männerfußball nichts gemeinsam, zumindest nicht viel. Oder wie ein weiser Mann einmal postulierte: Frauenfußball ist wie Galopprennen mit Mauleseln.

Bitter für Städte, in denen Frauenmannschaften erfolgreicher Fußball spielen als Männer. In Duisburg zum Beispiel, in Potsdam oder auch in Frankfurt. Was muss beispielsweise ein Frankfurter Familienvater tun, wenn sich sein Sohn ein Trikot eines Spielers der Deutschen Nationalmannschaft wünscht, der aus der eigenen Stadt kommt? Ganz einfach, er muss ein Hemdchen von Nadine Angerer, Kim Kulig oder Fatmire Bajramaj kaufen. Will er ganz sichergehen, greift er zum Trikot des Frankfurter Rekordnationalspielers, genauer -spielerin, nämlich Birgit Prinz. Genderdiskussion hin oder her: Ein Junge, der im Sportunterricht ein Trikot von Birgit Prinz trägt, hat ein Problem. Ich denke, eine Note diesseits von peinlich ist da nicht drin. Schuld sind natürlich die Vereine, also Eintracht Frankfurt. Jeder Verein sollte seine Fans doch vor solchen Peinlichkeiten bewahren. Jeder Verein sollte doch Sorge dafür tragen, dass er seine Anhänger in keine mittlere Geschlechterkrise stürzt. Jeder Verein sollte verhindern, dass seine Fans im Sportunterricht gemobbt werden. Der 1. FC Köln hat uns vor diesem Schicksal dankenswerterweise immer bewahrt. Natürlich sind die Kölner Jungs erfolgreicher als jede Damenmannschaft der Stadt. Und das ist vielleicht machohaft – aber auch gut so!

Übrigens habe ich gerade erfahren, dass es dem Verlag nicht gelungen ist, einen Autor in Frankfurt zu finden, der imstande ist, ein

Buch über die Eintracht zu schreiben. Die fußballaffinen Autoren dort haben alle abgewunken. Wie? 111 Gründe? Wo soll ich die denn herbekommen? Über den 1. FFC, den ersten Frauenfußballclub Frankfurts vielleicht, aber über die Eintracht? No way! Ein in Köln wohnender Kollege, der aus Frankfurt geflohen ist und dann und wann gerne mal ein Glas Äppelwoi trinkt, konnte letztendlich überredet werden. Es gibt auch Gerüchte, dass er geschanghait wurde …

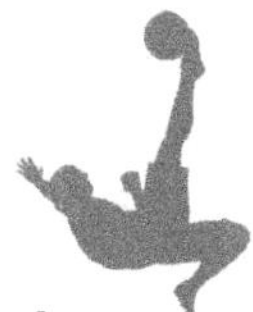

99. GRUND

## Weil man dann auf Fortuna Düsseldorf herabschauen kann

Auf wen? Fragt jetzt vermutlich jeder Kölner Fan. Fortuna Düsseldorf? Wer oder was soll das denn sein? Ich frage mich das, ehrlich gesagt, auch – und werde quasi gezwungen, diesen Grund zu schreiben. Also sitze ich hier am Rechner und frage mich, worüber ich schreiben soll. Über die merkwürdige Namensfindung, als der Verein gegründet wurde? Dass da ein paar launige Männer beim Altbier saßen und sich stundenlang fragten, wie sie denn ihren Verein nennen sollen, als ein Lkw vorbeifuhr, dessen Aufschrift Werbung für eine »Fortuna-Bäckerei« machte? Ich frage mich, wie der Verein heißen würde, wenn die Bäckerei damals »Knack-und-Back« geheißen hätte? Oder der Lkw statt für eine Bäckerei für einen Schrotthändler geworben hätte oder ein Gefangenentransporter der Polizei gewesen wäre …

Ich könnte natürlich auch darüber schreiben, dass Fortuna Düsseldorf den größten Erfolg ihrer Vereinsgeschichte im gleichen Jahr feiern durfte wie Adolf Hitler den seinen. 1933 wurden sie das erste und einzige Mal deutscher Meister. Oder dass Düsseldorf seinen Verein lange Zeit in einem Stadion gleich neben der

Müllverbrennungsanlage spielen ließ. Oder dass im neuen Stadion (ESPRIT-, Hubba-Bubba-oder-so-Arena) verschiedenfarbige Sitzschalen eingebaut wurden, damit selbst ein befürchtetes leeres Stadion gut besucht wirkt. Oder über das merkwürdige Verhalten der Fortuna-Fans vor, während und nach dem Derby in Köln in der Saison 2013/14.

Da halte ich es lieber mit der Kölner Autobahnmeisterei, die das Dorf im Norden einfach ignoriert und keine Hinweisschilder aufstellt, die den Weg dorthin weisen. Deshalb bin ich froh, dass es Fortuna Düsseldorf gibt. Denn selbst wenn die Geißböcke mal schlecht spielen, ist das noch immer besser, als Fan eines solch peinlichen Vereins zu sein. Eines Vereins, der zu einer Stadt gehört, die dem Kölner Fan nur als Dummdorf, Dusseldoof oder Dummdummdoof bekannt ist.

100. GRUND

## Weil ich durch ihn die kickenden Werbemaßnahmen durchschaut habe

Was macht ein Konzern, der – sagen wir mal – ein kleines Imageproblem hat? Er beauftragt seine Marketingabteilung, dem negativen ein positives Image entgegenzusetzen. Ein paar Kilometer nördlich von Köln gibt es so einen Konzern. 1896 ließ man sich dort das Arzneimittel Heroin patentieren. Heute scheint das nicht mehr unbedingt eine gute Idee gewesen zu sein. Genauso wenig, dass man später gemeinsam mit anderen Firmen Zyklon B hergestellt hatte. Hinzu kommen der ein oder andere Arzneimittelskandal … Also: Wenn jemand eine Marketingabteilung braucht, dann Bayer Leverkusen.

In den 1970er-Jahren war mir das egal. Die Chemiker engagierten sich im Bereich Leichtathletik, dadurch waren wir Westdeutschen wenigstens in einigen Disziplinen den DDR-Athleten ebenbürtig, Basketball – für mich ein Behindertensport für überdurchschnittlich große Menschen – und Boxen. So hätte es für mich ewig weitergehen können. Ging es aber nicht. Irgendwann Ende der 1970er-Jahre entschloss man sich, auch im Lieblingssport der Deutschen, dem Fußball, aktiv zu werden. Der Beginn einer wunderbaren Feindschaft!

Natürlich hieß ihr Anspruch: erst die Nummer eins am Rhein und dann in ganz Deutschland werden. Hmpf. Ich weiß nicht warum, aber ich muss jedes Mal lachen, wenn ich so einen Unsinn lese ... Nummer eins am Rhein. Sind sie das? Keine Ahnung, in den Herzen der Fußballfans – zumindest der Kölner – haben sie keinen Platz gefunden. Und die Leverkusener arbeiteten mit allen Tricks: Holten ehemalige FC-Idole, wie Hans-Peter Lehnhoff, Pierre Littbarski oder auch Trainer Christoph Daum ins Pillendorf. Nur in der Hoffnung, so die Kölner Fans gleich mit zu gewinnen. Was für eine Fehleinschätzung! Wie, wann und wo Bayer Leverkusen spielt, interessiert doch keine Sau. Die Europapokalspiele der »Werbemaßnahme« haben im Pay-TV eine ähnlich hohe Einschaltquote wie das *Telekolleg Mathematik* in den Dritten Programmen. Im Leverkusener Stadion herrscht derart maue Stimmung, dass man es auf den Rängen hört, wenn einer im angeschlossenen Hotel Musik anschaltet.

Und was den nationalen Erfolg angeht ... Hmpf. Ich muss mal wieder unterbrechen. Kleiner Lachanfall ... Bayer 04 Leverkusen ist der kickende Beweis, dass es einen Fußballgott gibt – und zwar einen mit leicht sadistischer Ader. Kein Verein scheiterte so oft so knapp wie Leverkusen, kein Verein wurde am Ende derart genussvoll gedemütigt und ausgelacht. Vizekusen oder der »Cliff Barnes der Bundesliga« nennen wir sie. Wer ist Cliff Barnes? Er war JR Ewings bedauernswerter Gegenspieler in der US-Serie *Dallas*, der ewige Verlierer. Bayer 04 Leverkusen ist wie ein Spot für Aspirin oder Talcid. Man hat sie schon mal gesehen, aber auch schnell wieder vergessen.

14. KAPITEL

# UND SONST NOCH …

## ZUM AUSLAUFEN

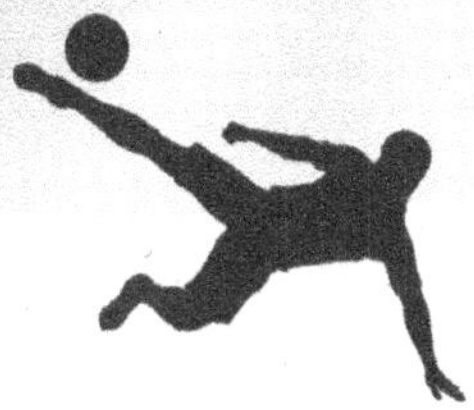

101. GRUND

## Weil ich durch ihn weiß, dass Fotos lügen können

Die Erkenntnis ist nicht gerade neu. Fake-Fotos kennen wir von sozialen Netzwerken, obskuren Zeitschriften oder diversen UFO-Sichtungen. Der 1. FC Köln musste seine Lektion 1965 mit 100.000 DM bezahlen. Damals war das sehr, sehr viel Geld.

Geld, das dieser brasilianische Torhüter absolut wert zu sein schien. Miguel Ferreira vom RC Botafogo. Ein Spielervermittler hatte Ferreira angeboten, einen Mann, der im Kader der Nationalmannschaft vom Zuckerhut stand. Der Vermittler präsentierte den FC-Verantwortlichen stolz ein Foto: Ferreira mitten unter den brasilianischen Nationalelitekickern. Logisch, der Mann war eine Granate aus Brasilien, dem Land, das ohne Ende unbeschreibliche Fußballtalente generierte. Und so ein Toptalent sollte den Weg nach Köln finden. Alle waren elektrisiert, euphorisiert, Köln stand unter Strom.

Ei, ei, ei, ei, ei, mag man da heute sagen. Das hört sich aber verdammt naiv an. Sollte man sich nicht umfassender und eingehender über einen extrem teuren Spieler informieren, bevor man ihn unter Vertrag nimmt? Leicht gesagt aus heutiger Sicht. Jeder Fan kann sich im Internet über nahezu jeden Profifußballer der Welt schlaumachen. Nur ein paar Mausklicks und er wüsste, wie viele Spiele welcher Fußballer in welcher Liga gespielt hat, wie dieser Spieler zu bewerten ist und so weiter und so fort.

1965 war das anders! Es gab kein Internet! Die Zeitungen berichteten kaum von Fußballligen anderer Kontinente. Und man konnte auch nicht einfach irgendwo anrufen, um seriöse Informationen zu bekommen. Man konnte nur eins: Spielervermittlern und Fotos vertrauen. Und so landete Miguel Ferreira in Köln, freute sich über sein saftiges Handgeld und lachte sich wahrscheinlich im Geheimen schlapp über seinen verteufelt genialen Coup! Denn wie sich herausstellte, war er als Torwart genauso ungeeignet wie der durchschnittliche Deutsche fürs Sambatanzen.

Gerüchten zufolge war das Foto ein Schnappschuss, bei dem sich Ferreira zwischen die Mannschaft geschmuggelt hatte. Was? So ein Unsinn? Höre ich da etwa Leute meckern? Von wegen! Der vermeintliche Fotobeweis hat schon ganz andere Kaliber gefoppt. Schlagerbarde Jürgen Drews zum Beispiel. Ein junger Mann bat Drews um ein gemeinsames Foto. Klar, so was macht man als Promi nur zu gerne. Noch ahnte er nicht, auf welchen Coup er sich da einließ. Der junge Mann wandte sich unverzüglich an die Boulevard-Presse und behauptete, Sohn des Königs von Mallorca, quasi Prinz Malle zu sein. Drews konnte die Sache am Ende vergleichsweise schnell klären.

Der 1. FC Köln leider nicht. Wie wird man einen brasilianischen Fliegenfänger wieder los und kassiert dafür auch noch eine möglichst hohe Ablöse? Gute Frage, auf die es keine gute Antwort gab. Denn leider war außer dem FC kein anderer Verein so naiv, den Mann ohne ein Probetraining unter Vertrag zu nehmen. Am Ende verschenkte man Miguel Ferreira an den Bonner FV. 100.000 DM futsch, der FC völlig blamiert. Eduard Zimmermanns Sendung *Nepper, Schlepper, Bauernfänger* gab es zum Glück noch nicht. Aber uns Fans war die Geschichte trotzdem eine Lehre: Trau keinem Foto – schon gar keinem aus Brasilien!

## 102. GRUND

## Weil er auch nette Hools hat

Ich weiß, das ist dünnes Eis. Deshalb stelle ich gleich klar: Gewalt im und ums Stadion und Gewalt im Allgemeinen heiße ich nicht gut! Witzige Aktionen dagegen schon. Von einer möchte ich erzählen.

06. August 2011. Die Bundesliga ging in ihre 48. Saison. Der 1. FC Köln empfing am ersten Spieltag den VfL Wolfsburg im Müngersdorfer Stadion. Köln ging mit einem neuen Trainer in die Saison: Ståle Solbakken, norwegisches Trainer-Wunder – dachten wir damals. Man hatte ihn für teuer Geld aus seinem Vertrag beim FC Kopenhagen heraus gekauft, mit dem er mehrfach dänischer Meister geworden war. Gleich zu Beginn erklärte dieser Wundertrainer, dass Konditionstraining völlig überschätzt würde, und verzichtete weitgehend darauf.

Was für eine Provokation für Felix Magath, Trainer der Gegner und überzeugte »Trimm-Dich-Domina«. Was für eine Provokation für die gesamte Wolfsburger Mannschaft, die gerade wochenlang mit endlosen Geländeläufen, Liegestützen auf einem Finger und »Entengang« von der Ostsee zurück nach Wolfsburg gequält worden war. Entsprechend heiß war das teure Vehikel des VW-Konzerns, den Geißböcken und Solbakken zu zeigen, wo der Hammer hängt. Und leider ebenso erfolgreich: Der FC wurde 3:0 weggeputzt – und durfte sich nicht beschweren. Harte Arbeit hatte über Müßiggang triumphiert. Wir Fans waren bedient …

Und da tauchten hinter der Südtribüne, Heimat der FC-Fans, eine Handvoll irrer Wolfsburg-Fans auf. Mit ihren Trikots und Schals waren sie deutlich zu identifizieren. Sie machten ein paar Faxen und rannten, denn eine Horde übellauniger FC-Fans jagte ihnen nach. Meine Kumpels und ich blieben noch ein Weilchen auf dem Vorplatz, spülten die Niederlage mit einem Kölsch weg und ließen uns ein bisschen von der strahlenden Sonne trösten. Als ich später durch ein kleines Waldgebiet zum Parkplatz ging, raschelte es plötzlich im Gebüsch. Ein Zischeln. Ich sah mich um – entdeckte hinter den Bäumen Schatten. Schatten, die sprechen konnten und verzweifelt wissen wollten, ob der FC-Fanshop noch geöffnet wäre.

Es stellte sich heraus, dass die Schatten die tollkühnen VfL-Fans von vorhin waren. Allerdings inzwischen fast nackt. Der Rest ihrer Kleidung war ihnen von den Kölner Hools zur Strafe für ihre Frechheiten abgenommen worden. Sie waren verzweifelt. Sehr verzweifelt. So verzweifelt, dass sie sogar bereit waren, FC-Fan-Kleidung anzuziehen, um nicht halb nackt den Weg nach Hause antreten zu müssen. Ich hatte Mitleid. Und die Jungs Glück: Der Fanshop unter der Nordtribüne war tatsächlich noch geöffnet, und ich half den verzweifelten Wolfsburgern endlich mal zu vernünftiger Kleidung.

Ich denke, beim nächsten Auswärtsspiel in Köln werden die Jungs entweder vorsichtiger sein oder sich Kleidung zum Wechseln mitbringen. Und ich weiß seitdem, dass unsere Hools Sinn für Humor haben.

103. GRUND

## Weil am Geißbockheim eine neue Krankheit entdeckt wurde

Keine Angst, es wird nicht ekelig. Es geht nur um einen Brasilianer … Der 1. FC Köln an sich ist gerne der Erste. Ehrensache bei dem Namen. Er ist der erfolgreichste, also der erste Verein in Köln, er hat den ersten Millionentransfer getätigt, und selbstverständlich verpflichtete er auch als erster Verein einen Brasilianer!

Brasilianischer Fußball war Anfang der 1960er-Jahre »state of the art«: Weltmeister 1958 in Schweden, Weltmeister 1962 in Chile. Der 1. FC Köln war in der Bundesliga zur damaligen Zeit ebenso »state of the art« – jedenfalls sah man das so am Geißbockheim. Als der renommierte Spielervermittler Julius Ukrainczyk (der Mann vermittelte ein paar Jahre später dem FC auch den falschen Zwilling Srđjan Čebinac) einen Spieler anbot und zwar aus dem Land, in dem man schon mit dem Ball am Fuß auf die Welt kam, zögerte man nicht lange, legte 150.000 DM (damals jede Menge Geld für einen Spieler) auf den Tisch und verpflichtete diesen Mann. Es gab sogar Gerüchte in der Presse, dass es dem FC gelungen sei, Pelé nach Deutschland zu locken. So weit kam es dann doch nicht. Die Enttäuschung war dementsprechend groß, als statt Pelé ein hellhäutiger Spieler am Geißbockheim vorgestellt wurde. Er trug immerhin einen klangvollen Namen: José Gilson Rodrigues. Sein »Nom de guerre«: Zezé! Ganz Köln träumte vom brasilianischen Zauberfußball, von Toren nach einem Hackentrick, von ausgelassenen Tänzchen nach einem Tor, vom Zusammenführen, was zusammengehört: Köln und Brasilien. Denn eigentlich sind wir Kölner ja halbe Brasilianer. Wir feiern mindestens genauso intensiv Karneval, haben mindestens genauso viel Rhythmus im Blut, und unsere Frauen sind mindestens genauso attraktiv wie Brasilianerinnen.

Ein Sensationstransfer! Denn genauso wenig, wie man sich einen Kölner vorstellen kann, der keine Karnevalslieder beherrscht, konnte man sich einen Brasilianer vorstellen, der nicht atemberaubend mit dem Ball umgehen, der nicht mit dem Gegner tanzen und nicht mit allen Körperteilen Tore erzielen kann.

Die bittere Wahrheit ist: Es gab tatsächlich einen Brasilianer, der nicht atemberaubend mit dem Ball umgehen, der nicht mit dem Gegner tanzen und nicht mit allen Körperteilen Tore erzielen kann. Und der spielte beim 1. FC Köln. Trainer Georg Knöpfle erkannte schon beim ersten Training, dass sein vermeintlicher brasilianischer Fußballgott ein einarmiger Jongleur war, ein hinkender Hundertmeterläufer, ein Pan Tau des Schlagers. Doch er musste ihn bringen. Das war er dem Publikum schuldig. Im ersten Spiel kam Zezé zum Einsatz und dann lange nicht mehr. Insgesamt wurden es fünf Spiele. Insgesamt schoss er ein Tor. Nach nur einem Jahr verabschiedete er sich aus Köln. Der Mann litt unter einer schlimmen Krankheit. Was mochte das sein?, Und vor allem, war diese Krankheit ansteckend?

Die Ärzte standen vor einem Rätsel. Ein hinzugezogener Schweizer Kollege fand endlich die Ursache des Leidens heraus: Der Brasilianer litt unter einer gemeinen »Schneeallergie« und musste eilends in sonnige Gefilde überführt werden.

104. GRUND

## Weil er die Zwillingstheorie widerlegt hat

Zwillinge waren mir schon immer unheimlich. Sie sehen gleich aus, ziehen sich gleich an und denken auch noch gleich. Horror! Okay, meine Einstellung zu Zwillingen ist stark von Filmen wie Stanley Kubricks *Shining* geprägt. Das Zwillingspärchen verfolgte mich jahrelang im Schlaf. Und dann werden sie auch noch von der Wissenschaft so wahnsinnig ernst genommen. Vereinfacht behauptet sie: Weil Zwillinge eine nahezu identische DNA haben, ticken sie nicht nur nahezu identisch, sie besitzen auch nahezu identische Talente … So weit die Theorie! Die Realität sieht anders aus, zumindest beim 1. FC Köln. Vor Beginn der Saison 1965/66 kam ein Spieler auf Empfehlung eines befreundeten Spielervermittlers zum Verein. Er sollte ein Probetraining absolvieren. Der Spieler war aus dem damaligen Jugoslawien, sein Name: Srđjan Čebinac. Čebinac war eine Granate. Das konnte jeder sehen. Technisch stark, immer anspielbar, mit Zug zum Tor. Ein unglaublich talentiertes Juwel, das durch Zufall ausgerechnet zum 1. FC Köln gekommen ist. Ein Gottesgeschenk sozusagen. Umgehend wurden Nägel mit Köpfen gemacht und der Mann unter Vertrag genommen. Alle waren sicher: Čebinac wird die Mannschaft entscheidend nach vorne bringen.

Dann begann die Vorbereitung der Saison – und die große Ernüchterung. Was war denn nur mit dem Čebinac passiert? Der designierte kommende Star der Mannschaft schien in der kurzen Pause zwischen Vertragsunterzeichnung und Trainingsbeginn seine unglaublichen Fähigkeiten komplett verloren zu haben. Mit seinem vormals »besten Freund Ball« war er nun erbittert verfeindet. Aus dem großen Techniker war ein Rumpelfußballer geworden, aus dem personifizierten Torriecher ein Chancentod. Was war geschehen? Kann man quasi über Nacht fußballerisches Talent verlieren? War etwa das Geißbockheim verflucht?

Man kam nie hinter die Ursache des plötzlichen Qualitätsverlusts. Aber – wie immer in Köln – es gab Gerüchte. Unglaubliche Gerüchte! Ursache der Gerüchte war ein Spieler, der 1967 zum 1. FC Nürnberg wechselte. Sein Name: Čebinac. Zvezdan Čebinac, der eineiige Zwilling von Srđjan. Im Unterschied zu unserem Srđjan überzeugte Zvezdan bei den Nürnbergern nicht nur beim Probetraining, sondern auch während der Saison: technisch stark, immer anspielbar, mit Zug zum Tor … Stopp! Moment mal … Da war doch was … Die gleiche Beschreibung fiel auch auf »unseren« Čebinac, als er sein Probetraining machte. Ratterdiratterdiratt… Kann das sein? Nein!!! Äh … Oder etwa … doch? Hat etwa der talentierte Zvezdan beim FC das Probetraining absolviert, alle überzeugt und den Vertrag bekommen, den dann sein Zwilling, der eher untalentierte Srđjan, antritt? Ist das wirklich möglich? Eine andere Erklärung gibt es bis heute nicht.

Fakt ist: Das angebliche Juwel Srđjan Čebinac enttäuschte beim FC von Anfang an auf ganzer Linie. Die Folge: Srđjan kam am 24. Spieltag zu seinem ersten von ganzen drei Bundesligaeinsätzen. Immerhin schoss er ein Tor in seiner kurzen Karriere als Bundesligaprofi. Bei der 1:2-Niederlage bei Borussia Neunkirchen. Böse Zungen behaupten zudem, dass es ein halbes Eigentor war. Nach seinem Engagement beim 1. FC Köln verschwand er in der Versenkung. Niemand vermisste ihn.

Zwillingsbruder Zvezdan Čebinac dagegen machte insgesamt 100 Bundesligaspiele – zunächst für den 1. FC Nürnberg, später für Hannover 96, und überzeugte dabei.

Bis heute wartet man beim 1. FC Köln vergeblich auf eine sicherlich verdiente Auszeichnung im Bereich Zwillingsforschung. Unter wissenschaftlichen Bedingungen wurde nachgewiesen, dass Zwillinge trotz identischer DNA vielleicht nahezu identisch ticken, sich gerne gleich anziehen, aber auf keinen Fall identische Talente besitzen. Ein Nobelpreis, denke ich, wäre das Mindeste …

105. GRUND

## Weil ich 9/11 mit ihm verbrachte

Jeder, der am 11. September 2001 über circa zehn Jahre alt war, weiß noch heute, was er an diesem Tag gemacht hat. Wann er von den Anschlägen auf das World Trade Center erfuhr, wo er die ersten schrecklichen Bilder sah, was er dachte und fühlte.

Ich war mit der Fernsehshow *Versteckte Kamera* beim 1. FC Köln. Wir bereiteten einen Gag vor, den wir am nächsten Tag, am 12. September, drehen wollten. In dem Gag sollten hochtalentierte Jugendspieler des FC unser Opfer beschuldigen, er habe sie zum Zigarettenrauchen und Biertrinken verführt. Unser Komplize war Hannes Löhr, den ich als sehr angenehmen, freundlichen und unkomplizierten Mensch kennengelernt habe. Als Opfer hatten wir für den ersten Dreh Mario Basler angelockt, für den zweiten Lothar Matthäus. Die C-Jugend des 1. FC Köln machte mit, außerdem zwei Nachwuchs-Schauspieler mit fußballerischem Talent.

Drehen wollten wir auf dem heutigen Kunstrasenplatz am Geißbockheim neben dem Franz-Kremer-Stadion. Am 11. September, einen Tag vor dem geplanten Dreh, wurden die Kameras aufwendig um den Platz herum versteckt, zum Beispiel in Holzverschlägen getarnt als Wurstbuden oder auf einem Baum versteckt als Hochsitz. Der Drehablauf wurde mit den FC-Jugendspielern, den Schauspielern und Hannes Löhr geprobt. Der nicht fußballaffine Regisseur brauchte die Unterstützung des Gagschreibers, also meine.

Irgendwann kam ein Anruf von unserem Produktionsbüro. Der Inhalt war kryptisch, man wusste nichts Genaues, aber es schien etwas Unfassbares passiert zu sein. Wir sollten umgehend zurückkommen. Keiner wusste was damit anzufangen. Natürlich unterbrachen wir die Proben am Geißbockheim nicht. Dennoch fuhr ein kleiner Teil des Teams, auch ich, zurück in die Produktion.

Als wir das Büro betraten, flog auf dem Fernseher gerade ein Flugzeug ins World Trade Center. Es war die American Airline, die um 8.46 Uhr US-Ortszeit in den Nordturm raste. Die Aufzeichnung lief als Endlosschleife in den Sondersendungen, begleitet von aufgeregten Spekulationen der Reporter. Zunächst war es ja nicht unwahrscheinlich, dass es sich um ein Unglück handelt. Aber dann stürzte auch die zweite Maschine, diesmal von United Airline, in den Südturm des World Trade Centers. Wir waren wie gelähmt, konnten nicht reden, nicht denken und nur sehen, wie das WTC kurz darauf in sich zusammenstürzte.

Was genau passiert war, wusste zu diesem Zeitpunkt keiner. Beim ersten Flugzeug lag ein tragisches Unglück noch im Bereich des Möglichen. Beim zweiten Crash war es offensichtlich: ein Anschlag. Kurz darauf die Meldung von der dritten entführten Maschine: American Airlines 77. Sie stürzte in das Pentagon in Washington. Eine vierte Flugzeug-Entführung –United Airlines Flug 93. Passagiere sollen dort die Attentäter überwältigt und so Schlimmeres verhindert haben. Die Terroristen hatten eine Attacke auf das Kapitol geplant. Das Flugzeug stürzte in der Nähe von Pittsburgh mitten auf einem Feld ab.

Wir hatten keine Ahnung, was das Attentat für uns, für die Welt bedeutete. Wir wussten nur eins: Wir konnten unmöglich am nächsten Tag einen *Versteckte-Kamera-Gag* drehen. Obwohl alle unter Schock standen, gab es einen heftigen und der Situation unwürdigen Streit zwischen Sender und Produktion über die Frage: Wer kommt für die Kosten des ausgefallenen Drehs auf? Letztendlich übernahm der Sender die Kosten.

Nach dem 11. September 2001 folgte eine lange Phase, in der es komödiantische Formate im Fernsehen schwer hatten. Die *Versteckte Kamera* wurde kurz nach den Anschlägen eingestellt (bereits produzierte Gags versendete man). Das war schade. Ich habe gerne diesen Blödsinn geschrieben. Ich frage mich auch, was aus den Spielern der C-Jugend, mit denen wir den Gag drehen wollten, geworden ist. Haben sie Karriere gemacht? Die Jungs müssen 2001 circa zwölf bis14 Jahre alt gewesen sein. War vielleicht sogar Lukas Poldoski einer von ihnen? Oder Lukas Sinkiewicz? Wie haben sie 9/11 er- und durchlebt?

Der FC zeigte sich damals sehr kooperativ. Es wurden nur entstandene Kosten abgerechnet. Hannes Löhr verzichtete ganz auf eine Gage.

106. GRUND

## Weil ich durch ihn sehr früh den Kapitalismus verstand

Es gab eine Zeit, da drehte sich mein ganzes Denken um Wechselkurse, neue Märkte und rare Güter. Das begann, als ich sieben wurde, und endete mit ungefähr elf Jahren. Die Währung hieß nicht Euro, den gab es noch nicht, auch nicht DM (die war nur Mittel zum Zweck). Die Währung hieß Panini-Bild.

Jedes Jahr, kurz vor Beginn der Bundesligasaison, ging es los. Das gesamte Taschengeld, sowie Nebenverdienste aus Autowaschen, Unkrautjäten oder (selten) Supernoten in der Schule wurden in Fußballsammelbilder investiert. Genauso hielten es meine Kumpels.

Morgens vor der Schule kauften wir am Kiosk Panini-Bilder. Anfangs war es weniger Investment als Teilnahme an einer Lotterie. Man konnte ja keine Bilder aussuchen, sondern kaufte quasi die Katze im Sack. Das heißt eine geschlossene blickdichte Tüte, die vier Bilder von Kickern enthielt. Wie bei einer Lotterie wusste man nicht, ob man Fußballer bekam, die noch fehlten, oder solche, mit denen man mittlerweile die Wände tapezieren konnte.

Fand man in seiner Tüte wieder nur Spieler, die man bereits besaß, war schlechte Laune programmiert. Aber es gab ja den Schulhof (den »Markt«), wo sich die Leidensgenossen zum Tausch versammelten, Angebot und Nachfrage bestimmten den Wechselkurs.

Gerüchten zufolge (Panini streitet das ab) wurden die Spieler des Heimatvereins in den jeweiligen Städten immer knapp gehalten. So war es also verdammt schwer, Spieler des 1. FC Köln zu bekommen. Stattdessen hatte man Nasen von Saarbrücken, Karlsruhe oder noch schlimmer: Fortuna Düsseldorf. Deren Spieler sahen aus wie Verbrecher, die im ZDF-Freitagskrimi kleine Kinder ermorden. Gerd Zewe, Wolfgang Seel und vor allem Dieter Herzog mit ihren 70er-Jahre-Frisuren waren große Kinderschrecke. Im Panini-Sammelalbum blätterten wir die Fortuna Düsseldorf-Seiten immer ganz schnell weiter, um keine Albträume zu bekommen.

Zurück zur »Börse« Schulhof: Für einen seltenen Kölner Spieler reichte nicht nur ein Tauschbild, sondern man musste gleich mehrere in die Waagschale werfen. Mir fehlte lange Herbert Hein, ein Abwehrspieler, der auf Fotos immer einen verkniffenen, schmallippigen Eindruck machte. Der Kerl war einfach nicht zu kriegen. Aber ich musste ihn haben. Am Ende kostete er mich 13 Panini-Bilder. Meine teuerste Investition!

Die musste man sich erst mal leisten können. Der Trick war: einen Jungen (Mädchen sammelten so was damals nicht) zu finden, der kein FC-Fan war. Meist waren diese armen Kinder familiär bedingt fußballerisch auf die schiefe Bahn geraten und drückten den Bayern oder Hamburg die Daumen. Bemitleidenswerte Kreaturen. Zum Beispiel Christian B. Ein tragischer Fall. Seine alleinerziehende Mutter redete ihm ein, dass nur ein Fußballer etwas im Kopf habe: Lichtgestalt Franz Beckenbauer. Der habe sogar Abitur und wäre damit die absolute Ausnahme. Was für ein billiger Trick! Sie wollte ihren Sohn auf diese Weise zu besseren Schulleistungen animieren (heute würde ich allerdings vermuten, dass Mama B. scharf auf Franz B. war). Und es war gelogen. Die Lichtgestalt des deutschen Fußballs hat viele Auszeichnungen bekommen, viel in seinem Leben erreicht. Abitur hat er nicht. Das wusste ich damals allerdings nicht und hätte es Christian B. auch nicht verraten (vielleicht doch nach dem Deal). Jedenfalls hatte ich Franz Beckenbauer doppelt und habe von Christian B. dafür zwanzig Bilder bekommen. Das gab noch schwer Ärger, als herauskam, dass Christian B. für seine Panini-Bilder ins Portemonnaie seiner Mutter gegriffen hatte …

Und so lernte ich, wie der Kapitalismus funktioniert. Eigentlich ganz einfach.

107. GRUND

## Weil wir Zuschauer ihn im Aufstiegsrennen gehalten haben

*Es werden im folgenden Text Straftaten verherrlicht, Sachbeschädigungen gutgeheißen und sportliches Fair Play mit Füßen getreten. Dafür möchte ich mich im Voraus entschuldigen.*

Es gibt Fans, die erwarten im Stadion eine gute Leistung ihrer Mannschaft. Dann jubeln sie oder auch nicht. Aber es gibt auch Fans, die die Worte von JFK im Kopf haben: Frage nicht, was der 1. FC Köln für dich tun kann, frage, was du für den 1. FC Köln tun kannst. Von zwei Fans, der letzten Kategorie, handelt dieser Grund. Gerüchteweise waren sie damals 13 Jahre alt. Sicherlich hatten sie mehr Mut als Sylvester Stallone in all seinen Rocky-Filmen zusammen.

Es war Christoph Daums zweiter Anlauf, den 1. FC Köln aus der 2. Liga in die Bundesliga zu hieven. All seine Spielerwünsche wurden erfüllt: Der ehemalige kolumbianische Nationaltorhüter Faryd Mondragón kam. Ebenso Ümit Özat aus der Türkei für Außenverteidigerpositionen, die Freiburger Libanesen Youssef Mohamad als Innenverteidiger und Rode Antar für das offensive Mittelfeld. Kevin McKenna, der kanadische Ahornbaum aus Cottbus, für die Defensive. Im Sturm war die Mannschaft bereits mit Miliove Novakovič und Patrick Helmes bundesligareif besetzt.

Trotzdem lief es nicht. Es lief überhaupt nicht. Die Mannschaft spielte ohne Konstanz. Defensiv zwar einigermaßen sicher, beschränkte sich das Offensivspiel auf lange, hohe Bälle auf Nova, der sie in der Regel nicht gut verarbeiteten konnte. Daums Stern verblasste. Der Messias verlor seinen Glanz. Die Tribüne glaubte nicht mehr an den Aufstieg. Das Derby gegen Borussia Mönchengladbach stand bevor. Sie waren Tabellenführer. Der Aufstieg war ihnen nicht mehr zu nehmen. Die Kölner gurkten hinter den Aufstiegsplätzen herum. An den Aufstieg glaubte man nur noch nach mindestens zehn Kölsch auf ex.

Und dann war es so weit. Am 7. April 2008 sollte das Derby stattfinden. Der 1. FC Köln gegen das unsagbar Böse. Borussia Mönchengladbach sollte Gast sein im Müngersdorfer Stadion.

Kurz zuvor, in der Woche vor dem 24. März 2008: Zwei Jungs tauchten vor dem Lagerraum der Mönchengladbacher Ultras, der Ultras MG, auf. Sie wollten für das anstehende Auswärtsspiel bei Alemannia Aachen die Blockfahne abholen, bekamen sie. Doch die Fahne kam nie in Aachen an, denn die beiden Jungs waren zwei mutige Kölner FC-Fans, die den Mönchengladbachern das »Heiligste« nahmen. Nach den ungeschriebenen Ultra-Gesetzen muss sich eine Ultra-Verbindung auflösen, wenn sie ihre Fahne verliert. Die Ultra MGs sind gesetzestreu. Es gibt sie nicht mehr.

Natürlich hatten die Mönchengladbacher Fans gleich die Kölner in Verdacht. Wen auch sonst? Beweise hatten sie keine. In der Presse kursierte der Vorfall rauf und runter. Angeblich planten die Mönchengladbacher eine Vergiftung des FC-Maskottchens. Unser geliebter Hennes sollte dran glauben. Natürlich gab es sofort Personenschutz für ihn.

Dann war es endlich so weit. Es war Montagabend, der 7. April, das Stadion seit Wochen ausverkauft. Für alle Borussia-Fans, die mit dem Zug anreisten, war die Reise ein Spießrutenlauf. An jedem Bahnhof forderten Graffiti hämisch: »Zeigt eure Fahne«. Im Stadion herrschte Derbyatmosphäre. Die Einlasskontrollen so streng wie selten. Bengalos, Feuerwerkskörper und vor allen Dingen keine Fahne durfte auf die Ränge geschmuggelt werden.

Um es kurz zu machen: Es war ein Scheißspiel. Für die Kölner war klar: Ein Sieg muss her, sonst ist endgültig Essig mit dem Aufstieg. Und dann fiel das 0:1 – durch Sascha Rösler. Die Vorarbeit kam – von Marco Marin. Ausgerechnet die beiden. Sie haben in Köln den Sympathiewert von alkoholfreiem Bier. Dann übernahm der FC das Ruder, aber langweilte die Mönchengladbacher Abwehr nur mit den immer gleichen hohen, weiten Bällen. Leichte Sache für den Gegner. Für Köln sah es rabenschwarz aus.

Aber dann kam die 85. Spielminute. Die Kölner Mannschaft hatte den Glauben an sich und den Sieg längst verloren. Lustlos schoben sie sich den Ball zu, als die Kölner Südtribüne lautstark skandierte: »Wollt ihr die Fahne sehn, wollt ihr die Fahne sehen, wollt ihr jetzt die Fahne sehen …?«

Die gestohlene Blockfahne der Ultras MG wurde genussvoll über die Südtribüne gezogen. Die Mönchengladbacher tobten vor Wut. Dann wurde die Fahne zerrissen und verbrannt. Jetzt war vielleicht was los im Stadion. Die Mönchengladbacher kletterten mit Tollwutschaum vor dem Mund auf den Zaun ihrer Tribüne. Bengalos flogen durch die Luft, auf den Rasen. Die Situation drohte zu eskalieren. Schiedsrichter Thorsten Kinhöfer wusste keinen anderen Rat, als das Spiel zu stoppen. Er drohte mit Abbruch.

Die Feuerwerkskörper kamen fast ausschließlich von den Borussen-Fans. Falls das Spiel abgebrochen würde, müsste es zugunsten der Kölner gewertet werden. Nicht allzu fair, aber in unserer Situation sehr nützlich. Sascha Rösler, der bereits ausgewechselt worden war, ging zu seinen Fans und gab alles, um sie zu beruhigen. Sein Flehen hatte am Ende Erfolg. Die Gemüter beruhigten sich etwas, die Bengalos wurden gelöscht. Schiri Kinhöfer pfiff nach gut zehnminütiger Unterbrechung wieder an.

Und jetzt brannte auch der Rasen. Die Kölner machten Druck. Mal wieder ein hoher Ball auf Novakovič. Dieses Mal war er vor seinem Gegenspieler Brouwers am Ball. Nova löst sich – und Brouwers weiß sich nur mit einer Notbremse zu helfen. Schiri Konhöfer pfeift, gibt Brouwers die Rote Karte – und zeigt auf den Elfmeterpunkt. Ungläubiges Staunen auf dem Platz und bei uns auf den Rängen. Das Foul war doch eindeutig *vor* dem Strafraum. Offenbar hatten die Tumulte Kinhöfer beeindruckt, und er konnte nicht mehr objektiv urteilen. Die Südtribüne vibrierte. Das Stadion tobte. Wer traut sich, in dieser aufgeladenen Situation den Elfer zu schießen? Den Elfer, der den Aufstieg vielleicht doch noch möglich macht – wenn er versenkt wird! Patrick Helmes! Ohne zu zögern nimmt er den Ball und verwandelt ihn eiskalt. Der 1. FC Köln stieg nach dieser Saison tatsächlich auf. Dank zweier 13-Jähriger und einem blöden Fetzen Stoff. Fair ist das nicht. Legal auch nicht. Aber ich bekomme heute noch Gänsehaut, wenn ich darüber schreibe!

108. GRUND

## Weil er mich lehrte, Geduld zu haben

Die schlechte Nachricht vorneweg: Dieser Service ist heute leider nicht mehr im Angebot. Back to the topic: Es gab einmal eine Zeit, da konnte man nur drei, eventuell vier Fernsehsender empfangen. Das Internet war noch kein Thema, und der 1. FC Köln spielte regelmäßig in europäischen Wettbewerben mit. Kaum zu glauben, aber diese Zeiten gab es tatsächlich.

Der FC spielte im UEFA-Pokal, bei den Pokalsiegern und sogar bei den Landesmeistern. Mittwochs, irgendwo in Europa, in England, Italien oder auch zu Hause im Müngersdorfer Stadion. Das Problem war immer das gleiche: Das Ergebnis des Spiels erfuhr ich erst am Freitagmorgen. Anderthalb Tage später!!!

Wie? Wo? Was? Das kann doch gar nicht sein. Doch! Die ARD und das ZDF strahlten damals als einzige Sender bundesweit aus.

In Köln (und Nordrhein-Westfalen) kam der WDR dazu, vielleicht noch der SWF. Liveübertragungen gab es in der Regel nur bei Länder- oder Bayern-Spielen. Ganz selten war auch ein Spiel der Kölner dabei. Insgesamt gab es erheblich weniger Livespiele, und wenn, dann ab Viertelfinale. Und das erreichte der 1. FC Köln nicht so oft.

Im Fernsehen konnte man das Spiel also nicht verfolgen. Videotext? Fehlanzeige. Gab es noch nicht. Internet? Damals waren Computer noch so groß wie Garagen und so teuer wie ein Flug zum Mond. Also auch keine Lösung. Fragwürdige Streams in noch fragwürdigerer Qualität oder Getwitter von Kumpels live vor Ort, wie sie für FC-Fans heute normal sind, waren im wahrsten Sinne des Wortes völlig unvorstellbar.

Meine Eltern haben den *Kölner Stadtanzeiger* abonniert, damals wie heute. Aber auch der ließ mich damals im Stich. Keine Europapokalergebnisse am nächsten Morgen. Der Redaktionsschluss für die Abo-Ausgabe lag weit vor Abpfiff des Spiels. Ob der 1. FC Köln sich eine gute Ausgangslage im Hinspiel geschaffen hatte, ob er eine Runde weitergekommen oder ausgeschieden war, erfuhr ich erst am übernächsten Morgen, also durch die Freitagsausgabe des *Stadtanzeigers.*

Es ist mir heute ein völliges Rätsel, wie ich diese Zeit durchstehen konnte. Aber es hat mich Geduld gelehrt. Wenn der 1. FC Köln spielt und ich irgendwo auf der Welt im Urlaub bin, kann ich stundenlang einen Livestream suchen, der das Spiel überträgt. Ich kann geduldig warten, wenn das Bild hängt. In der Bretagne habe ich mal ein Spiel stehend mit dem Laptop in der Hand gesehen, weil ich sonst keinen ordentlichen Empfang hatte. Das alles schaffe ich, weil ich durch die harte Schule der analogen Welt gegangen bin. Auch dafür danke ich dem 1. FC Köln.

109. GRUND

## Weil ich durch ihn gelernt habe, dass Trennkost scheiße ist

Nein, Sie lesen immer noch ein Buch über den 1. FC Köln und haben nicht versehentlich zu *Brigitte, Freundin* – oder wie die Frauenzeitschriften alle heißen – gegriffen. Dennoch geht es auch hier um Trennkost – und damit meine ich nicht: Currywurst und Pommes in separaten Schälchen zu ordern …

Kommen wir also erst mal zur Begriffsbestimmung. Trennkost: Was ist denn das eigentlich? Es ist eine bestimmte Art, sich zu ernähren. Anfang des 20. Jahrhunderts wurde sie vom US-Amerikaner William Howard Hay entwickelt. Kurz gesagt, sollen kohlenhydrat- und eiweißhaltige Lebensmittel nicht gleichzeitig während einer Mahlzeit gegessen werden. Spaghetti mit Tomatensoße: wunderbar, aber bitte ohne Parmesan. Steak mit Salat: großartig, aber keine Pommes. Der gesundheitliche Wert ist allerdings umstritten.

Aber wie bei jeder ernährungswissenschaftlichen Neuheit gibt es glühende Anhänger und wütende Gegner. Für die einen war es der erste Schritt zur Erleuchtung, für die anderen zur Depression. Auf der einen Seite stand der damalige Trainer des 1. FC Köln, Ewald Lienen, auf der anderen der gesamte FC-Kader.

Sicherlich kann man darüber streiten, ob Marlboro-Man Dirk Lottner der Prototyp des sich bewusst ernährenden Profifußballers war. Oder ob die in Kölner Kneipen angebotene Kölsche Fooderkaart (Kölsche Speisekarte) mit Himmel un Ääd (gebratene Blutwurst mit Apfelspalten und Zwiebelringen auf Kartoffelpüree), Rievkooche (Reibekuchen, gerne auch mit Apfelkompott) oder Hämchen (gepökeltes Eisbein) die optimale Sportlernahrung ist. Vielleicht kann man auch darüber diskutieren, ob bei jeder Mahlzeit leckeres Kölsch serviert werden muss.

Aber wenn bei einem Fußballverein, dessen Mannschaft eine Saison in der 2. Liga und auch nach dem Aufstieg über weite Strecken erfolgreichen und ansehnlichen Fußball gespielt hat, nur noch über Ernährung gesprochen wird … Wenn sich ein Trainer diebisch freut, sobald er einen Spieler beim Trennkostvergehen erwischt … Und wenn sich Fußballprofis im Wald rund ums Geißbockheim verstecken, nur um eine Fluppe zu rauchen oder eine Cola zu trinken, dann weiß man, man ist beim 1. FC Köln, der Trainer heißt Ewald Lienen und es läuft gerade gehörig was schief.

Ich habe selbst erlebt, was Trennkost aus der Mannschaft des 1. FC Köln gemacht hat. Am 13. November 2001. Der 1. FC Köln trat zu einem Freundschaftsspiel bei Grün-Weiss Brauweiler an. Brauweiler ist Teil des Kölner Speckmantels. Es war kalt und regnete. Die Amateure wehrten sich wacker. 20 Minuten hielten sie ein torloses Unentschieden – und bekamen dann doch ordentlich auf den Sack. 17:1 stand es am Ende. Wir Fans waren durchnässt, verfroren und tierisch hungrig. Und gleich neben dem Fußballplatz war eine Pizzeria. Wir bekamen den Katzentisch, denn der Rest des Restaurants war für die Mannschaft des 1. FC Köln reserviert.

Die Spieler kamen, setzten sich an den Tisch, aßen Pasta mit Tomatensoße (ohne Käse), tranken Aqua Minerale (wahrscheinlich zimmerwarm, weil … gesünder) und redeten kein einziges Wort miteinander. Verließ ein Spieler den Tisch, zum Beispiel um zur Toilette zu gehen, machte Trainer Lienen einen Kontrollgang. Kurz gesagt: Die Mannschaft war tot. Ermordet durch freudloses Essen und kompromissfreie Trennung von Eiweiß- und Kohlenhydratmolekülen. Ein schweres Vergehen gegen die kölsche Lebensart.

Im Nachhinein denke ich, auch wir hatten Anteil an der schlechten Laune des Mannschaftstischs, denn von unseren Tellern strömte der unglaublich appetitliche Duft von heißer Pizza, von Salami, Schinken, Thunfisch und natürlich von herrlichstem Parmesankäse. Und erst der Hausrotwein … Noch heute quält mich ein sehr schlechtes Gewissen …

110. GRUND

## Weil er mir die Angst vor dem Tod genommen hat

Ein lieber Kollege war gestorben. Nach kurzer schwerer Krankheit. Oder einfacher ausgedrückt: durch Krebs. Etwa ein dreiviertel Jahr hatten wir zusammengearbeitet. Das ist in der Medienbranche eine Ewigkeit. Sobald die Quoten schwächeln, wird man gefeuert. Umso überraschter war ich, als mir der Kollege erzählte, dass er bereits über 17 Jahre bei der Produktionsfirma angestellt war. Was war sein Trick? Denn nur mit einem Trick konnte ich mir das erklären. Und tatsächlich hatte er einen: »Nie die zweite Reihe verlassen – dann verbrennt man nicht!«

Sein Credo wurde ihm aber zum Verhängnis. Die Controller der Firma hatten sein Einsparpotenzial erkannt. Es folgten demütigende Abfindungsverhandlungen und quälende Existenzängste. Für den Mann aus der zweiten Reihe gab es keine Jobangebote mehr. Sein Name wurde nicht mit den erfolgreichen Projekten der Firma verbunden, an denen er – aus der zweiten Reihe – mitgewirkt hatte. Er wurde krank. Die Chemotherapie schlug nicht an und für eine Operation war es zu spät. Zum Sterben verließ er das Krankenhaus und ging nach Hause zurück. In einer E-Mail schrieb er mir, dass Sterben so furchtbar langweilig sei. Kurze Zeit später war er tot.

Es gab eine »weltliche« Trauerfeier, vor der ich ein wenig Angst hatte. Trauer ist eine sehr persönliche, intime Angelegenheit. Ich war noch nie ein Freund davon, sie mit anderen zu teilen. Und nach vielen gemeinsamen Mittagessen mit dem Kollegen hatte ich die Befürchtung, dass er in den letzten Jahren seines Lebens ein eher einsamer Mensch gewesen sein muss.

Wie ich mich täuschte! Die Trauerhalle war brechend voll. Viele Kollegen waren da und noch mehr Frauen. Es war wie bei Truffauts Film *Der Mann, der die Frauen liebte*. Einige der Frauen hielten Ansprachen. Andere legten eine Vinyl auf den Plattenteller und spielten »ihr Lied« oder warfen Dias aus gemeinsamen Zeiten an die Wand. Frauen, mit denen er vor 20, 30 Jahren mal was hatte, waren aus anderen Städten, teilweise aus fernen Ländern angereist. Es wurde viel geweint und vielleicht noch mehr gelacht. Bei aller Trauer war ich ein wenig neidisch. Würde man sich von mir irgendwann einmal auch mit so viel Liebe verabschieden?

Nach der Trauerfeier stand ich vor dem Gebäude. Ich hatte Abschied von meinem Kollegen genommen und mich dabei selbst ein bisschen besser kennengelernt. Da klingelte mein Handy: »Wo bleibst du, du Arsch? Wir gehen jetzt rein!« Es war Samstag, 5. Februar 2011, kurz vor halb vier! In wenigen Minuten würde im Kölner Stadion das Spiel gegen die Bayern angepfiffen! Und ich hatte meine Kumpels versetzt.

So schnell wie möglich fuhr ich zum Stadion. Immer noch ganz benommen. Im Radio lief die Bundesligakonferenz. Irgendein Reporter (seinen Namen habe ich vergessen) begeisterte sich mit schriller Stimme für die Bayern, die Bayern und noch mal die Bayern. Es lief offenbar nicht gut für den FC. Mir gingen gerade andere Dinge durch den Kopf: Wer von meinen Exfreundinnen würde zu meiner Beerdigung kommen? Fände ich gut, wenn sie »unser Lied« spielen würden? Kann ich das in meinem Testament verbieten?

Aus dem Radio jubelte der Moderator: TOOOOORRRRR! 22. Spielminute. Ausgerechnet Mario Gomez machte den Führungstreffer für die Münchner. Ich war fassungslos. In der 24. fand ich wie durch ein Wunder ganz in der Nähe des Stadions einen Parkplatz. In der 37. saß ich auf meinem Platz auf der Südtribüne, S12, Reihe 23, Platz 36.

Die Stimmung war schlecht. Sehr schlecht. Die Bayern machten das Spiel und schwitzten nicht einmal dabei. Meine beiden Kumpels waren beleidigt und ignorierten mich. Für sie war ich schuld am Rückstand. Irgendwer muss ja schuld sein. In der 43. Minute fiel das 0:2 durch Hamit Altıntop. Die gesamte FC-Abwehr sah nicht gut aus. Der Schiri pfiff die erste Halbzeit ab. Am Kabinengang kam es zu einem Gerangel zwischen Gomez und Mohamad. In der Zeitung konnte man später lesen, dass Gomez seinem Gegenspieler bereits jetzt sein Trikot zum Tausch angeboten hat; das Spiel sei ja bereits gelaufen. Bayern-Trainer Luis van Gaal sah es genauso. Er schickte seine Reservespieler nicht mal mehr zum Warmlaufen auf den Platz. Was für eine Arroganz! Meine Wut zog mich aus meinem emotionalen Wattebausch, in dem ich seit der Trauerfeier steckte.

Die zweite Halbzeit wurde angepfiffen. Was die Kölner Fans erlebten, ist wohl nur mit der Bergpredigt vor fast 2.000 Jahren zu vergleichen. Der Fußballgott selbst sprach ein Machtwort, er bestrafte bayrische Selbstgefälligkeit und holländische Arroganz persönlich. Die Kölner Mannschaft spielte sich in einen nie erwarteten Rausch.

55. Spielminute: Christian Eichner bekommt auf der linken Außenbahn den Ball, ein Bayern-Spieler verstellt den Raum, geht aber nicht in den Zweikampf. Eichner schaut und spielt überlegt den Pass in die Lücke auf der linken Seite der Münchner Viererkette. Christian Clemens ist im richtigen Moment gestartet, bekommt den Ball, versetzt den herausstürmenden Bayern-Keeper Kraft und gerät dabei zu weit nach außen. Eigentlich ist die Chance vorbei. Der Winkel ist zu spitz. Der Torwart verstellt den Weg. Aber Clemens macht das Tor. Er macht das Tor! Es steht 1:2 – und das Stadion tobt …

Die Kölner drücken. Die Bayern verziehen sich ängstlich in die eigene Hälfte. Der Ball kommt zu Peszko, der flankt ihn hoch in den Fünfmeterraum. Keiner hindert Milivoje Novakovič am Kopfball. 2:2. Meine Kumpels verzeihen mir. Endlich! Wir liegen uns in den Armen. Die Südtribüne schreit in unbekannten Sprachen.

73. Spielminute. Michael Rensings Stärke war nie der Abschlag. Aber dieses Mal macht er alles richtig. Der Ball fliegt und fliegt und landet punktgenau bei Adam Matuschyk, der ihn einfach nur verlängert. Novakovič nimmt ihn auf, tankt sich durch und netzt ein! 3:2! Im Stadion ein einziges emotionales Erdbeben. Die Fans brüllen *Wer nicht hüpft, der ist kein Kölner!* Die Südtribüne vibriert

bedenklich. Und wenn sie zusammengebrochen wäre, hätte sich niemand beschwert. Es wäre ein guter Tag zum Sterben gewesen …

Niemals wieder bin ich so glücklich und mit mir selbst im Reinen aus dem Stadion gegangen! Die Mannschaftsaufstellung von damals: Michael Rensing – Mišo Brečko, Pedro Geromel, Youssef Mohamad, Christian Eichner – Christian Clemens (91. Taner Yalzin), Martin Lanig, Adam Matuschyk, Sławomir Peszko (90. Fabrice Ehret) – Milivoje Novakovič (81. Mato Jajalo), Lukas Podolski, Trainer: Frank Schaefer.

111. GRUND

## Weil er auch das Herz meiner Freundin gewann

*Der folgende Text ist von Monika, meiner Freundin.*

Anfang der 1980er-Jahre kam ich zum Studium nach Köln. Ich wohnte an der Aachener Straße 500 und irgendwas. Wer Köln nicht kennt, das Fußballstadion liegt nicht allzu fern. Alle zwei Wochen – war es samstags?, ich erinnere mich nicht mehr –, gab es einen Volksmarsch unten auf der Straße. Schlimmer als Karneval. Karneval hieß für mich damals: bekloppt Verkleidete, außer Rand und Band, Bierpulle in der Hand. Heimspiel für den 1. FC Köln hieß für mich damals: bekloppt Verkleidete, außer Rand und Band, Bierpulle in der Hand – und 90 Prozent Testosteron geschwängert.

Dabei mochte ich Fußball. Seit 1974, als ich meine erste Weltmeisterschaft im Fernsehen sah. Bei den Deutschen spielte als linker Verteidiger ein Wuschelkopf, Kniestrümpfe auf halbmast und die Nummer drei auf dem Rücken. Sein Name: Paul Breitner. Ich war unsterblich in ihn verliebt. Jedes Nationalspiel habe ich einzig und allein seinetwegen angesehen. Ich wurde also Fan, Fan internationaler Spiele.

Dann, irgendwann – keine Ahnung, wann genau – spielte Brasilien gegen – keine Ahnung wen. Als linker Verteidiger lief ein Glatzkopf auf, kaum größer als ich, die Nummer 6 auf dem Rücken. Sein Name: Roberto Carlos. Er war pure Kraft und Schnelligkeit und hatte eine unglaubliche Wucht beim Schuss. Ich sah ihn und verliebte mich unsterblich.

Ein gewisser Hang zur Linkslastigkeit ist unbestritten, auch wenn ich in späteren Jahren auf grazilere Mittelfeldmänner wie zum Beispiel Tomáš Rosický umschwenkte, »Stricher-Typen«, wie Dirk sie nennt. Hübsch anzusehen, natürlich! Aber auch unglaubliche Fußballspieler. 1. FC Köln? Das waren die üblen Samstage in meinem Zimmer in der Aachener Straße, waren aber auch die Spaziergänge durch den Stadtwald, vorbei am Geißbockheim. Manchmal trainierten auf der Wiese Fußballer. Meine Freundinnen fanden Fußball doof. Also weiterspaziert.

Viele Jahre später ergab es sich, dass ich zur Recherche nach Japan flog. Es war zufällig, nein, natürlich nicht zufällig, dass es im Juni des Jahres 2002 passierte. WM in Japan und Korea. Am 11. Juni 2002: Kamerun gegen Deutschland. Es war gerade die Zeit, in der ich prinzipiell gegen Deutschland war. Meine Prinzipien blieben an dem Tag Geheimsache, denn ich saß im Bus einer deutschen Fußball-Fangruppe. Alle supernett! Ja, deutsche Fans sind supernett! Superhilfsbereit! Und supersympathisch! Nach Fujiyama, der sich unter Wolken versteckte, diversen Tempeln und Gottheiten erreichten wir am Abend Shizuoka und ab ins Stadium Ecopa.

Mein erstes Live-Spiel, das erste (und einzige) Mal Hooligan genannt werden. Wenn japanische Kids das einem deutschen Fanbus nachrufen, ist es Sippenhaft. In der Dämmerung in tropischer Hitze, es hatte den ganzen Tag geschüttet, wiesen uns kilometerweit freundlich nickende japanische Pappkameraden des geordneten Stadionweges. Kreuz und quer durcheinanderlaufen? No way. Die Strecke war engmaschig bewacht. Beeindruckende Menschenmassen schoben sich friedlich voran und verschwanden in einem riesigen Mammutbau. Auch ich verschwand darin. Eine unglaubliche Geräuschkulisse prallte mir entgegen, irre viele Menschen, klein wie Ameisen, wieselten auf den Rängen und der im Flutlicht dampfende Stadionkessel flashte Augen, Herz und Seele. War ich im Himmel? Ja, so könnte ich ihn mir vorstellen. Majestätisch groß, quirlig gespannt und dabei bezaubernd schön. Was hat das mit dem 1. FC Köln zu tun? Erst mal gar nichts. Erst mal lernte ich diesen Typen kennen, dann lieben, dann seine Macken. 1.-FC-Köln Fan. Einer von diesen bekloppt Bekleideten, außer Rand und Band, wenigstens ohne obligatorisches Kölsch in der Hand. Nun ja, man gewöhnt sich an alles. Man nimmt es eben hin. So wie das Wetter. Über das kann man ohne Unterlass klagen, ändern tut man es nicht.

Also nehme ich es hin, dass ein 1.-FC-Köln-Fan ein 1.-FC-Köln-Fan ist ein 1.-FC-Köln Fan ist ein 1.-FC-Köln Fan ist ... Das sagt jedenfalls Dirk. Manchmal, bei Gelegenheit erinnere ich ihn an seine Kumpels, die sich peu à peu von ihren Vereinsmitgliedschaften und Stadion-Dauerkarten verabschiedeten ... Dann erinnert er mich an dieses eine Mal, als ein noch Dauerkartenbesitzer-Kumpel nicht zum Auswärtsspiel konnte. Auswärts? Ich reise gern. Auch nach Leverkusen. Derby. Wann? Keine Ahnung. Nur, dass es ein schöner und warmer Ausflugstag war. Wieder dieses Gefühl, zu einer Gruppe zu gehören, einer riesigen Gruppe, die einträchtig alle Widrigkeiten über überfüllte Busse und stundenlange Märsche zum Stadion ignoriert, den überschäumenden Hexenkessel zu betreten, sich in den Spielsog fallen zu lassen, mitzufiebern, mitzuerleben, wenn sich ein Tor anbahnt, mitzuschreien, zu klatschen, zu singen, schlicht im Himmel zu sein, der in diesen 90 Minuten in Leverkusen liegt ...

Wenn man dann im saunaschwülen Köln unter keinen Umständen das Training mit neuem Trainer und Spieler verpassen darf, ja, dann hat es einen wohl gepackt. Die Liebe zum 1. FC Köln. Vielleicht sollte ich noch erwähnen, dass der Verein zumindest *nie* verlor, wenn ich live dabei war ...

15. KAPITEL

# DIE BONUSGRÜNDE

## WAS SEITDEM GESCHAH

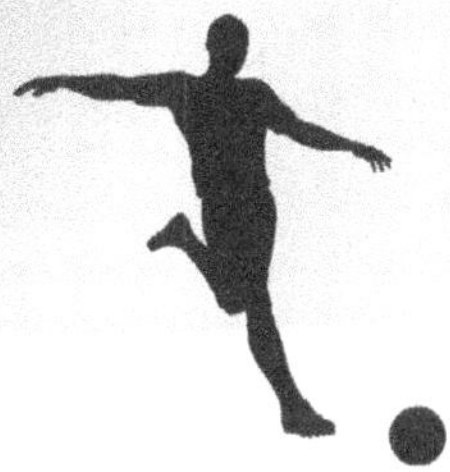

BONUSGRUND 1

## Weil er gezeigt hat, dass auch 0:0 sexy sein kann

Ein torloses Unentschieden gilt eigentlich als der Super-GAU der fußballspielenden Unterhaltungsindustrie. Nix ist passiert, kein Spieler durfte jubelnd in seine Fankurve rennen und sich von seinen Anhängern feiern lassen, keiner sein Trikot über den Kopf ziehen, kryptische Botschaften auf dem T-Shirt dem staunenden Publikum zeigen und sich dafür eine gelbe Karte einhandeln. Keine Tormelodie, kein animalisches Gebrüll unter den Fans ... Und das soll »sexy« sein? Ja, ja, ja! Das haben wir Kölner in der Saison 2014/15 neunmal (in Zahlen: 9 Mal!) erlebt. Das war übrigens Rekord in der Bundesliga. Neunmal 0:0 – das hatte noch keine Mannschaft geschafft. Vorher war eigentlich schon bei siebenmal Schluss. Aber wenn der FC einen Rekord aufstellt, dann richtig. Aber der Reihe nach.

Gleich am ersten Spieltag der Saison 2014/15 fing es an. Der FC war ziemlich souverän in die Bundesliga aufgestiegen. Spielerisch war er in Liga zwei nicht immer sooo wahnsinnig beeindruckend. Defensiv stand die Mannschaft eigentlich immer sehr gut. Aber wir Fans stellten uns natürlich die Fragen: Reicht es für den FC in der Bundesliga? Hält die Defensive auch im Oberhaus? Passen die Neuzugänge? Und dann kam zum ersten Spiel der HSV ins Müngersdorfer Stadion. Damals – man mag es kaum glauben – hatte man vor dem HSV noch Respekt – zumindest, wenn man als Aufsteiger aus Liga zwei kam. Zwar war nur knapp die Relegation überstanden worden, aber eigentlich dachte man im Norden, diese Horrorsaison wäre ein Ausrutscher gewesen. War sie nicht, wie sich dann im Verlauf des Jahres zeigte. Also Bundesliga-Comeback zu Hause gegen den selbst ernannten Dino HSV. Und sieh mal an, der Aufsteiger war ebenbürtig, die Defensive stand ordentlich und den FC-Fans fiel kollektiv ein riesiger Fels vom Herzen.

Dann kamen zwei Auswärtsspiele. Ziemlich gefährlich für einen Neuling im Oberhaus. Doch der FC gewann in Stuttgart 2:0. Da sollten in Paderborn drei Punkte Pflicht sein, oder? Ja, man sagt uns Kölnern nach, zum Größenwahn zu tendieren. Aus dem sicheren Sieg in der tiefen fußballerischen Provinz wurde nix. Tore? Fehlanzeige! 0:0! Was für ein harter Aufschlag in der Realität. »Sexy« war das nicht. Wirklich nicht.

Aber dafür das nächste torlose Unentschieden umso mehr – und das gleich im folgenden Spiel. Derby zu Hause. Mönchengladbach zu Gast. In der VIP-Ebene gab es Sauerbraten vom Pferd. Erbeutete MG-Fanschals der Fohlen-Fans wurden während des Spiels traditionell wie Skalps auf den Zaun der Südtribüne gelegt. Der Gästeblock hatte Schaum vorm Mund – wir auch! Und wenn man ehrlich ist, sah es vor dem Spiel für den FC nicht so gut aus. Favre hatte – das muss man als Fußballfan voller Neid eingestehen – aus den Mönchengladbachern eine Supermannschaft geformt (dass er sich beim ersten Gegenwind sofort zurückzieht, wussten wir damals noch nicht). Aber dann spielt unser FC gegen diesen Euro-League-Teilnehmer absolut auf Augenhöhe. Kein Gegentor! Wir haben denen auch keinen eingeschenkt – aber egal. Dieses 0:0 war »sexy«, aber so was von »sexy«!

Gegen Mainz zu Hause hatten wir uns am 16. Spieltag, ehrlich gesagt, schon ein bisschen mehr ausgerechnet. Jaja, wir waren gleichwertig, defensiv standen die beiden Viererketten so dicht, dass der Gegner kaum zu Torchancen kam. Selbst hatten wir zwar auch nicht allzu viele, aber wir wollten ja nicht gierig werden …

19. Spieltag. Der VfB Stuttgart hatte den Trainer gewechselt. Huub Stevens trug jetzt einen dieser merkwürdig strahlend hellroten Trainingsanzüge der Schwaben, die man eigentlich als Mann, der ernst genommen werden will, nicht akzeptieren sollte. Aber sei es drum. Jeder Fußballfan verbindet Huub Stevens mit seinem Spruch »Die Null muss stehen« und was der Stevens kann, können

wir Kölner schon lange. Deshalb war es nur logisch, dass das Spiel 0:0 ausging.

Dass es am 20. Spieltag gegen den SC Paderborn zu Hause schon wieder nur zu einem 0:0 reichte, ärgert mich noch heute. Warum schießen wir gegen diesen Kackverein keine Tore? Dieses Kaff hat weniger Einwohner als der FC bald Mitglieder! Ärgerlich! Ärgerlich! Ärgerlich!

Fünf Spieltage später das Auswärtsspiel in Dortmund. Leider hatten die sich in der Rückrunde stabilisiert. Die Mannschaft hatte den Schock überwunden, dass Klopp sich Haare transplantieren ließ (meiner Meinung nach der Grund für den fast beispiellosen Absturz des BVBs. Die Mannschaft hatte vollkommen den Respekt vor ihm verloren). Tja, trotz recyceltem Haarschopf fiel den Dortmundern nix ein, den Kölner Abwehrriegel zu knacken. Sagen wir, wie es ist: Hinspiel FC-BVB 2:1. BVB-FC 0:0 – nach Uefa-Cupregeln sind wir weiter!

18.04.2014. Ich hatte Geburtstag und der FC spielte bei der Hertha in Berlin. Und ich bekam schnell den Eindruck, dass es den Spielern egal war, mir ein tolles Geburtstagsgeschenk zu machen. Die hatten nur den 0:0-Rekord im Sinn. Noch nie war es einer Mannschaft gelungen, achtmal weder ein Tor zu schießen, noch selbst eins zu kassieren.

Naja, was ist mein Geburtstagsgeschenk schon gegen einen Rekord für die Ewigkeit? Ich habe gönnerhaft verzichtet und freue mich, dass der FC mal wieder in die Annalen der Fußballgeschichte eingegangen ist.

Damit diese Marke auch wirklich auf Dauer Bestand hat, legte die Mannschaft noch einen drauf: Am 31. Spieltag beim FC Augsburg. Kein leichtes Auswärtsspiel. Für den Gegner ging es noch um die Qualifikation für die Euro-League. Wir hatten zu der Zeit ein leichtes Abstiegs-Ängstchen. Aber die Mannschaft blieb cool und schwuppdiwupp stand es wieder 0:0. Damit war der Verbleib in der Bundesliga so gut wie durch.

Und das war auch dem Rekord an torlosen Unentschieden zu verdanken. 9 von 40 Punkten! Immerhin knapp ein Viertel. Das nenne ich »sexy«!

BONUSGRUND 2

## Weil er die Demokratie stärkt

Häh? Was kommt denn jetzt? Seit wann ist eine Fußballmannschaft ein demokratisches Gebilde? Wird in der Kabine abgestimmt, wer heute linker Verteidiger spielt und wer auf der Bank sitzt? Entscheidet neuerdings der Stadionzuschauer, ob der Ball hinter der Linie war oder nicht? Naja, denkt doch mal nach. Wollt ihr wirklich, dass der ein oder andere Nachbar bei euch im Stadion solche Entscheidungen trifft? Derjenige, der selbst am 2. Spieltag noch nicht alle Spielernamen kennt?

Aber darum geht es auch nicht. Es geht um Politikverdrossenheit. Für die gibt es mindestens 1.000 Gründe, müßig auch nur einen davon aufzuzählen, aber seit dem 22.09.2015 gibt es wenigstens einen dagegen: Im Berliner Bundestag wurde parteiübergreifend eine wegweisende Entscheidung getroffen: Die Parlamentarier gründeten einen eigenen Fanclub des 1. FC Kölns! Endlich!, werden alle sagen, die den Geißbock im Herzen tragen. Einige glauben sogar, es sei die erste sinnvolle Maßnahme der Politiker seit Unterzeichnung des Grundgesetzes gewesen und überlegen sich, beim nächsten Mal tatsächlich mal wieder zur Wahl zu gehen.

Über die Parteigrenzen hinweg haben sich 15 Abgeordnete und unzählige Mitarbeiter des Bundestages zusammengetan (es darf sogar ein Politiker der FDP mitmachen!!! FC-Fans haben ein Herz für verlorene Seelen, Waisenkinder des Politikbetriebs …), um ihre Verbundenheit mit dem 1. FC Köln zu bekennen. In den Medien kursierten Fotos von der Gründerveranstaltung. FC-Präsident Werner Spinner war anwesend, Vize Markus Ritterbach auch, sowie Geschäftsführer Alexander Werle. Und die Politiker standen im FC-Outfit dabei und sahen mit Trikot, Schal oder einfach nur einem Käppi gleich viel vertrauenserweckender aus. Ein Politiker, der FC-Fan ist, kann doch eigentlich kein schlechter Mensch sein, oder? Meine Hand würde ich dafür vielleicht nicht gleich ins Feuer legen, aber mit der Mitgliedschaft in einem FC-Fanclub ist schon mal ein erster wegweisender Schritt getan. Und damit wäre die Demokratie auch schon gestärkt, oder?

BONUSGRUND 3

## Weil wir einen Helden der griechischen Sagenwelt bei uns spielen haben

Die Einen wissen natürlich gleich, wer gemeint ist. Die Anderen werden denken: Jetzt ist er vollkommen durchgeknallt. Wer soll das denn sein? Odysseus? Prometheus oder gar Zeus? Für die Letzteren unter euch mach ich es noch ein bisschen spannend. Eigentlich handelt es sich auch nur um einen Namensvetter. Aber unser Held und auch der aus der Sage haben einige Gemeinsamkeiten: Sie tragen in ihrem Job kurze Hosen bzw. Röckchen. Beide haben Brüder, der eine einen Älteren, vom dem man nur weiß, dass er auch Fußball spielt. Und zwar heute noch da, wo auch mal unser FC-Held spielte: irgendwo im Saarland beim SV Auersmacher. Der Bruder des anderen macht da mehr Probleme. Er konnte seine Finger einfach nicht von der schönen Helena lassen, was zum Untergang seiner Stadt und damit leider auch zum Tod des Sagen-Helden führte. Beide Namensvetter sind für die Abwehr zuständig, der eine auf der linken Seite der FC-Viererkette, der andere für seine Heimatstadt, die drohte, von Feinden eingenommen zu werden. Ob Hektor, der Trojaner, einen starken linken Fuß hatte, weiß ich nicht. Jonas Hector jedenfalls hat ihn – wie wir alle wissen. Und damit ist auch das Rätsel gelöst.

Leben und Tun des trojanischen Hektors war so spektakulär, dass der Dichter Homer ihn in seinen Schriften als großen Sagenhelden etablierte: Hektor steht als Synonym für Tapferkeit, wird aber auch gerühmt für seine Klugheit und seinen liebevollen Umgang mit seiner Frau und seinem Kind. Wenn Hektors kleiner Bruder seine Hormone besser im Griff gehabt hätte, wäre aus ihm vielleicht sogar noch ein berühmter Herrscher geworden. Hätte, hätte, Fahrradkette. Am Ende besiegte ihn Achilles – dessen Ferse damals noch nicht so bekannt war – und Troja ließ sich einem vom Pferd erzählen.

Viele Jahre später widmete auch Friedrich Schiller unserem trojanischen Namensvetter ein Lied, bekannt als das Hektorlied[36]. Im Mittelalter wurde er als Beispiel für Ritterlichkeit hoch angesehen. »So wird er (…) in die Reihe der Neuf Preux, der neun kühnen Ritter, u. a. neben Caesar und Alexander den Großen aufgenommen.«[37]

Soweit hat es unser Jonas Hector zwar noch nicht geschafft, aber immerhin ist er schon Stammspieler unserer N11 (niemals kommt mir das Wort »die Mannschaft« über die Lippen oder aufs Papier – niemals!). Und sein Weg dorthin ist ähnlich spektakulär wie der Weg des trojanischen Hektors – jedenfalls durch die FC-Brille betrachtet: Seit der F-Jugend spielte Jonas Hector gemeinsam mit seinem Bruder beim schon genannten SV Auersmacher, einem Verein, von dem die meisten noch nie gehört haben, aus einer Gegend, in der die meisten noch nie waren, in einer Liga, der Oberliga Südwest, auf die selbst im wettverrückten Asien nur die vollkommen Irren Geld setzen. 2009 hatte er – wieder gemeinsam mit seinem Bruder – ein Probetraining bei der 2. Mannschaft des FC Bayern München, wo er mit Holger Badstuber, Thomas Müller und Toni Kroos zusammenspielte. »Wir haben zwei Tage in der zweiten Mannschaft bei Trainer Mehmet Scholl trainiert. Es hat Spaß gemacht …«[38]

Vielleicht fanden es die Verantwortlichen der Bayern auch lustig, einen Vertrag gaben sie Hector nicht. Pech für sie, Glück für den FC. Der verpflichtete ihn 2010, wenn auch zunächst für die U23.

Zwei Jahre dauerte es noch bis zum Durchbruch in der Bundesliga. Zwei Jahre, in denen der FC so alles falsch machte, was man falsch machen kann: Nach einem gerade noch eben verhinderten Abstieg, einem Religionskrieg innerhalb der Mannschaft, einem Hals-über-Kopf-Rückzug des Vorstands, einem tiefen Griff ins Klo bei der Trainerwahl, dem totalen Auseinanderbrechen der Mannschaft, nach dem Abstieg und einem holprigen Neuanfang in Liga zwei unter dem glücklosen Holger Stanislawski fing der Aufstieg von Jonas Hector an. Er musste sich noch vom defensiven Mittelfeldspieler zum linken Außenverteidiger umschulen lassen, dann konnte er sich auf dieser Position ziemlich konkurrenzlos entwickeln. Zwei Spielzeiten in der Unterklasse, dann konnte er sich auch unter Stöger im tiefstehenden Kölner Abwehrriegel in der Bundesliga bewähren.

Am 7. November 2014 war es dann soweit: Jonas Hector wurde der nächste N11-Spieler des 1. FC Kölns. Joachim Löw nominierte ihn für die Spiele gegen Gibraltar und Spanien. Gegen Gibraltar wurde er am 14. November 2014 in der 72. Minute für Erik Durm eingewechselt. Seitdem gehört Hector zum Stamm. Sein erstes Länderspiel von Beginn an machte er am 25. März 2015 im Test gegen Australien. Und anders als beim 1. FC Köln, wo er in erster Linie die linke Seite dicht machen muss, überzeugt er in der N11 auch offensiv. Im EM-Qualifikationsspiel gegen Polen am 4. September 2015 bereitete er sogar die ersten beiden Tore beim 3:1-Sieg über die linke Seite vor.

Endlich macht es für den normalen Fan des 1. FC Kölns wieder Sinn, sich Spiele der N11 anzusehen. Die letzten Jahre haben wir ja erst eingeschaltet, wenn Lukas Podolski eingewechselt wurde und sofort auf ein anderes Programm gezappt, wenn Löw ihn aus dem Spiel nahm. Viele hier wissen ja gar nicht, dass Deutschland in Brasilien Weltmeister wurde – zu selten hat Poldi gespielt. Dank Hector sind wir Kölner jetzt wieder up to date, was die N11 angeht – und da Hectors Bruder auch kein Hallodri zu sein scheint, wie der Bruder vom Sagen-Hektor, werden wir uns hier sicher noch zu top N11-Experten entwickeln. Wer N11 ist? Nee, das fragt ihr doch jetzt nicht ernsthaft, oder?

BONUSGRUND 4

## Weil er uns neue Lieder beibringt und man uns in Europa wieder kennt

Samstag, 20. Mai 2017. Letztes Heimspiel der Saison. Gegner: der FSV Mainz. Vor dem Match war klar: Gewinnt der FC, steht er zumindest in der Qualifizierungsrunde zur Europa League. Damit würde er zum ersten Mal seit 25 Jahren wieder europäisch spielen! Und jetzt, in der Nachspielzeit, kurz nach 17.20 Uhr steht es 2:0 für den FC. Osako hatte in der 87. Minute mit seinem Treffer alles klar gemacht. Ein einziges glückliches Gegröle, jeder singt, was er will, kann es kaum aushalten, bis endlich abgepfiffen wird. Auf der Südtribüne stehen die Fans bereits auf dem Absperrgitter, um bei Abpfiff umgehend den Platz zu stürmen und jeden FC-Spieler fest ans Herz zu drücken. Das Handynetz ist überlastet, kaum einer weiß, wie es auf den anderen Plätzen steht. Wie hat Hertha gespielt? Wie Freiburg? Bremen? Mönchengladbach? Wird da vielleicht noch gekickt? Da meldet sich Michael Trippel, der Stadionsprecher. Mit sonorer Stimme verkündet er »Meine Damen und Herren, soeben schellt in Kopenhagen das Telefon!« Eine Nanosekunde, dann gibt es kein Halten mehr. Von allen Seiten stürmen die Fans den Platz – obwohl das Spiel noch läuft. Denn eins ist klar: Der FC spielt nächste Saison in der Europa League! Keine Qualifikation! Direkt! Aber woher wussten das die Fans nach Trippels Worten?

Seit der FC in den letzten Jahren wieder begann, in der Bundesliga oben mitzumischen, wurde das traditionelle Liedgut um ein neues Stück ergänzt: das Europapokallied. Woher es kommt, wer es geschrieben hat, ist nicht ganz klar. Nur dass die Melodie auf das italienische Volkslied *L'uva Fogarina* aus den 1920er Jahren zurückgeht. Fans, die sich den Originaltext genauer angesehen haben, vermuten, dass die uns geläufigere Europapokalversion in der Saison 1996/1997 in Karlsruhe entstanden ist. Denn der KSC spielte in dieser Saison im UEFA-Cup gegen Bukarest und Rom und dann im Viertelfinale gegen Bröndby Kopenhagen.[39] Jetzt wird es auch in Köln gesungen. Und ich verbinde spätestens seit diesem 20. Mai sehr viel mit dem Lied.

*Erste Runde Bukarest, zweite Runde Rom,*
*in Kopenhagen schellt das Telefon,*
*vielleicht nach Rotterdam, vielleicht nach Mailand,*
*vielleicht auch Teneriffa, eine Woche Sandstrand!*

*EUROPAPOKAL, ...*

*Dritte Runde Salzburg, vierte Runde Wien,*
*und dann befrein wir Saddam Hussein,*
*mit dem Fahrrad wie der Erich Zabel,*
*erst nach Bologna und dann weiter nach Neapel!*

*EUROPAPOKAL, ...*

*Weiter geht's nach Lissabon, die haun die Bayern raus,*
*unter Riesen Nürnberger Applaus,*
*wir fahrn nach Manchester über den Kanal*
*und dann in London holn wir den Pokal!*

*EUROPAPOKAL, ...*

Jetzt also endlich wieder Europapokal! Wer schon länger FC-Fan ist, erinnert sich an so viele legendäre Schlachten, war dabei, wenn es um den UEFA-Pokal, den Pokal der Pokalsieger oder den Landesmeisterpokal ging. Gegen Real Madrid, Juventus Turin, Glasgow oder Roter Stern Belgrad.

Ich habe mich am 20. Mai 2017 auch gefreut wie ein kleines Kind, wieder dabei zu sein. Die Wochen vorher und auch nachher war ich unsicher, ob der FC wirklich schon so weit ist, europäisch mitzuspielen. Ja, wir sind Fünfter geworden, aber unser Fußball, mit dem wir so viel Erfolg hatten, war doch vergleichsweise einfach gestrickt. Und so eine Europapokalsaison ist eine ziemliche Belastung für eine Mannschaft, allein wegen der zusätzlichen Spiele. Aber vor allen Dingen fehlen Trainingszeiten, die für Reisen draufgehen. Trainingszeiten, die der FC in meinen Augen eigentlich dringend gebraucht hätte. Leider wurden meine düsteren Vorahnungen bestätigt, aber dazu in Bonusgrund 7 mehr.

Die Auslosung der Gruppenphase des Wettbewerbs lief prima: Arsenal London, Roter Stern Belgrad und der weißrussische Verein BATE Baryssau. Hätte schlechter kommen können. Gleich die »Dauerkarte plus« gesichert mit allen EL-Heimspielen. Bei der Verlosung der Auswärtskarte London mitgemacht. Bei Belgrad und Baryssau wegen anderer Termine passen müssen. London nicht bekommen. Schade. Ich wäre gerne dabei gewesen, als die FCler den Londonern zeigten, was echte Fankultur bedeutet. Was sie alles verloren haben, als sie ihren Verein an einen Investor verkauft haben. Über den blöden Blocksturm, über den die Medien damals vor allem berichtet haben, redet heute kein Mensch mehr.

Sportlich war die Europa League allerdings eine herbe Enttäuschung. 3:1-Niederlage in London, zu Hause gegen Belgrad 0:1 verloren, in Barryssau nichts gerissen (1:0), im Rückspiel gegen die Weißrussen zwar ein 5:2-Sieg, der euphorisch bejubelt wurde, dann auch 1:0 gegen die Gunners gewonnen, um am Ende mit einer Niederlage in Belgrad (1:0) sich doch nicht für die Zwischenrunde zu qualifizieren. Das war bitter. Aber irgendwie war auch der ganze Wettbewerb eine Enttäuschung. Der FC konnte einfach nicht besser spielen, während London überhaupt nicht wollte. Es schien, als erledigten sie eine lästige Pflichtaufgabe, spielten zu Hause mit einer B-Elf und in Köln fast mit einer Jugendmannschaft. Viele Rückennummern aus dem 40er-, manche sogar aus dem 60er-Bereich. Früher war der Europapokal sexier. Aber viel sexier. Und wir waren erfolgreicher.

Aber ein Gutes hat das Intermezzo »Europa League« am Ende doch: Wir haben unser Liedgut aufgestockt.

BONUSGRUND 5

## Weil es Wunder doch nicht immer wieder gibt

Dabei habe ich echt daran geglaubt! Als der Verleger mir kurz nach Weihnachten 2017 mitteilte, dass mein Buch wieder vergriffen sei und so schnell wie möglich eine Neuauflage mit Bonusgründen auf den Markt kommen solle, zögerte ich selbstverständlich keine Nanosekunde und sagte sofort zu. Allerdings unter einer Voraussetzung: Er müsse Geduld mitbringen. Denn der FC stand damals auf einem Abstiegsplatz, hatte eine verheerende Vorrunde hinter sich und am 14. Spieltag mit nur drei Punkten auch noch den Trainer gewechselt. Dennoch war ich fest davon überzeugt, dass die Mannschaft den Gang in die Zweite Liga verhindern wird. Dass es ein »Wunder von Köln« geben, dass das »Wunder von Bern« vergessen machen würde. Darüber wollte ich selbstverständlich schreiben, über das noch nie Dagewesene. Aber das ging natürlich erst nach Ende der Saison. Ökonomisch eine falsche Entscheidung. Denn mein Buch war ja längst vergriffen, und die immer noch rege Nachfrage konnte nicht bedient werden. Je schneller die Neuauflage also auf dem Markt erschienen wäre, desto schneller hätte die Kasse wieder geklingelt. Aber was wäre das für ein FC-Buch geworden, wenn ausgerechnet das wichtigste Kapitel der Liga-Rettung gefehlt hätte? Ein Scheiß-FC-Buch!

Selbstverständlich hatte ich vor, alle Bonuskapitel dem Wunder zu widmen. Alle! Jeden Helden einzeln zu feiern, jedes Spiel, das zur Legende geworden wäre, jedes Tor. Wie alle wissen, kam es anders. Der FC wurde Letzter und stieg ab! Dabei fing es doch so gut an …

2. Dezember, ein Samstagabend, 18.30 Uhr auf Schalke. Der FC hatte ein paar wilde Tage hinter sich. Erst der 1:0-Sieg zu Hause gegen Arsenal London in der Europa League, der bei uns Fans wieder eine völlig irre Euphorie ausgelöst hatte, dann in der Bundesliga wieder eine Heimpleite. 0:2 gegen Hertha. Augenblicklich setzte bei uns Fans Spontan-Depression ein. Am 13. Spieltag stand der FC mit jämmerlichen zwei Punkten auf dem 18. Platz. Bis zum rettenden 15. Platz waren es schon 11 Punkte! Ich fragte mich, wie wir überhaupt insgesamt auf 11 Punkte kommen sollten. Tasmania Berlin freute sich, bald vom FC als Lachnummer der Liga abgelöst zu werden. So schlecht wie wir waren bisher nur die Berliner gewesen. Und jetzt ging es ausgerechnet nach Schalke. Im Unterschied zum FC hatten sie einen Lauf. In der Woche zuvor in einem unglaublichen Spiel in Dortmund noch ein 4:4 geholt nach 4:0-Rückstand. Eigentlich war klar: Da wird es kräftig auf den Sack geben. Zumal der FC wie schon in den Wochen zuvor ersatzgeschwächt antreten musste. Aber mitnichten. Der FC holte ein 2:2-Unentschieden und sah dabei gar nicht mal so schlecht aus! Zwar gab es die inzwischen leider üblichen katastrophalen Fehlpässe, die ausgelassenen 100%igen Torchancen, aber wenigstens war dieses Mal der unselige Videobeweis auf unserer Seite. Beim Stand von 2:1 für Schalke entdeckte der Schiri im Kölner Darkroom ein Handspiel. Der Schalker Stambouli hatte einen Volleyschuss von Guirassy mit der Hand abgeblockt. 2:2! Abpfiff! Und der hoffnungsvolle Beginn einer eigentlich unmöglichen Aufholjagd!

Aber erst einmal gab es eine zu diesem Zeitpunkt irritierende Entscheidung: Der Vorstand löste den Vertrag mit Peter Stöger. Der Trainer, dem der FC seine famose Entwicklung in den letzten Jahren zu verdanken hatte, musste gehen. Er hatte vor dem Spiel Gewissheit verlangt, ob er bis zum Ende der Saison weiter Trainer bleiben wird oder nicht. Wenn nicht, verlangte er einen klaren Schlussstrich. Den bekam er. Die Entscheidung war an sich richtig, nur der Zeitpunkt nach dem Punktgewinn auf Schalke eben überraschend. Stöger hatte seine Magie und sein Fortune verloren, ihm fehlten Antworten auf die vielen Fragen, die der Zustand der Mannschaft aufwarf. Er wurde von Tag zu Tag dünnhäutiger. Aber mehr zu Stöger im Bonusgrund 8.

Stefan Ruthenbeck, bisher recht erfolgreicher Trainer der U19, übernahm die Profis. Eine Wahl, über die viel diskutiert wurde. Zumal gleich von Anfang an betont wurde, dass sein Engagement begrenzt bis zum 34. Spieltag sei. Sollte er die Saison nur noch mit Würde über die Runden bringen? Sollte dann in der Zweiten Liga mit einem neuen Trainer der Neuanfang gestartet werden? Oder war der Plan ganz anders? Alles tun, um den Abstieg zu verhindern? Hatte Ruthenbeck überhaupt das Zeug, dieses Wunder anzugehen? Zweifel waren da schon angesagt. Im Profibereich war er bisher eher leidlich aufgefallen. Abgestiegen mit dem VfR Aalen und mitten in der Saison bei Greuther Fürth rausgeschmissen. Sehen so Magier aus? In seinen recht vielen Interviews gab er jedenfalls Gas. Er wollte das Ding drehen, wohl zeigen, was er draufhatte, und vielleicht auch unsterblich werden.

Zwar ging sein Debüt in der Europa League daneben: Eine 1:0-Niederlage am 7. Dezember bei Roter Stern Belgrad bedeutete das Ausscheiden aus diesem Wettbewerb. Aber Ruthenbecks erste Halbzeit in der Bundesliga fing wie das sehnlichst erhoffte Fußballwunder an. Es war Sonntag, 10.12. 14.00 Uhr, Gegner der SC Freiburg, Drittletzter der Tabelle, damit genauso wie der FC mitten im Schlamassel, ein typisches Endspiel. Der Fußballgott meinte es gut mit uns. Es schneite, als hätte Frau Holle Räumungsverkauf. Ich kam vom Parkplatz P7 und sah aus wie ein Schneemann. Die Rasenheizung hatte das Handtuch geworfen, und die menschlichen Schneeräumkräfte spielten den Mythos vom Sisyphos nach – sie konnten gar nicht so schnell Schnee schippen, wie der vom Himmel fiel. So ein Geläuf kam dem FC nur entgegen, bei einem Gegner wie den technisch überlegenen Freiburgern. Ruthenbeck machte taktisch vieles richtig. Er überrumpelte den Gegner mit seiner Aufstellung: Im Sturm spielte Lukas Klünter, normalerweise Rechter Verteidiger und bekannt dafür, einer der schnellsten, vielleicht sogar der schnellste Spieler der Bundesliga zu sein. Gerüchteweise läuft er die 100 Meter in knapp über 10 Sekunden. Klang erst mal merkwürdig, aber Ruthenbecks Plan ging auf. Die Mannschaft gewann zunächst die Zweikämpfe, bei jedem harten Tackling skandierte die Südtribüne »Hier regiert der FCK!«, der Schiedsrichter war wegen der Wetterbedingungen überfordert, die Freiburger sichtlich eingeschüchtert. 8. Minute, langer Pass in die Spitze von Jojić. Klünter sprintet allen Freiburgern davon und macht das 1:0. Das Stadion tobt. 15. Minute. Guirassy tankt sich in den Freiburger Strafraum, tanzt Koch aus und wird dann von Schuster gefoult. Elfmeter. Der Schiri muss den Punkt suchen, findet ihn nicht und legt ihn recht freihändig fest. 2:0 Guirassy! 29. Minute Eigentor eines Freiburgers – 3:0. Die Welt ist wieder in Ordnung. Das 3:1 kurz vor der Halbzeitpause – scheiß drauf. Das Ding schaukeln wir nach Hause. – Tja leider nicht. Christian Streich, der Freiburger Trainer, stellt sein Team um, die Wetterverhältnisse bessern sich. Die Freiburger bekommen das Spiel immer besser in den Griff. 3:2 in der 62. Minute und dann die schlimmste Schlussphase meines FC-Lebens. Ruthenbeck, der mit seiner Startaufstellung so viel richtig gemacht hat, versaut sich jetzt alles! Er wechselt den gerade mal 16 Jahre alten Yann-Aurel Bisseck, einen Innenverteidiger aus seiner alten U19, für Miloš Jojić ein und lässt ihn im defensiven Mittelfeld spielen. Das scheint er augenfällig noch nie gemacht zu haben. Dann kommt Risa, ein weiterer Juniorenspieler, für Rausch. In einer Situation, in der es um die Wurst geht, in der man das Signal setzen kann, der FC wird nicht absteigen ... Die Sache geht schief! Die Einwechselungen bringen Unruhe ins Team. In der 90. Minute foult Salih Özcan den Freiburger Höfler. Vermutlich aus Angst, diese so wichtigen drei Punkte nicht zu behalten, ein Foul, so unnötig wie ein Pickel. Die Situation war ja längst geklärt. Strafstoß 3:3. Vier Minuten später, die letzten Sekunden der Nachspielzeit. Guirassy klärt eine Situation überflüssigerweise mit der Hand. Schon wieder Elfer, schon wieder trifft Petersen, schon wieder steht der FC mit leeren Händen da.

Dieses Spiel war exemplarisch für die Phase Ruthenbeck. Er und sein Team (Kevin McKenna und Markus Daun) machten so viel richtig. Sie ließen höher verteidigen, legten im Training Wert auf Standards, schossen die blöde Raumdeckung bei gegnerischen Standards, die uns so viele Gegentore gekostet hatte, zum Mond, und, und, und. Trotzdem blieb die Punkteausbeute mau. Irgendwann glaubte die Mannschaft nicht mehr an den rechnerisch noch möglichen Nichtabstieg. Ich dagegen schon. Aber auf mich hat ja keiner gehört.

Vielleicht hätte man in der Winterpause offensiver investieren sollen. Simon Terodde und Vinzent Koziello waren prima Verstärkungen. Koziello brachte eine neue kreative Qualität ins Mittelfeld. Und Terodde zeigte dann und wann (ehrlich gesagt, weniger häufig, als ich es mir gewünscht hätte), dass er ein Torjäger ist. Leider wurde auf der Position des Rechten Verteidigers nichts getan. Paweł Olkowski, immerhin elffacher polnischer Nationalspieler (Stand 8. Juni 2018) und ein gestandener FC-Profi, fand nach privaten Problemen seine Form nicht wieder und verschwand aus dem Fokus. Ebenso Klünter, der ja so gut im ersten Spiel unter Ruthenbeck einschlug. Stattdessen musste Frederik Sörensen ran. Ein Innenverteidiger, der in einer Dreierkette den rechten Part spielen kann, aber nicht ganz außen. Dafür fehlt es ihm an Tempo, Beweglichkeit und taktischer Schulung. Immer wieder zog er – alter Automatismus als Innenverteidiger – zu schnell nach innen. Immer wieder ließ er den rechten Flügel ungedeckt, immer wieder wurde er von schnellen gegnerischen Außenspielern in Grund und Boden gesprintet oder von technisch starken ausgetanzt. Der falsche Mann am falschen Ort. Warum wurde auf der Position des Rechten Verteidigers in der Winterpause nicht nachgelegt? Hätten wir dann den Abstieg verhindert? In meiner Fantasie schon!

Deshalb hadere ich immer noch mit diesem Abstieg! Wir hätten gar nicht in die Situation geraten müssen, aber als es so weit war, hätten wir, hätte Veh mehr tun müssen.

BONUSGRUND 6

## Weil Gefühle wichtiger sind als Geld

Die Saison 2017/18 ist vorbei. Der FC nach einer Katastrophenleistung abgestiegen. Die Depression unter den Fans sitzt tief. Jedenfalls ein paar Tage lang. Aber so tief dann auch wieder nicht. Gerade mal 34 Fans haben laut FC ihre Dauerkarte gekündigt.[40] Der Rest geht mit in die Zweite Liga! Deshalb war es für mich auch keine große Überraschung, als Timo Horn, Jonas Hector, Marcel Risse und Marco Höger ankündigten, beim FC zu bleiben. Ich bleib ja auch!

Im Ernst: Natürlich ist es keine Selbstverständlichkeit, dass ein Nationalspieler wie Jonas Hector mit in die Zweite Liga geht, dass ein Torwart wie Timo Horn, der sonst immer seine ehrgeizigen Ambitionen deutlich macht, diesen Umweg mitgeht, ein Marcel Risse und ein Marco Höger so heimatverbunden sind, dass sie diesen »Unfall« Abstieg wieder reparieren wollen. Und es ist auch keine Selbstverständlichkeit, wenn Jonas Hector in einem Interview mit dem Kicker klarstellt, dass für ihn »Gefühle wichtiger sind als Geld« und er deshalb beim FC bleibt, obwohl er Angebote hatte. Er verlängert sogar seinen Vertrag. »Meine Freundin, meine Freunde und meine Familie fühlen sich wohl in Köln, ich fühle mich extrem wohl im Verein und in der Stadt. Daran möchte ich derzeit nichts ändern.

Ja, ja, wird der ein oder andere jetzt denken. Profis sagen viel, wenn der Tag lang ist. Aber ich glaube Jonas Hector, Timo Horn, Marcel Risse und Marco Höger. Ihre Bekenntnisse zum Club helfen mir über meine Abstiegsdepression hinweg.

BONUSGRUND 7

## Weil er uns eine moderne Version der Ikarus-Sage erzählt hat

Wer kennt sie nicht? Die Sage von Ikarus und Dädalus? Dädalus wurde mit seinem Sohn Ikarus von König Minos im Labyrinth des Minotaurus auf Kreta gefangen gehalten. Zur Strafe, weil Dädalus dem Theseus hilfreiche Hinweise zur Verwendung des Ariadnefadens gegeben hatte. Dädalus verspürte kein besonders großes Schuldbewusstsein und wollte gemeinsam mit seinem Sohn fliehen. Aber wie? König Minos kontrollierte die See- und die Landwege, eine Flucht schien unmöglich. Als Dädalus Vögel sah, die übers Meer flogen, kam er auf die Idee, auch für sich und seinen Sohn Flügel zu basteln. Sofort machte er sich dran, den Plan umzusetzen. Er klebte Federn mit Wachs an ein Gestänge und bereitete alles für ihre Flucht über das Meer vor. Vor dem Start schärfte er seinem Sohn Ikarus ein, nicht zu hoch und nicht zu tief zu fliegen. Nicht zu hoch, da sonst die Hitze der Sonne das Wachs aufweichen und die Federn abfallen würden. Nicht zu niedrig, weil sonst die Federn die Feuchtigkeit des Meeres aufsaugen würden. Beide Varianten würden unweigerlich zum Absturz führen. Aber wie sagt man so schön? Ins linken Ohr rein, aus dem rechten wieder raus. Zuerst ging alles gut, aber nachdem Vater und Sohn Samos und Delos zur Linken und Lebinthos zur Rechten passiert hatten, wurde Ikarus plötzlich übermütig und stieg so hoch hinauf, dass die Sonne das Wachs seiner Flügel schmelzen ließ. Es geschah, was der Vater prophezeit hatte. Ikarus stürzte ins Meer. Der verzweifelte Dädalus setzte seinen Sohn auf einer Insel bei und nannte sie zur Erinnerung an sein Kind Ikaria.

Wen erinnert das nicht an den FC? Und an seine Fans, denen man nachsagt, dass sie – kaum hat die Mannschaft zweimal gewonnen – schon von der Champions League träumen. Ich schwöre, dass ich noch nie von der Champions League geträumt habe. Aber jeder mickrige Punktgewinn letzte Saison hat mich an den Klassenerhalt glauben lassen. Jede Niederlage der Kontrahenten ließ mich die eigene Niederlage schönreden. Jede Aussage, dass ein FC-Recke mit in die Zweite Liga geht, versetzte mich in ein derartiges Hochgefühl, dass ich der Sonne durchaus hätte nahe kommen können.

Wenn das FC-Lebensgefühl einen Vornamen hätte, würde der »Ikarus« lauten.

BONUSGRUND 8

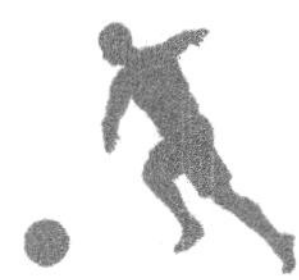

## Weil wir gelernt haben, dass falsche Rücksicht falsch ist

Der FC hat Peter Stöger wahnsinnig viel zu verdanken! Das gleich vorneweg. Er war der richtige Mann zur richtigen Zeit am richtigen Ort. Dass er überhaupt verpflichtet wurde, gleicht einem Wunder. Drei Trainer standen damals auf der Liste der FC-Verantwortlichen, als ein neuer gesucht wurde:

1. Roger Schmidt (damals Trainer bei RB Salzburg)
2. Mike Büskens (damals auf Vereinssuche)

Und mit großem Abstand

3. Peter Stöger (damals Austria Wien)

Wer stellt so eine Liste zusammen? Drei Trainer, die unterschiedlicher kaum sein könnten. Man sollte als Verantwortlicher doch eigentlich eine Vorstellung vom Fußball haben, den man in den nächsten Jahren sehen will. Von so einer Vorstellung fehlte hier aber jede Spur.

Schmidts Vorstellungen von Offensivfußball hätte er mit der damaligen FC-Truppe niemals umsetzen können. Büskens, eher ein Nachfahre des Trainertyps Werner Lorant oder Winnie Schäfer, kommt über die Ansprache an die Mannschaft, die dann einen kampfbetonten Fußballstil pflegt. Von Peter Stöger wussten die meisten damals so gut wie nichts. Allenfalls, dass er in Österreich Meister geworden war und dabei Roger Schmidts Salzburger hinter sich gelassen hatte.

Jedenfalls bekam Roger Schmidt von seinem Klub RB Salzburg keine Freigabe, und ich bin auch nicht so sicher, ob er wirklich zum FC wollte. Mike Büskens wollte auch nicht und ging lieber zu Fortuna Düsseldorf. Darüber muss ich heute noch lachen! Nebenbei gesagt, hat Büskens, seit er den FC verschmäht hat, keinen nennenswerten Erfolg mehr erzielt! Blieb also nur Peter Stöger. Er hatte eine festgeschriebene Ausstiegsklausel, kam mit seinem langjährigen Assistenten Manfred Schmid zum FC und blieb viereinhalb Jahre. Viereinhalb Jahre, von denen vier richtig gut waren und ein halbes richtig schlecht.

Lange Zeit war es seine ruhige Art, die ihn auszeichnete. Bei seinem Einstieg beim FC konnte man schnell merken, dass er keine Ahnung von der Zweiten Liga in Deutschland hatte. Jedes Spiel der ersten Halbserie begann verhalten, verteidigte tief und ließ den Gegner kommen. Es war offensichtlich, dass Stöger und Schmid, der gerüchteweise als der Taktikfuchs des Trainerteams galt, den Gegner 45 Minuten lesen mussten, bevor sie der eigenen Mannschaft in der Pause ein Konzept für die zweite Halbzeit mitgeben konnten, in der der FC dann das Spiel klar machte. Es ist kaum zu glauben, aber das funktionierte tatsächlich. Meister der Zweiten Liga mit 68 Toren.

Es folgten drei unfassbar erfolgreiche Spielzeiten in der Bundesliga. 2014/15 Zwölfter mit 40 Punkten. Wir hatten eigentlich nie Sorgen, in Abstiegsnöte zu geraten. Neunter 2015/16 (43) und dann 2016/17 die Qualifikation für die Europa League mit dem fünften Platz und 49 Punkten.

Aber trotz der Erfolge fiel auf, wie schnell Peter Stöger dünnhäutig bei Kritik wurde. Und Kritik kam: wegen der Schwäche bei Standards, dem Fehlen eines funktionierenden Offensivkonzepts und weil man sich alleine auf die Torjägerqualitäten von Anthony Modeste verließ.

Vor Beginn der Saison 2017/18 kam es dann zum Bruch zwischen Schmadtke und Stöger. Schmadtke weiß angeblich bis heute nicht wieso. Die Vögelchen zwitschern von den Bäumen, dass Stöger damals das Angebot hatte, zum BVB zu wechseln, und Schmadtke ihm die Freigabe verwehrte. Folge war jedenfalls Sprachlosigkeit zwischen den sportlich Verantwortlichen. Eine katastrophal verlaufende Transferperiode, eine Vorbereitung, bei der man schon das Schlimmste erahnen konnte (uninspirierte Testspiele, schlechte Fitnesswerte, …) und einen entsprechenden Start in die Saison. Niederlagen in Gladbach (0:1), Augsburg (0:3), Dortmund (0:5) und in Stuttgart (1:2). Zu Hause gegen den HSV (1:3), Frankfurt (0:1), RB Leipzig (1:2), ein Punkt in Hannover (0:0) und gegen Bremen (0:0). Letzter nach neun Spieltagen mit lausigen zwei Punkten. Ja, manche Niederlagen waren unglücklich, der Videoassistent war alles andere als unser Freund, obwohl er in Köln untergebracht ist. Aber ganz ehrlich waren unsere Leistungen auch erschütternd. Peter Stöger machte schon früh den Eindruck, als ob er das Ruder nicht mehr herumreißen könnte. Verschnupft reagierte er in Pressekonferenzen, stur bei den Aufstellungen und den taktischen Ansagen. Zum Beispiel hielt er scheuklappengleich an der Raumdeckung bei gegnerischen Standards fest, obwohl dadurch jede Menge Gegentore fielen. Schmadtke wollte Stöger ablösen, mit einem neuen Trainer neue Impulse setzen. Der Vorstand lehnte es ab. Auf der einen Seite aus Rücksicht auf die großen Erfolge des Trainers, auf der anderen Seite aus Angst, die Fans gegen sich aufzubringen, denn Stöger war bei vielen noch höchst populär. Eine falsche Entscheidung! Stöger durfte sich noch Niederlagen in Leverkusen (1:2), gegen Hoffenheim (0:3), in Mainz (1:0) und Hertha (0:2) abholen, bis der Vorstand am 14. Spieltag ausgerechnet nach einem respektablen 2:2 auf Schalke reagierte und den Trainer absetzte. Viel zu spät! Rücksicht war ein denkbar schlechter Ratgeber.

Dass Peter Stöger gut eine Woche nach seiner Entlassung dann doch beim BVB anheuerte, hat auch bei dem letzten FC-Verantwortlichen dafür gesorgt, sein schlechtes Gewissen zu verlieren.

BONUSGRUND 9

## Weil Müngersdorf Müngersdorf ist und immer bleiben muss

Und ich dachte immer, der FC ist ein Traditionsverein. Ist er natürlich auch, aber manche im Verein muss man mitunter daran erinnern. Deshalb haben wir die FC-Charta erarbeitet und im November 2014 auf der Mitgliederversammlung mit 96,06 Prozent verabschiedet. Unter Punkt vier »Unsere Stadt – unsere Heimat« steht da: »Der FC gehört zu Köln, wie Dom und Rhein, wie Karneval und Kamelle, wie Veedel und Kölsch. Wir achten und pflegen unsere Tradition«[41]. Das ist doch eindeutig, oder? Und wie kann man da in der Geschäftsführung auf die Idee kommen, aus Müngersdorf wegzuziehen und stattdessen ein Stadion irgendwo außerhalb der Stadt zu bauen? In Pulheim, Erftstadt oder gar in Bornheim? Ja, ja, jetzt kommen die ganzen rationalen Argumente. Die Geschäftsführung jammert, dass sie in Müngersdorf das Einnahmepotenzial nicht ausschöpfen kann. Von einem Neubau in der Pampa versprechen sie sich eine Umsatzsteigerung in zweistelliger Millionenhöhe pro

Jahr. Denn aus ihrer Sicht ist das Müngersdorfer Stadion zu klein, die Möglichkeiten, weitere VIP-Bereiche einzurichten, beschränkt, und wenn Deutschland die EM 2024 ausrichten würde, wäre man aktuell gar nicht dabei... Bullshit! Falls die EM nach Deutschland ginge, falls (!), wollen wir doch hoffentlich nicht Müngersdorf aufgeben, nur weil wir dann vielleicht drei Vorrundenspiele würden ausrichten dürfen! Und ist das Stadion wirklich zu klein? Ja, es gibt eine lange Warteliste von Dauerkarteninteressenten. Man könnte sicher noch etliche verkaufen. Und bei über 100.000 Mitgliedern kann theoretisch nur die Hälfte ins Stadion. Fakt ist aber auch: Bei eigentlich allen Heimspielen der letzten Spielzeiten war es immer noch möglich, Karten im freien Verkauf zu erwerben. Nicht gerade auf den letzten Drücker, im Kassenhäuschen am Stadion, kurz vor Anpfiff. Wer aber wirklich wollte, bekam in der Regel auch noch eine Karte. Sicherlich wäre es möglich, 80.000 Karten für Spiele gegen die Bayern, Dortmund und Mönchengladbach zu verkaufen. Aber wie sieht es aus mit Wolfsburg, Hoffenheim oder Leipzig? Da würde es wohl schon etwas luftig auf den Rängen. Das Müngersdorfer lebt von der guten Stimmung, und die gibt es nur, wenn es aus den Nähten platzt!

Ob es den VIPs gut geht, ist mir egal. Die brauche ich persönlich nicht, um glücklich zu sein. Die Geschäftsführung braucht sie vielleicht. Aber ehrlich, wie interessant ist denn für VIPs ein Stadion ohne Stimmung?

Deshalb ist ein neues Stadion irgendwo in der Pampa ein absolutes No-Go! Das Müngersdorfer Stadion gehört zum FC wie der Hennes, das Geißbockheim und die weißen Heimtrikots. Deshalb kann es nur heißen: »Standort Müngersdorf unverhandelbar«!

Auf den Trichter ist man nun wohl auch in der Geschäftsführung gekommen! Jetzt wird wieder verstärkt über einen Ausbau des aktuellen Stadions nachgedacht. Fast könnte man einen Lachanfall bekommen. Ein Ausbau war ja angeblich laut einer Machbarkeitsstudie, die der FC gemeinsam mit der Stadt Köln in Auftrag gegeben hatte, nicht realisierbar. Lärmschutz, Parkplatzsituation usw. Merkwürdigerweise wurde dieses Gutachten zur Verschlusssache, merkwürdigerweise zweifelten Architekten die genannten Summen, die z.B. ein Dach kosten würden, stark an. Merkwürdigerweise sind die ganzen Totschlagargumente jetzt plötzlich nicht mehr relevant.

Na ja, wenn wir dadurch unser Stadion in Müngersdorf behalten, ist mir auch das egal!

BONUSGRUND 10

## Weil ich durch ihn gelernt habe, dass es nicht reicht, viel Geld zu haben

Meine liebe Tante »I« (96) sagt immer: »Geld ist prima, du musst aber auch damit umgehen können.« Lange Jahre war das kein Problem, mit dem sich der FC wirklich beschäftigen musste. Geld war keins da, nur Schulden, womit sie allerdings auch nicht umgehen konnten. Aber das ist ein anderes Thema. Mit der Saison 2016/17 änderte sich alles. Schon die Jahre zuvor wurde ordentlich gewirtschaftet, die Schulden abgebaut, das Eigenkapital gestärkt und kräftig in die Mannschaft investiert. Und das Geld floss. Dreimal hintereinander die Liga gehalten. Das Stadion war fast immer ausverkauft, die Fernsehgelder gingen in die Höhe, die Werbeeinnahmen explodierten, die Europa-League-Teilnahme kam hinzu, und die FC-Kasse war voll! Alles hätte so schön sein können. Doch dann entwickelten die FC-Verantwortlichen Flausen. Müngersdorf war ihnen zu klein (na ja, vor allen Dingen in den VIP-Bereichen), es sollte ein neues Stadion her, ganz egal wo. Das Geißbockheim sollte vergrößert (mehr zu den beiden Punkten finden Sie im Bonusgrund 9) und ein Investor, gerne aus China, gefunden werden. Immer größer, reicher und spektakulärer! Das war das Ziel.

In die Mannschaft sollte natürlich auch investiert werden. Es musste sogar. Denn Anthony Modeste, der mit seinen 25 Toren den FC fast alleine in die Europa League geschossen hatte, wechselte unter dubiosen Umständen für kolportierte 35 Millionen nach China zu TJ Quanjian. Bereits in der Winterpause gab es ein Angebot, das man eigentlich nicht ablehnen konnte. 55 Millionen Euro! Schmadtke ist trotzdem nicht darauf eingegangen. In der Kürze der Zeit hätte er nämlich keinen adäquaten Ersatz verpflichten können. Und es war die richtige Entscheidung. Ohne Modeste wäre der FC nie in die Europa League gekommen. In der Sommerpause gab es dann das nächste Angebot. Gleicher Verein, weniger Geld, weil in China schon die halbe Saison vorbei war. Wochenlange Verhandlungen, Modeste provozierte den FC und zeigte sich in China bei seinem vermeintlich neuen Verein. Dabei gab es noch keine Einigung. Dann lief Modeste bei Trainingsbeginn in Köln auf, als sei nichts geschehen. Kolportierte Vorwürfe. Eigentlich wolle er den FC gar nicht verlassen, aber Schmadtke wollte ihn unbedingt verkaufen. Endlich die Einigung und der legendäre Auftritt der Mendy-Brüder. Freunde von Modeste, die plötzlich Millionen vom FC verlangten, obwohl das wohl vertraglich so nicht abgemacht war. Und wieder stand Modestes Wechsel nach China auf der Kippe. Irgendwann aber waren alle Unterschriften geleistet, unser Torjäger machte den Abflug, und wir standen ohne Meisterschützen da.

Damals machte ich mir noch keine großen Sorgen. Geld gab es ja genug, und Schmadtke hatte spätestens seit der Winterpause genug Zeit gehabt, einen Ersatz für Modeste zu finden. Stöger hatte genauso viel Zeit, um nachzudenken, wie er den Verlust seiner Torgarantie taktisch kompensieren wollte. Alles machbar, kein Hexenwerk. Dachte ich. Aber da war ich wohl etwas naiv.

Schmadtke hätte die neuen finanziellen Möglichkeiten zwingend nutzen müssen, um den FC taktisch breiter aufzustellen. Weg von der Abhängigkeit von einem Spieler, der vorne die Tore macht und einmal Ujah hieß und danach Modeste. Gemeinsam mit Stöger hätte er ein Konzept entwickeln müssen. Passierte nicht (warum nicht? Ein paar Spekulationen zu dem Thema in Bonusgrund 8). Es wurde in die Breite des Kaders investiert, in Talente, die beim FC reifen sollten. In Jorge Meré (damals 20, IV, Ablöse 12 Millionen), Jannes Horn (20, LV, Ablöse 7 Millionen), João Ricardo Pereira Queirós (19, IV, 3 Millionen) und Tim Handwerker (19, LOM, ablösefrei), der von Bayer Leverkusen wechselte, wie man munkelte, weil man bei Bayer ja nicht seinen Meister machen kann (Namenswitze sind ja eigentlich verpönt, aber den musste ich machen). Alles nachvollziehbare Transfers für die Zukunft, aber was tat man für die Gegenwart? Wie Modeste kompensieren? Namen wie Bobby Wood und Mark Uth kursierten. Uth wäre ein interessanter Ersatz gewesen. Hoffenheim ließ ihn aber nicht gehen. Angeblich wegen der Schmähgesänge gegen ihren Vereinsvorsitzenden Dietmar Hopp. Ich habe dieses Gerücht sofort geglaubt. Der Kelch Bobby Wood ging zum Glück am FC vorbei. Am Ende wurde Jhon Córdoba vom FSV Mainz verpflichtet. Wahrlich kein ausgewiesener Torjäger. Nie erzielte er mehr als fünf Tore in einer Saison. Okay, es gab ja die Aussage, die Verantwortung für die Tore auf mehrere Schultern zu verteilen. Klingt gut, aber wo waren diese Schultern? In der Vorsaison hatten sich die bisherigen Mitspieler als nicht besonders torgefährlich erwiesen, und neue wurden einfach nicht geholt. Als sich Wunschspieler Martin Braithwaite gegen den FC entschied und lieber in die zweite englische Liga ging, beendete man einfach die Bemühungen. Das kannte man von Schmadtke ja auch aus den vorigen Jahren. Nachdem die Transfers von Eduardo, Salif Sané oder Pione Sisto platzten, gab es ja auch keinen Plan B.

Was ein paar Mal gut ging, führte letztes Jahr in die Katastrophe. Córdoba schoss statt der für ihn üblichen fünf Tore überhaupt keins, Stöger fehlte jede Idee, wie er den Abgang von Modeste taktisch kompensieren konnte. Das zeigte sich schon in den sehr, sehr schwachen Vorbereitungsspielen. Schmadtke reagierte nicht, Stöger auch nicht und erst recht nicht der Vorstand. Und so ging es rapide steil bergab mit dem FC. Aber zumindest die Kasse ist immer noch voll! Ein schaler Trost.

BONUSGRUND 11

## Weil auch die beste Satzung immer noch verbessert werden kann

Als ich 2013 *111 Gründe, den 1. FC Köln zu lieben* geschrieben habe, war ich ganz euphorisch über unsere neue Satzung (siehe Grund 7), die die Mitgliederversammlung gerade angenommen hatte. Habe von der besten der Welt gesprochen. Wegen der umfangreichen Mitwirkungs- und Kontrollmöglichkeiten der Mitglieder. Demokratie hatte damals wieder Einzug gehalten in meinen Verein, war jedenfalls mein Eindruck. Okay, der Eindruck war geprägt von den späten Monaten der Overath-Ära, wo vieles nicht so lief, wie ich mir das vorgestellt hatte. Aber das neue Präsidium machte auf mich den Eindruck, als wollte es wirklich einen Neuanfang wagen. Jetzt, fünf Jahre später, bin ich ziemlich ernüchtert. Die Saison 2017/18 zeigte die Grenzen unserer Satzung deutlich auf.

Dabei geht es mir gar nicht mal um die Regelung, dass der Vorstand freihändig bis zu 25% der Anteile an der KG auf Aktien veräußern kann, also ohne die Zustimmung der Mitglieder. Das ist ein Fehler, und ich habe selbstverständlich den Antrag, diesen Passus so zu verändern, dass bei Anteilsverkauf in jedem Fall die Mitglieder zustimmen müssen, unterstützt. Wir waren unterlegen. Bitter! Doch eigentlich geht es mir in diesem Punkt um die nicht funktionierende Kontrolle bei maßgeblichen Entscheidungen. Das gehört in meinen Augen zu den Gründen, warum der FC abgestiegen ist.

Jörg Schmadtke musste nach der grandiosen Saison 2016/17 die Mannschaft neu ausrichten. Anthony Modeste hatte den Verein Richtung China verlassen. Ersatz wurde dringend gebraucht. Doch noch besser wäre es gewesen, die Mannschaft so aufzubauen, dass sie nicht mehr von den Toren eines einzelnen Spielers abhängig ist. Jörg Schmadtke gelang es nicht. Das hätte Kontrollgremien auffallen können, sogar müssen.

Im Nachhinein konnte man erfahren, dass sich das Verhältnis zwischen Jörg Schmadtke und Peter Stöger zu Beginn der Saison extrem verschlechtert hatte. Als Grund wurde kolportiert, dass Stöger ein äußerst lukratives Angebot des BVB hatte und Schmadtke ihm keine Freigabe erteilte. Ob das stimmt oder nicht, jedenfalls sprachen Schmadtke und Stöger kaum noch miteinander, leider auch nicht über Spieler, die man holen wollte. Das hätte dem Vorstand doch sicherlich auffallen können. Hier hätten sie reagieren müssen. Und dieser Punkt hat noch nicht mal mit der Satzung zu tun, sondern mit den Menschen, die genau diese Funktionen innerhalb der Satzung einnehmen.

Gleiches gilt auch für die geradezu bizarre Entlassung von Jörg Schmadtke. Nach dem neunten Spieltag: Der FC stand mit zwei Punkten auf dem letzten Platz, die Spielweise der Mannschaft war eine Katastrophe, und Peter Stöger schien mit seinem Latein am Ende. Es gab eine Krisensitzung. Schmadtke wollte Stöger beurlauben und mit einem neuen Trainer den Abstieg verhindern. Der Vorstand weigerte sich. Man scheute sich, Stöger wegen seiner Popularität vor die Tür zu setzen, weil man Gegenwind der Fans befürchtete. Schmadtke warf das Handtuch und verließ den Verein. Er fühlte sich in seiner Handlungsfähigkeit beschnitten. Dass er trotz eigener Kündigung eine Abfindung von 3,3 Millionen Euro bekam, lassen wir mal außen vor. Das ist für sich ein Skandal. Auch hier: Kein Satzungsproblem, sondern eins der Personen.

Worum es mir in diesem Punkt geht, ist der »Gemeinsame Ausschuss« (GA). Der GA ist das Hauptkontrollorgan des Vereins. »Der Vorstand bedarf für Maßnahmen und Geschäfte von besonderer wirtschaftlicher Bedeutung auf der Ebene wesentlicher Beteiligungsgesellschaften im Innenverhältnis der Zustimmung des Gemeinsamen Ausschusses.[42]« So steht es in Paragraf 25 der Satzung. Alle Transfers ab einer gewissen Höhe wurden also vom GA abgenickt. Der von Jhon Córdoba, von Jannes Horn und natürlich auch der von Jorge Meré. Aber was qualifiziert den GA, kompetent über diese Transfers zu entscheiden? Im GA sitzen das dreiköpfige Präsidium, der Vorsitzende und sein Stellvertreter des Mitgliederrates, der Vorsitzende des Beirates und der des Aufsichtsrats. Aktuell sind das:

- Werner Spinner (Präsident des 1. Fußball-Club Köln 01/07 e.V.)
- Markus Ritterbach (Vizepräsident des 1. Fußball-Club Köln 01/07 e.V.)
- Harald Schumacher (Vizepräsident des 1. Fußball-Club Köln 01/07 e.V.)
- Stefan Müller-Römer (Vorsitzender des Mitgliederrats)
- Dr. Carsten Wettich (Stellvertretender Vorsitzender des Mitgliederrats)
- Dr. Karl-Ludwig Kley (Vorsitzender des Beirats)
- Lionel Souque (Vorsitzender des Aufsichtsrats)

Unternehmer, Manager und Anwälte. Bis auf Vizepräsident Harald Schumacher, der den Trainerschein besitzt und auch in diesem Bereich gearbeitet hat, fehlt allen die sportliche Kompetenz. Auf welcher Basis trifft dieses Gremium also seine Entscheidungen? Wer kann seriös die Qualität eines Spielers einschätzen, wer hat sich vor der Sitzung über Peter Stögers Spielsystem der kommenden Saison informiert? Wer hat im Zweifel überhaupt von einem Spieler aus einer nicht-deutschen Liga gehört? Bis auf Schumacher vermutlich niemand. Die Entscheidungen werden aufgrund der Informationen des Sportdirektors/Managers/Geschäftsführers Sport getroffen. Also der Person, dessen Handeln eigentlich vom GA kontrolliert werden sollte.

Was wäre die Lösung? Schwierig. Eine der Qualitäten der FC-Satzung sind ja die flachen Hierarchien, die schnelle Entscheidungen ermöglichen. Ich plädiere dafür, in der Satzung festzuschreiben, dass im Präsidium mindestens eine Person mit ausgewiesener sportlicher Kompetenz zu sitzen hat. Bei sportlichen Fragen dürfte im GA dann nicht gegen ihn entschieden werden. Vielleicht gibt es auch bessere Lösungen. Aber an diesem Punkt hapert es. Hier muss etwas getan werden.

# Anmerkungen

1 Zahlen: www.transfermarkt.de
2 www.fc-brett.de
3 www.transfermarkt.de
4 de.wikipedia.org/wiki/1._FC_Köln
5 www.fc-brett.de
6 www.fc-forum.net
7 www.effzeh-forum.de
8 Dirk Unschuld: *Als der Geißbock Moped fuhr.* Verlag Die Werkstatt 2009, S. 128
9 www.dfb.de/index.php?id=11015
10 de.wikipedia.org/wiki/Fußball-Weltmeisterschaft_1954/Deutschland
11 de.wikipedia.org/wiki/Fußball-Weltmeisterschaft_1974/Deutschland
12 de.wikipedia.org/wiki/Fußball-Weltmeisterschaft_1990/Deutschland
13 de.wikipedia.org/wiki/Fußball-Europameisterschaft_1972/Deutschland
14 de.wikipedia.org/wiki/Fußball-Europameisterschaft_1980/Deutschland
15 de.wikipedia.org/wiki/1._FC_Köln und das FC Museum
16 Dirk Unschuld/Thomas Hardt: *Im Zeichen des Geißbocks.* Verlag Die Werkstatt, S. 60
17 Dirk Unschuld/Thomas Hardt: *a. a. O*, S. 142
18 Ebd., S. 161
19 Ebd., S. 318
20 www.fc-koeln.de/club/historie/praesidenten/
21 Dirk Unschuld/Thomas Hardt: a. a. O., S. 60
22 Rolf D. Sabel: *Titel, Träume, Turbulenzen.* PapyRossa Verlag 2000, S. 17
23 Arnd Zeigler: *Zeiglers wunderbare Welt des Fußballs.* Humboldt, S. 116
24 de.wikipedia.org/wiki/1._FC_Köln
25 de.wikipedia.org/wiki/Zlatko_Čajkovski
26 einestages.spiegel.de/static/topicalbumbackground/2232/_der_springende_punkt_ist_der_ball.html
27 Dirk Unschuld: a. a. O., S. 128
28 Jannik Aust: *Große Worte, die 1234 besten Fußballerzitate.* BoD, S. 86
29 www.zeit.de/2003/51/Sport_2fNeururer_51/seite-14
30 www.zehn.de/peter-neururer-4981601-10
31 www.spielverlagerung.de/konzeptfusball
32 Ebd.
33 de.wikipedia.org/wiki/Heinz_Flohe
34 wikipedia.org/wiki/Cheerleading
35 de.wikipedia.org/wiki/1._FC_Köln
36 Friedrich Schiller: *Die Räuber.* 2. Akt, 2. Szene. Herausgegeben von Joseph Kiermeier-Debre. Originaltext mit Anhang zu Verfasser, Werk und Textgestalt, incl. Zeittafel und Glossar, erschienen in der Bibliothek der Erstausgaben, 5. Auflage 2005, Deutscher Taschenbuch Verlag, München. ISBN 978-3-423-02601-7.

37 de.wikipedia.org/wiki/Hektor

38 Kölner Stadtanzeiger vom 19.08.2012

39 http://www.europapokal.de/fussballkultur/europapokal-lied/

40 Quelle: Anruf bei der Geschäftsstelle am 06.06.2018. Stichtag für die Kündigung der Dauerkarte war der 31. 5.

41 https://fc.de/de/fc-info/club/dokumente/satzung-und-charta/

42 https://fc.de/fileadmin/user_upload/PDF/Satzung_1._FC_Koeln_Marke_DIN_A6_1115__inkl._Beitragsordnung_Online.pdf

## Literatur


- Max Annas/Elmar Wigang: *Die Geißböcke, Glanz und Elend des 1. FC Köln*. PapyRossa Verlag Köln 1998
- Heinz Flohe: *Der Weg zur Deutschen Meisterschaft*. Copress 1978
- Brad Gilbert/Steve Jamison/Andre Agassi/Winning Ugly: *Mentale Kriegsführung im Tennis*. Zu Klampen 1997
- Olaf Jansen: *Die Helden des 1. FC Köln*. Emons 2000
- Bodo und Bianca Illgner: *Alles. Ein fiktiver Tatsachenroman*. Edition Steffan 2005
- Pierre Littbarski: *Litti – Meine Geschichte*. Hoffmann und Campe 1994
- Marko Lucht/Dirk Udelhoven: *101 Gründe, ohne Fußball zu leben*. Rake 2000
- Rolf D. Sabel: *Titel, Träume, Turbulenzen. Eine Insider-Chronik des 1. FC Köln*. PapyRossa Verlag Köln 2000
- Toni Schumacher: *Anpfiff*. Droemer Knaur 1987
- Dirk Unschuld: *Als der Geißbock Moped fuhr. Unverzichtbares Wissen rund um den 1. FC Köln*. Verlag Die Werkstatt Göttingen 2009
- Dirk Unschuld/Thomas Hardt: *Im Zeichen des Geißbocks. Die Geschichte des 1. FC Köln*. Verlag Die Werkstatt Göttingen 2008


## Websites


- www.bleacherreport.com
- www.effzeh-forum.de
- www.fc-brett.de
- www.fc-forum.net
- www.transfermarkt.de
- www.wikipedia.de


## Magazin


- *Das Geißbockecho*. Clubmagazin des 1. FC Köln.

## DER AUTOR

DIRK UDELHOVEN wurde 1966 geboren und arbeitet als Drehbuchautor. Seit 1974 ist er FC-Fan, die letzten Jahre waren bisher die intensivsten. So viel Glück, so viel Trauer, so viele Emotionen. Bunte Fußballschuhe würde er immer noch nicht tragen!

Dirk Udelhoven
111 GRÜNDE, DEN 1. FC KÖLN ZU LIEBEN
*Eine Liebeserklärung an den großartigsten Fußballverein der Welt*
*Aktualisierte und erweiterte Neuausgabe mit elf Bonusgründen*

ISBN 978-3-86265-733-9
ZWÖLFTER MANN – Das Programm für Fußballfans von Schwarzkopf & Schwarzkopf | Die Reihe ZWÖLFTER MANN wird von Martin Brinkmann und Oliver Schwarzkopf herausgegeben | Aktualisierte und erweiterte Neuausgabe | 

VERLAG
Schwarzkopf & Schwarzkopf Verlag GmbH
Kastanienallee 32, 10435 Berlin
Telefon: 030 – 44 33 63 00
Fax: 030 – 44 33 63 044

INTERNET | E-MAIL
www.zwoelftermann.de
www.schwarzkopf-schwarzkopf.de
www.facebook.com/schwarzkopfverlag